MEDIUM ÆVUM MONOGRAPHS

EDITORIAL COMMITTEE

K. P. CLARKE, A. J. LAPPIN,
N. F. PALMER, P. RUSSELL, C. SAUNDERS

EDITOR FOR THIS VOLUME

A. J. LAPPIN

MEDIUM ÆVUM
MONOGRAPHS XXXVI

JEAN DE MEUN'S
TRANSLATION
OF THE
LETTERS
OF
ABELARD
AND
HELOISE

EDITED BY
LESLIE C. BROOK

THE SOCIETY FOR THE STUDY OF MEDIEVAL
LANGUAGES AND LITERATURE

OXFORD · MMXIX

THE SOCIETY FOR THE STUDY OF MEDIEVAL
LANGUAGES AND LITERATURE
OXFORD, 2019

http://aevum.space/monographs

ISBN:
978-0-907570-61-5 (PB)
978-0-907570-62-2 (HB)
978-0-907570-65-3 (E-BK)

British Library Cataloguing in Publication Data
A catalogue record for this book is available
from the British Library

Nule gent tant ne s'entramerent
Ne si griment nu conpererent
(Beroul, *Tristan*)

CONTENTS

ABBREVIATIONS

B. M.   Bibliothèque municipale
BnF   Bibliothèque nationale de France
CFMA   *Classiques français du moyen âge*
MS(S)   Manuscript(s)
PG   *Patrologia Graeca*
PL   *Patrologia Latina*
SATF   Société des anciens textes français

Latin Manuscript sigla:

A   Paris, BnF, MS lat. 2923
B   Paris, BnF, MS lat. 2544
C   Paris, BnF, MS nouv. acq. lat. 1873
D   Douai, B. M., MS 797
E   Paris, BnF, MS lat. 2545
F   Paris, BnF, MS lat. 13057
R   Rheims, B. M., MS 872
T   Troyes, B. M., MS 802
Y   Oxford, Bodleian Library, MS Add. C. 271

PREFACE

Jean de Meun's translation of the Letters of Abelard and Heloise has
been part of my research life on and off for over fifty years, ever since
starting work on a PhD thesis at the University of Bristol in the late
fifties, following National Service. The thesis consisted of an edition
and study of the translation of the letters between Abelard and
Heloise (our Letters II to VII). I omitted the translation of Letter I
(*Historia calamitatum*), as an edition of that letter had already been
published in 1934 by Charlotte Charrier, whereas the rest of the
correspondence was at the time, and rather surprisingly, unedited. I
also left aside the three short texts in the current Appendix, as it has
always been seriously doubted whether the translation of them was
the work of Jean de Meun. For a variety of reasons the thesis was not
completed until 1968. Younger researchers, used to the computer and
photocopier, may not realise how slowly things could progress when
we had to rely on the typewriter, and produce carbon copies! The only
manuscript containing the translation (Paris, BnF, MS fonds français
920) is faulty, and presents many problems for a prospective editor,
and is not, in my view now, an ideal manuscript for research students
starting out on a career. Nevertheless, there have been two other
successful PhD theses attempting the same task as myself, by
Elisabeth Schultz (Washington, 1969) and by R. Bélengier (Laval,
1983).

It may reasonably be wondered why I have not published my work
sooner. Immediately after submitting my thesis, I began to prepare a
version for publication adding those parts of the manuscript that I
had omitted in the thesis. However, other professional and family
commitments slowed this work down, and then in 1977 Fabrizio
Beggiato brought out an edition of the complete manuscript corpus.
His edition was heavily and justly criticised for its inaccuracies by Eric
Hicks, who had himself been working on the text with graduate
students in Maryland, and with whom I had already been in corres-
pondence concerning editing problems. Nevertheless, the appearance

of the Beggiato edition led me to suspend work on the preparation of an edition and to expand my research interests into other fields. Any further thoughts I had of eventually reviving the idea of publishing a version were set aside again in 1991, when Eric Hicks published an edition as a corrective to Beggiato's. I had anyway already by then decided to concentrate more on analysis of the translation, which had not really been attempted by other scholars, and since 1983 I have given and published various papers and articles on aspects of the text as translation. However, in these articles I have found myself con-stantly referring to my own unpublished version, and finally decided that I should publish an edition of the translation to which reference could henceforth be made with confidence. In so doing I have revised the text, and redrafted and updated the introduction and critical apparatus. I have also tried to provide an edition that can be read easily and independently of the Latin. To this end I have provided a Glossary, and at the risk of presumption, have tried to fill in most of the shorter lacunae in the text, to avoid consigning too many suggestions to notes.

All my preliminary work on the manuscript was done using a microfilm kindly obtained for me by the University of Bristol when I first began research. This microfilm is still serviceable, but it has also proved necessary to resolve some of the problems presented by the text by checking my readings against the manuscript itself at the Bibliothèque nationale.

Finally, I wish to record my grateful thanks to Anthony Lappin for setting up my monograph for publication, and for his advice and guidance in its preparation; and to my son Steve for rescuing me from the relevant mysteries of my computer.

October 2013

INTRODUCTION

Abelard, Heloise, and the Correspondence

The stature and importance of Peter Abelard (1079–1142) in the intellectual, spiritual, academic and literary life of the twelfth century have come increasingly to be widely recognised and appreciated in recent decades, and one of the major signposts of scholarly interest was the colloquium held at Cluny in 1972 and devoted principally to him.[1] He has probably been more widely known, however, from the twelfth century onwards, on account of his relationship with Heloise, which provided such a riveting and reckless story.[2] The account of their love is told in unsparing detail by Abelard in an autobiographical letter, known as the *Historia calamitatum* (History of my Misfortunes), and is recalled by both Abelard and Heloise in an ensuing exchange of letters to each other, which was stimulated when the *Historia calamitatum* purportedly fell into Heloise's hands by chance, some ten years after their enforced separation. This primary source of information was probably never widely read, either in the original Latin or in later centuries in translation, but the lovers' story attained the status of legend, and eventually inspired a considerable amount of creative writing, especially from the seventeenth century onwards, and continues to do so in modern times.[3]

---

[1] The papers given at the colloquium are published in *Pierre Abélard – Pierre le Vénérable: les courants philosophiques, littéraires et artistiques en occident au milieu du XIIᵉ siècle (Abbaye de Cluny, 2 au 9 juillet, 1972)*, (Paris: CNRS, 1975).

[2] In parallel with Abelard, Heloise, too, has attracted some attention in her own right in recent years, e.g. E. Hamilton, *Héloïse* (London: Hodder & Stoughton, 1966), R. Pernoud, *Héloïse et Abélard (Paris: Albin Michel, 1970)*, and B. Wheeler, ed., *Listening to Heloise: The Voice of a Twelfth-Century Woman* (New York: Palgrave, 2000), plus a number of articles in journals or chapters in books by, for example, Christopher Baswell, Pascale Bourgain, Marilyn Desmond and Peter Dronke.

[3] C. Charrier, *Héloïse dans l'histoire et dans la légende* (Paris: Champion, 1933), though now out of date, provides a detailed analysis of fictional works

Traditionally, the collection of letters known as the Letters or Correspondence of Abelard and Heloise consists of the *Historia Calamitatum* followed by seven letters, three by Heloise and four by Abelard. Broadly speaking this Correspondence can be divided into three distinct parts: the *Historia calamitatum*, the first four letters between Abelard and Heloise (two by each of them), and the last three letters, one by Heloise and two by Abelard, the final one of which was not translated by Jean de Meun. These divisions correspond to changes in content and tone.

The *Historia calamitatum* (Letter I) appears to have been written in 1131 or soon afterwards, when Abelard was in his fifties and abbot of the unruly monastery at St Gildas de Rhuys in Brittany. It was addressed not to Heloise, but rather perfunctorily and, it is often thought, as a literary artifice, to an unidentifiable friend, who, Abelard claims, would be comforted in his misfortune by hearing how much greater have been those of the writer. After mentioning his birthplace near Nantes and his family background, Abelard proceeds to relate his early studies in logic and rhetoric under William of Champeaux (*c*. 1070–*c*. 1120), whose reputation and authority he soon destroyed in argument with him; his struggle to set himself up as a dialectician with a school of his own; his theological studies under Anselm of Laon (d. *c*. 1117), for whom he rapidly lost respect, thereby attracting the enmity and jealousy of fellow-students; his departure from Laon; and his setting himself up triumphantly in Paris, where he was able to teach philosophy and theology with none to challenge him. At this high point in his career, while he was in his late thirties, came his

based on the lovers' story, and of adaptations and translations of the Correspondence, down to the early decades of the twentieth century. Her thesis appeared just too soon to include Helen Waddell's well-known novel, *Peter Abelard* (London: Constable & Co., 1933). Among more recent dramatic reconstructions in English of the lovers' story one could cite *Abelard and Heloise: A Correspondence for the Stage in Two Acts* (London: Faber and Faber, 1961) by Ronald Duncan, first performed at the Arts Theatre Club in November 1960; Ronald Millar's *Abelard and Heloise: A Play* (London: S. French, 1970), which after a brief tour of the provinces enjoyed a successful run at the Wyndham Theatre, London, from May 1970 until January 1972; and 'Abelard and Heloise', a forty-five minute afternoon play broadcast by BBC Radio 4 on 10 February 1999, consisting of a dramatised translation of the Letters by Ranjit Bolt and directed by Peter Kavanagh.

involvement with Heloise (1100/1–1163/4), who was then about seventeen years old. Their liaison lasted for a couple of years and ended abruptly with Abelard's castration and entry into the monastery at St Denis, and Heloise's into the convent at Argenteuil.[4] The opposition aroused by his teaching at St Denis, and a work on the Trinity he wrote for the benefit of his pupils, led to the Council of Soissons in 1121, which condemned him and forced him to burn his offending book. This was followed by further trouble for Abelard at St Denis, when he became involved in a quarrel with the abbot over the identity of the founder of their abbey; his flight to the countryside near Troyes, where he set himself up on his own, building a foundation which he named the Paraclete; and his desperate attempt to escape further persecution by accepting the post of abbot at St Gildas.[5] Whilst at St Gildas he installed Heloise and her nuns at the Paraclete, after their expulsion from Argenteuil in 1129.[6] The *Historia calamitatum* ends with an account of his ever-present dangers at St Gildas, where the unruly monks, rebelling at the discipline he tried to enforce, had tried to poison him. The overall picture which he gives of himself in this text is of a proud, arrogant man, brilliantly successful in his heyday,[7] but the victim of constant persecution and misunderstanding by less gifted men, while towards Heloise he casts himself as merely lustful and calculating.

According to the opening sentence of Heloise's first letter (Letter II), the *Historia calamitatum* fell into her hands by chance ('forte'), and

---

[4] Abelard's conversion is usually considered to have occurred by 1119; see D. van den Eynde, 'Détails biographiques sur Pierre Abélard', *Antonianum*, 38 (1963), 217–23, at pp. 217–18.

[5] J. G. Sikes, *Peter Abailard* (Cambridge: Cambridge University Press, 1932), p. 22, states that his move to Brittany took place in 1125 or 1126.

[6] This transfer was confirmed by Pope Innocent II in a document dated 28 November 1131.

[7] That he was no easy opponent in debate is shown by the *Vita Gosvini*; see M.-J.-J. Brial, 'Ex Vita B. Gosvini Aquicinctensis Abbatis', in *Recueil des historiens des Gaules et de la France*, vol. XIV (1st edn, 1806; 2nd edn, Paris: Victor Palmé, 1877), pp. 442–44, at pp. 442–48. This same text refers to him as an 'untamed rhinoceros' ('instar rhinocerotis indomiti', p. 445). St Bernard was apparently reluctant to enter into public disputation with him (Sikes, pp. 227 and 229).

her letter was prompted by feelings of anxiety for his safety.[8] Recalling
their past love, she expresses her despair at their fate, and makes an
impassioned plea for a letter of comfort and reassurance from her
former lover. His reply (Letter III) is quite short, and he appears
evasive, even distant. He expresses some surprise at her request, but
shows a willingness to help her with any problems in which he could
be of assistance. As to her concern for him, he emphasises the value
of prayer and ends with a request to be buried at the Paraclete, should
his enemies ever succeed in killing him. This final point alarms
Heloise the more (Letter IV), and leads to a reflection on her feelings
of bitterness and despair at having been the instrument of her lover's
downfall, and to the defiant assertion that her religious life, for which
she is praised, is really a life of hypocrisy, since she has never acted to
please God, only Abelard. She therefore feels in desperate need of
constant succour. The tone of this letter prompts a more direct and
thoughtful reply from Abelard (Letter V), in which he gently urges
her to cease reproaching God for the circumstances which forced
them into monastic life, to accept that the work she is now doing is
part of His plan for their common salvation, and to turn her thoughts
to the sufferings of Christ, for whom she should spare all her
compassion.

In these four letters Heloise and Abelard look back, through the
Historia calamitatum, to the life they once shared, each assessing
differently their present fate in the light of the circumstances of their
enforced conversion. In her next letter (Letter VI) Heloise promises
from the outset to refrain from writing further in the same vein as in
her previous letters. Instead she makes two practical requests of
Abelard: she asks that he trace for her the history of holy women, and
put together a proper Rule, which she and her nuns might follow. The
rest of her letter is devoted to a learned exposition and discussion of

---

8   The Latin text of the opening sentence reads: 'Missam ad amicum pro
     consolatione epistolam, dilectissime, vestram ad me forte quidam nuper
     attulit' (Recently, my beloved, someone brought me by chance your letter
     which you sent to a friend to console him). The Latin text is quoted in
     the edition by J. T. Muckle, 'Abelard's Letter of Consolation to a Friend
     (*Historia calamitatum*)', *Mediaeval Studies*, 12 (1950), 163-211, at p. 168. Jean
     de Meun's translation of this sentence seems to be based on a variant
     Latin text which omitted 'forte'.

the Benedictine Rule, followed alike by monks and nuns, and its
inappropriateness for women if strictly observed. Her arguments in
general represent a plea for moderation and common sense. Abelard
readily grants these requests, sending her two sizeable replies, more
short treatises than letters. In the first of them (Letter VII) he treats
in considerable detail and with ample quotation the history of holy
women and the honour in which virgins and widows were held in
pagan antiquity, among the Hebrews of the Old Testament, in the
days of Christ and among the early Christian church, emphasising the
unique status and privileges which they always enjoyed. The second
of his replies, known as the *Institutio seu regula sanctimonialium*
(Foundation or Rule for Nuns), is more than twice the length of the
preceding letter, and is indeed the Rule for which she asked, with
many of her suggestions being adopted.[9]

These seven or eight letters form a proper sequence, each being a
true reply to its predecessor. A point made in one letter is used as the
starting point for the reply, or in the case of Letter V, Abelard
summarises four points raised in Heloise's previous letter. This
restating of points in a reply is largely explicable by the fact that there
would probably have been an appreciable time-gap between despatch
and receipt, with further time needed to put together an appropriate
response. A degree of repetition from letter to letter is therefore
inevitable, as points are picked up and restated or developed. Thus
the unsuitability of the Benedictine Rule for women is first mentioned
towards the end of the *Historia calamitatum*, but is then developed in
Heloise's third letter (our Letter VI) and Abelard's reply (Letter VII).
The modern reader may well gain the impression when reading the
extensive exposition of an issue that much of what is said would
surely be already well-known to the recipient, such as the question of
the power of prayer in Abelard's Letter III, or the rather laboured
point made by Heloise in Letter IV concerning the precedence of
names in the addressing of letters; and when she expatiates in the
same letter on the historical destruction of men by women she is
merely drawing on a hackneyed literary topos. Letters II to VII are

---

9   The Latin text of the *Institutio* is to be found in J. T. Muckle, 'The Letter
     of Heloise on Religious Life and Abelard's First Reply', *Mediaeval Studies*,
     18 (1956), 241-92, and an English translation of it in Betty Radice's
     translation of the *Letters* (Harmondsworth: Penguin, 1974).

therefore a mix of heartfelt reaction, in which each other's concerns are sincerely addressed, alongside a display of erudition, in which each of the correspondents seems to be addressing a wider readership than one would expect from a purely personal exchange. There are times when Abelard in particular seems scarcely able to say anything without the copious back-up of biblical or patristic reference or quotation!

Although the *Institutio* is the last letter of the series which normally goes to make up the Correspondence, Abelard also sent her, presumably in response to further requests on her part, his comments on a list of theological problems (*Problemata Heloisae*), a set of over a hundred hymns, and a series of sermons.[10] It seems likely, as D. van den Eynde has suggested, that all of these texts were composed by 1135, while Abelard was still at St Gildas.[11]

Uniquely, the corpus of texts presented in the manuscript of Jean de Meun's translation includes a translation of three further texts relating to Abelard (Appendix I-III): his short Confession of Faith addressed to Heloise (*Confessio fidei ad Heloisam*), his general Confession of Faith (*Confessio fidei universis*), and the letter written to Heloise by Peter the Venerable, abbot of Cluny, informing her of Abelard's last days in his care.[12] The two Confessions were written later than the Correspondence. It is known that Abelard eventually left St Gildas, for John of Salisbury informs us that he was teaching

---

[10] For the Latin text of these three items, see V. Cousin, *Petri Abaelardi Opera*, 2 vols (Paris: Durand, 1849 & 1859), I, 237–595, or PL 178, 677–730, 379–610, and 1765–1824. More recently the hymns have been edited in J. Szövérffy, ed., *Peter Abelard's Hymnarius Paraclitensis* 2 vols (Albany: Classical Folia Editions, 1975). For earlier letters attributed by some to Abelard and Heloise, see C. J. Mews, *The Lost Love Letters of Heloise and Abelard: Perceptions of Dialogue in Twelfth-Century France* (New York: St Martin's Press, 1999).

[11] D. van den Eynde, 'Chronologie des écrits d'Abélard à Héloïse', *Antonianum*, 37 (1962), 337–49, at pp. 343–44 and 349.

[12] The Latin text of his Confession of Faith to Heloise is to be found in Cousin, I, pp. 680–701 and PL 178, 375–78; his general Confession in Cousin, II (1859), pp. 719–23 and PL 178, 105–08; and Peter the Venerable's letter in Cousin, I, pp. 710–14, PL 189, 347–53, and as Letter 115 in G. Constable, *The Letters of Peter the Venerable*, 2 vols (Cambridge, MA: Harvard University Press, 1967), I, 303-08.

in Paris again, and it is thought that this was in 1136 or 1137 at the latest.[13] His bold application of dialectic to the problems of theology drew increasing opposition to his writings and teaching, and at the instigation principally of William of St Thierry and Bernard of Clairvaux a second condemnation of him occurred at the Council of Sens in 1140.[14] Both Confessions of Faith relate to the time of this Council, though it is possible that the *Confessio fidei ad Heloisam* was written to reassure Heloise before the Council met, and the *Confessio fidei universis*, addressed to a wider public, at the time of or just after the Council.[15] Abelard withdrew from the Council before sentence was pronounced, with the intention of going to Rome in person in order to appeal to the pope. On the way he stopped at Cluny, where Peter the Venerable gave him shelter, and whilst he was there Abelard learned that the pope had confirmed the Sens verdict. Peter nevertheless arranged a reconciliation with Bernard of Clairvaux, and obtained permission for Abelard to remain at Cluny. His health had by now deteriorated and he died at a daughter house of Cluny at St-Marcel, on 21 April 1142. At the time Peter was probably away in Spain, but on his return to Cluny the following year or in 1144, he wrote a delicately worded letter to Heloise, telling her in moving terms of Abelard's humility and the silent devotion of his last days.

This brief account of the Correspondence and of later writings, and the events which gave rise to them, should not close without some mention of the question of the authenticity of the Correspondence, which has long been a subject of controversy. The arguments which began with Ludovic Lalanne in the mid-nineteenth century and were developed by Bernard Schmeidler and Charlotte Charrier were refuted by Etienne Gilson in 1938, though lingering doubts continued to be expressed concerning the complete authenticity of the Correspondence, on the assumption that the letters were

---

[13] John of Salisbury, *Metalogicus*, II, § 10, in PL 199, 823–946, at col. 867B. On the date, see Sikes, p. 26, note 1.

[14] For an account of the events leading to the Council of Sens and the struggle between Abelard and his opponents before, during, and after it, see E. Vacandard, *Abélard, sa lutte avec St Bernard, sa doctrine, sa méthode* (Paris: Roger et Chernoviz, 1881) and A. V. Murray, *Abelard and St Bernard* (Manchester: Manchester University Press, 1967).

[15] Van den Eynde, 'Chronologie', pp. 344-47.

subject to some later revision, as was common practice in the formation of medieval letter collections.[16] More fundamentally the whole question of authenticity was reopened by John F. Benton at the Cluny colloquium where he argued that the Correspondence might be a complex thirteenth-century forgery.[17] One fact which no one disputes: none of the nine extant manuscripts of the Latin Correspondence dates from before the late thirteenth century. This was the time of renewed interest in the couple, when Jean de Meun included the story of Abelard and Heloise in the *Roman de la Rose*, and also translated the Correspondence into French. R. W. Southern supposes that the Correspondence had been preserved by Heloise at the Paraclete, and that it was discovered there in the late thirteenth century.[18] If this was the case, did the discovery stimulate interest, or did the renewal of interest lead to the discovery? As for the non-existence of earlier manuscripts, J. Monfrin makes the plausible

---

[16] L. Lalanne, 'Quelques doutes sur l'authenticité de la correspondance amoureuse d'Héloïse et d'Abélard', *La Correspondance Littéraire*, 1 (5 décembre 1856), 27–33; B. Schmeidler, 'Der Briefwechsel zwischen Abélard und Héloïse eine Fälschung?', 1–30; C. Charrier, ed., *Jean de Meun, traduction de la première épître de Pierre Abélard (Historia calamitatum)* (Paris: Champion, 1934), pp. 3–30, 181–218, and 573–90; E. Gilson, *Héloïse et Abélard* (2nd edn, Paris: Vrin, 1948), pp. 150–71. On continued doubts, see J. T. Muckle, 'The Personal Letters between Abelard and Heloise', *Mediaeval Studies*, 15 (1953), 67, G. Truc, *Abélard, avec et sans Héloïse*, pp. 44–45, and P. Zumthor, 'Héloïse et Abélard', 313–14. On the way in which medieval writers preserved letter collections, and on aspects of style, see Constable, II, pp. 1–44, and R. W. Southern, 'The Letters of Abelard and Heloise', in his *Medieval Humanism and Other Studies* (Oxford: Blackwell, 1970), pp. 86-104, at pp. 86–88.

[17] J. F. Benton, 'Fraud, Fiction, and Borrowing in the Correspondence of Abelard and Heloise', in *Pierre Abélard – Pierre le Vénérable*, pp. 469–506. On the reactions to Benton's view, see E. Hicks, ed., *La Vie et les Epistres Pierres Abaelart et Heloys sa fame: traduction du XIIIᵉ siècle attribuée à Jean de Meun, avec une nouvelle édition des textes latins d'après le MS Troyes, Bibliothèque municipale, 802* (Paris: Champion, 1991), I, xxi–xxvi. For a concise summary of the long debate on the authenticity of the Correspondence, see Mews, *Lost Love Letters*, pp. 47–53.

[18] Southern, 'The Letters', p. 103.

suggestion that they were lost because Abelard was discredited and his works condemned.[19]

Jean de Meun's Translations

Jean de Meun is undoubtedly best known as the writer who, probably in the 1270s, composed a 17,000-line continuation of Guillaume de Lorris's *Roman de la Rose*, some forty years after Guillaume had left it apparently incomplete. In so doing Jean de Meun rescued Guillaume's poem from relative obscurity, and created a work which was to become one of the most influential and widely read vernacular texts of the later Middle Ages. The *Roman de la Rose* now survives, thanks to its continuator, in some 300 manuscripts. Guillaume de Lorris's dream-allegory represents the courtly world at its most refined, even ethereal (though there is a detectable undertow of irony), while Jean de Meun, cleverly preserving the poem's basic framework, expands its scope considerably and changes the emphasis, so that it becomes an overtly cynical exercise in seduction, with satirical and anti-feminist comment along the way. At the same time, this University-trained writer allies his text to the encyclopaedic movement of the thirteenth century, using the lengthy discourses of his allegorical figures as a mouthpiece for the discussion of social, philosophical, theological, scientific, and cosmological ideas, which are backed up by plenty of illustrations from the author's classical reading or from recent history.

The encyclopaedic aspect of Jean de Meun's continuation is an important one and is a pointer to his later career, which, after the completion of the *Roman de la Rose*, appears to have been devoted to more direct vulgarisation in the form of the translation of texts from Latin. We know which works he translated, because he conveniently lists them for us in the Preface to his translation of Boethius's *De consolatione philosophiae*, which he undertook at the request of Philippe le Bel (Philip IV, king of France 1285–1314). It is normally assumed that this list is arranged chronologically and is complete, the translation of Boethius being his last:

---

[19] J. Monfrin, ed., *Abélard: Historia calamitatum* (2nd edn; Paris: Vrin, 1962), p. 61.

A ta royal majesté, tres noble prince, par la grace de Dieu roy des François, Phelippe le Quart, je Jehan de Meun, qui jadis ou Rommant de la Rose, puis que Jalousie ot mis en prison Bel Acueil, enseignai la maniere du chastel prendre et de la rose cueillir, et translatay de latin en françois le livre Vegece de Chevalerie et le livre des Merveilles de Hyrlande et la Vie et les Epistres Pierres Abaelart et Heloys sa fame et le livre Aered de Esperituelle Amitié, envoie ore Boece de Consolacion que j'ai translaté de latin en françois.[20]

The five works which he claims to have translated are: Vegetius, *De re militari*; Giraldus Cambrensis, *De mirabilibus Hiberniae*; the Letters of Abelard and Heloise; Aelred of Rievaulx, *De sprituali amicitia*; and Boethius, *De consolatione philosophiae*. Two of these translations, those of Giraldus and Aelred, have long disappeared, and no hint of their existence has ever come to light beyond the reference in this Preface. The three surviving translations are all in prose, and there is no reason to suppose that the two lost ones were otherwise.

The *De re militari* was a much respected text in the Middle Ages and beyond, but Jean de Meun's French translation may well be the earliest we have. According to an explicit attached to at least one of the manuscripts of the translation, Jean de Meun carried out the work in 1284 for Jean de Brienne, Comte d'Eu (d. 1294). The text of the translation has been edited twice, by Ulysse Robert in 1897, and by Leena Löfstedt in 1977.[21]

The *De consolatione philosophiae* proved to be a highly influential source-text throughout the Middle Ages, and translations and adaptations in French began before Jean de Meun. The earliest we have is the *Roman de philosophie*, a late twelfth-century verse version by Simund de Freine,[22] and although there are other prose versions dating from

---

[20] V. L. Dedeck-Héry, 'Boethius' *De consolatione* by Jean de Meun', *Mediaeval Studies*, 14 (1952), 165–275, at p. 168.

[21] *L'Art de Chevalerie: traduction du 'De re militari' de Végèce par Jean de Meun*, ed. by U. Robert (Paris: Firmin Didot, 1897); *Li Abregemenz noble honme Vegesce Flave René des establissemenz apartenanz a chevalerie*, ed. by L. Löfstedt (Helsinki: Suomalainen Tiedeakatemia, 1977). Robert's edition was published merely as a point of comparison with the late thirteenth-century verse translation of the same text by Jean Priorat, which he based on Jean de Meun's version; Löfstedt's edition is, in contrast, a critical one.

[22] J. E. Matzke, ed., *Les Oeuvres de Simund de Freine* (Paris: Firmin Didot, 1909), pp. 1–60. On the influence of Boethius during the Middle Ages

the thirteenth century, it seems that they were little known and that Jean de Meun himself was unaware of any usable translation. He had already stated in the *Roman de la Rose* that a translation for the benefit of 'gens lais' was needed,[23] and in the Preface to his own translation he shows that he takes care to make it a usable alternative to the Latin, both for those unable to read the original at all and for clerks who might find the Latin difficult on its own.[24] A critical edition of Jean de Meun's translation was published by V. L. Dedeck-Héry in *Mediaeval Studies*, 14 (1952). This translation appears to have been influential in stimulating further ones throughout the fourteenth century.

Sometime between translating Vegetius and Boethius, we may assume, Jean de Meun undertook a translation of the Letters of Abelard and Heloise; and just as the *Roman de la Rose* shows that he was already steeped in Boethian thought well before actually translating the *De consolatione philosophiae*, so too does the poem attest to a close acquaintance with the *Historia calamitatum* and Heloise's first letter at least in the episode concerning Heloise in the Jealous Husband's diatribe against marriage.[25] Why or for whom the translation of the Correspondence was subsequently undertaken we have no means of knowing, but it may be possible to suggest an approximate date for it. It is now generally agreed that Jean de Meun's continuation of the *Roman de la Rose* was written between 1269 and

and in particular for translations of the *De consolatione philosophiae*, see H. F. Stewart, *Boethius* (Edinburgh: Blackwood, 1891), pp. 160–240; H. R. Patch, *The Tradition of Boethius* (Oxford: Oxford University Press, 1935), pp. 46–86; L. Delisle, 'Anciennes traductions françaises de la *Consolation* de Boëce conservées à la Bibliothèque Nationale', *Bibliothèque nationale de l'École de chartes*, 34 (1873), 5–32; C.-V. Langlois, 'La Consolation de Boëce d'après Jean de Meun et plusieurs autres', in *La Vie en France au moyen âge*, IV (Paris: Hachette, 1928), pp. 269–326; A. Thomas and M. Roques, 'Traductions françaises de la *Consolatio philosophiae* de Boèce', *Histoire littéraire de la France*, 37 (1938), 419–88; and J. K. Atkinson and Glynnis M. Cropp, 'Trois traductions de la *Consolatio philosophiae* de Boèce', 198–232.

23   F. Lecoy, ed., *Guillaume de Lorris & Jean de Meun: Le Roman de la Rose*, CFMA, 3 vols (Paris: Champion, 1965–70), at vv. 5006–10.

24   See below, 'The Style of the Translation'.

25   *Le Roman de la Rose*, ed. by Lecoy, vv. 8729–8802.

1278.[26] The *explicit* already alluded to provides us with the date 1284 for the Vegetius translation.[27] Philippe IV, to whom the translation of Boethius is dedicated, reigned from 1285 to 1314, but Jean de Meun died between 27 May and 6 November 1305.[28] How soon before his death he translated Boethius is impossible to say, and it could have been as late as 1304–05.[29] Assuming that the list provided by Jean de Meun of his translation is chronologically accurate, we can say that sometime between 1285 and 1305 he translated firstly the *De mirabilibus Hiberniae*, then the Correspondence, followed by the *De spirituali amicitia*, and finally Boethius. This would suggest that the translation of the Correspondence belongs to the early 1290s.

Paris, BnF, MS fr. 920 is the only copy of the Correspondence ever to have come to light. This situation compares with the twenty-two extant manuscripts of the Vegetius translation and at least seventeen of the Boethius one.[30] It is not easy to explain this lack of manuscripts for the Abelard–Heloise Correspondence. Jean de Meun appears to have been the only person in the Middle Ages to have translated it, and for much of the time Abelard, Heloise, and their

[26] Lecoy (*Le Roman de la Rose*, I, viii), states: 'Je pense, pour ma part, que la continuation de Jean de Meun, commencée au plus tôt au début de 1269, était terminée, au plus tard, vers la fin de l'année 1278.'. His arguments appear to have been accepted by Armand Strubel, in his edition of the *Rose* (Paris: Librairie Géneral Française, 1992), at p. 7.

[27] Robert, ed., *L'Art de Chevalerie*, p. 177, and, further, pp. viii and xviii.

[28] A. Thomas, 'La date de la mort de Jean de Meun', *Académie des Inscriptions et Belles-Lettres; Compte rendu des séances de l'année 1916*, pp. 138–40 (séance du 24 mars).

[29] A. J. Denomy, 'The Vocabulary of Jean de Meun's Translation of Boethius' *De Consolatione Philosophiae*', *Mediaeval Studies*, 16 (1954), 19–34, at p. 20, estimates the date as '*c.* 1300', but adduces no firm evidence. He regards the year 1303 as a *terminus ad quem*, since one manuscript containing the Boethius translation (Rennes, B. M., MS fr. 593) carries this date. The *Catalogue général des manuscrits des Bibliothèques publiques de France*, vol. XXIV (Paris: Plon, 1894), p. 248, makes it clear, however, that this date, which occurs in three places (fols 170, 284, and 289) refers each time to the date of transcription of other works in the same manuscript, all of which are placed ahead of the Boethius translation, which occupies fols 471–509, and therefore could well have been copied or added later.

[30] Löfstedt, ed., *Li Abregemenz*, pp. 13–14; Dececk-Héry, ed., 'Boethius' *De consolatione*', pp. 166–67.

Correspondence seem to have been ignored. The only other real literary reference to the story of the lovers occurs in Villons's famous *Ballade des Dames du temps jadis*, and he knew of it from the *Roman de la Rose* and possibly from Jean de Meun's translation as well. In addition, Christine de Pisan made a passing and slighting reference to Heloise in a letter to Pierre Col,[31] and there exists a late-medieval love treatise, dating from around 1500, based on part of Book I of Andreas Capellanus's *De amore,* to which Heloise's name has been attached as *praeceptor amoris.*[32] Abelard died in 1142, Heloise in 1163 or 1164; yet there is no extant Latin manuscript even of the Correspondence before the end of the thirteenth century. The silence of the intervening years may partly be explained by the discredit into which Abelard's writings had fallen. There are then five Latin manuscripts dating roughly from the time of Jean de Meun's translation or just after, which shows that some renewed interest was taken in the Latin correspondence at least in the late thirteenth or early fourteenth centuries. But why should there be only one copy of Jean de Meun's French version, and a total of nine — admittedly not all complete — of the corresponding Latin text, particularly as Monfrin in his edition of the Latin *Historia calamitatum* regarded BnF, MS fr. 920 as being as useful as a Latin manuscript for the purposes of establishing a reliable reading?[33] It is nevertheless a faulty, late-fourteenth or early-fifteenth century copy of an earlier manuscript or manuscripts now lost. Its condition is the source of the many editorial problems from which few, if any, of the pages are free. It has now been established that

---

[31] See my 'Christine de Pisan, Heloise, and Abelard's Holy Women', *Zeitschrift für romanische Philologie,* 109 (1993), 556–63.

[32] See my *Two Late Medieval Love Treatises: Heloise's* Art d'Amour *and a Collection of* Demandes d'Amour, *edited from British Library Royal MS 16 F II* (Oxford: The Society for the Study of Mediaeval Languages and Literature, 1993)

.

[33] '[Son manuscrit latin] est malheureusement perdu. Mais le travail du traducteur est assez précis pour que nous puissions retrouver, au travers de son français, la leçon qu'il avait sous les yeux' (Monfrin, *Abélard: Historia calamitatum,* p. 30)

BnF, MS fr. 920 was written by Gontier Col,[34] who played a role in the famous quarrel of the Rose at the turn of the fourteenth and fifteenth centuries, and it is perhaps thanks to this literary quarrel that we have a copy of Jean de Meun's translation at all. In contrast to this one late manuscript of poor quality, better copies of an earlier date exist for both the Vegetius and Boethius translations among the comparatively numerous manuscripts of these two works. Robert used a manuscript dated 1340 for his edition of l'*Art de Chevalerie*, and regretted having no earlier one to provide him with a purer version of the text.[35] For Boethius, Dedeck-Héry was able to take a good fourteenth-century manuscript as a base text, and, apart from the one that he used, there are several other fourteenth-century copies, and even a fragmentary one which the editor considered to be late-thirteenth or early-fourteenth century, offering a text virtually free of error and derived, so he surmised, from a lost copy made during Jean de Meun's lifetime and very close to the original manuscript, of which this fragment has preserved much of the Orléanais dialect.[36]

Various attempts have been made to publish an edition of Jean de Meun's translation. The first descriptive catalogue of French manuscripts in the Royal Library was published by Paulin Paris in 1848. It included a short account of the manuscript containing Jean de Meun's version, which had lain neglected in the Bibliothèque nationale since the end of the seventeenth century.[37] Two years later François Génin attempted an edition of the translation, at a time when serious interest was starting to be shown in Abelard, the Correspondence and the question of its authenticity. However, he got no further than publishing the translation of the *Historia Calamitatum*. He presented his edition in two parts, with no introduction, few critical notes and little effective correction of the manuscript, in an

---

[34] C. Bozzolo, 'L'Humaniste Gontier Col et la traduction française des *Lettres* d'Abélard et Héloïse', *Romania*, 95 (1974), 199–215.

[35] Robert, ed, *L'Art de Chevalerie*, pp. xviii–xix.

[36] This fragmentary MS is Paris, BnF, MS lat. 8654B; see Dedeck-Héry, 'Boethius' *De consolatione*', p. 167, and his 'Un fragment inédit de la traduction de la Consolation de Boèce par Jean de Meun', *Romanic Review*, 27 (1936), 123.

[37] P. Paris, *Les Manuscrits français de la Bibliothèque du roi*, vol. VII (Paris: Techener 1848), pp. 340-46.

obscure periodical, where it lay forgotten.[38] Whether Génin intended
to publish the whole of the Correspondence is questionable. Paulin
Paris, who must have known Génin professionally, is nevertheless
quite clear on this point. In his article, 'Jean de Meun, traducteur et
poète', which he wrote for the *Histoire Littéraire de la France* in 1881
(vol. XXVIII, 391-439), long after the initial interest in the manuscript
had been shown by himself, Victor Cousin and Génin, he referred to
the faulty opening of the *Historia calamitatum* in Jean de Meun's
version, and commented: 'Ce malheureux début est peut-être cause
du peu d'estime que l'on a jusqu'à présent accordé à la traduction de
Jean de Meun. Un ingénieux et savant littérateur, M. François Génin,
avait eu l'intention de la publier; il fut arrêté plus par les méprises de
l'ancien copiste que par celles du traducteur' (p. 403).

The deficiencies of Génin's edition were examined by Charlotte
Charrier in the introduction to her own edition of the same text
(*Historia calamitatum* only), which appeared in 1934, together with an
introduction, some critical notes, an index of proper names and a
parallel Latin text, reproduced from the earliest Latin manuscript
known of the Correspondence (Troyes, B. M., MS 902).[39] Her edition
formed the complementary thesis of her *doctorat d'état*,[40] but although
her interest in Jean de Meun was secondary, it was her intention at
the time to edit at a later date the whole of Jean de Meun's translation
of the Correspondence: 'Nous avons l'intention d'éditer
complètement cette traduction. Nous nous bornerons ici à la
première Lettre d'Abélard, ou *Historia Calamitatum*. Nos remarques,
toutefois, porteront sur l'ensemble de la traduction' (Intro., pp. 7–8).
This promise was never fulfilled.[41] Her partial edition is nevertheless

---

38 F. Génin, 'Première lettre d'Abailard, traduction inédite de Jean de
    Meung', *Bulletin du Comité Historique des monuments écrits de l'histoire de France:
    Histoire, Sciences, Lettres*, (Paris: Imprimerie nationale, 1850), II, pp. 175–91
    and 165–92.

39 Charrier, ed., *Traduction de la première épître*, the comments on Génin's
    edition are on pp. 6–7.

40 Her principal thesis is the invaluable *Héloïse dans l'histoire et dans la légende*
    (see note 3 above and Bibliography).

41 The Bibliothèque nationale catalogue does provide some indications of
    Charlotte Charrier's later publications, which mostly comprise abridged
    editions of works in the *Classiques pour tous* series, published by Hatier.

important, as it is the first one prepared in accordance with modern critical practice. Some of her readings, however, are open to question, and she makes several emendations without reference to the manuscript original.

In more recent decades there has been a relative flurry of interest in taking up the challenge of editing the text of BnF, MS fr. 920. There have been three unpublished PhD theses, covering all or part of the Correspondence (presented in 1968, 1969, and 1983),[42] and two published editions of the complete corpus of texts in BnF, MS fr. 920. The first of these was by Fabrizio Beggiato in 1977; the second by Eric Hicks in 1991.[43] The serious shortcomings of the Beggiato edition were analysed by Hicks in his detailed review of it.[44] His own edition is therefore the first usable one of the complete text, although it is itself also not totally reliable.[45] In addition, Michel Zink has published an edition of Peter the Venerable's letter to Heloise, and Charles S. F. Burnett of Abelard's Confession to Heloise.[46]

Finally, before looking more closely at the manuscript of the translation, it should perhaps be asked whether we can be sure that the translation it contains is by Jean de Meun. The answer is that we cannot, but all editors and commentators have felt that Letters I to VII can confidently be attributed to him, generally on the evidence of the Boethius statement, the absence of any other known translator,

---

[42] L. C. Brook, University of Bristol, 1969; Elisabeth Schultz, University of Washington, 1969; R. Bélengier, Université Laval (Quebec), 1983.

[43] F. Beggiato, ed., *Le lettere di Abelardo ed Eloisa nella traduzione di Jean de Meun*, 2 vols (Modena: S.T.E.M.–Mucchi, 1977); E. Hicks, ed., *La Vie et les Epistres*.

[44] E. Hicks, 'Le lettere di Abelardo ed Eloisa nella traduzione di Jean de Meun, a cura di Fabrizio Beggiato, 1977', *Romania*, 103 (1982), 384–97.

[45] See my review in *Medium Aevum*, 62 (1993), 146–47.

[46] M. Zink, 'Lettre de Pierre le Vénérable, Abbé de Cluny, à Héloïse, Abbesse du Paraclet, pour lui annoncer la mort d'Abélard', in *Pierre Abélard – Pierre le Vénérable*, pp. 23–37, at pp. 29–37; C. S. F. Burnett, '"Confessio fidei ad Heloissam": Abelard's Last Letter to Heloise?', *Mittellateinisches Jahrbuch*, 21 (1986), 147–55, at 154–55.

and the quality and language of the translation, worthy of the author of the *Roman de la Rose*.[47]

BnF, MS fr. 920 and the Manuscript Tradition

BnF, MS fr. 920 (formerly 7273²) is a late fourteenth or early fifteenth century quarto-sized volume bound in red leather, with the arms of France and the fleur-de-lis of Louis XV stamped on the covers, and the title EPISTRE DABELAR (sic) on the spine.[48] The folios are made of paper, now measuring approximately 280mm by 205mm, though the clipped flourishes of many letters on the top line of several pages indicate that the paper was originally larger and has been reduced by the eighteenth-century binder. The fly-leaf is blank, and forms part of the binding. There is then a sheet of parchment, the only one that the MS contains, and presumably a remnant of an earlier or even original binding. On the reverse side of this parchment sheet and at the top of it there is an inscription dated 1642 under the signature of J. Brodeau (discussed below), with the capital 'A' in a modern hand above the signature. Half-way down the third folio recto this same hand has written the following details concerning the MS: 'Volume de 244 pages, plus le feuillet A préliminaire; les pages 233-240, 243, sont blanches. 14 octobre 1893'. The fourth folio is completely blank. The text of the translation begins on the fifth recto, under the heading, written in a different modern hand, 'Epistres de Mr Pierre Abaelard et Helois et d'autres', along with the old MS number 7273². A third modern hand has written the figure 1, marking

---

[47] See C. Charrier, ed., *Jean de Meun: Traduction de la première épître de Pierre Abélard (Historia calamitatum)* (Paris: Champion, 1934), pp. 1–2; F. Beggiato, ed., *Le Lettere di Abelardo ed Eloisa nella traduzione di Jean de Meun*, 2 vols (Modena: S.T.E.M.-Mucchi, 1977), II, 17–20; Hicks, ed., *La Vie et les Epistres*, pp. xxxi–xxxii.

[48] Descriptions and accounts of the MS are also to be found in Paris, *Les Manuscrits français*, pp. 240–46 (the MS is referred to under its old number); Charrier, ed., pp. 1–6; Monfrin, ed., *Historia calamitatum*, p. 29; Bozzolo, 'L'Humaniste'; Beggiato, ed., II, 8-12; Hicks, ed., pp. xxxiv-xxxv. With advances in modern technology MS 920 may now be viewed on line: http:/gallica.bnf.fr/ark:/12148/btv1b9057395c/

the start of the pagination, which continues to page 232, the last page of the translation.[49] The contents are as follows:

pp. 1-58: Letter I: Abelard's autobiographical letter addressed to a friend (*Historia calamitatum*), beginning 'Essamples attaïgnent ...'

pp. 58-70: Letter II: Heloise to Abelard ('Or parolle la bonne Heloys qui a entendues les co[m]plaintes Abaielars, et dit')

pp. 70-79: Letter III: Abelard to Heloise ('Or respont Abaelart, et dist')

pp. 79-91: Letter IV: Heloise to Abelard ('Or rescript la saige Helouys, et dit')

pp. 92-120: Letter V: Abelard to Heloise ('Ci aprés recommance a parler Abaielart a la saige Heloys')

pp. 120-148: Letter VI: Heloise to Abelard ('Or parolle Helouys')

pp. 148-213: Letter VII: Abelard to Heloise ('Ci rescript Pierre Abaielart a Heloys de l'auctorité ou [de] la digneté des saintes nonnains de l'ordre'), followed by an *explicit* on p. 214

pp. 215-16 are blank

pp. 217-18: Abelard's Confession addressed to Heloise ('La Confession de Abaelart a Heloys, jadis sa femme')

pp. 218-22: Abelard's Confession of faith ('S'ensuit la confession d'Abaelart general et especial contre aucune[s] articlez contre lui imposez')

pp. 223-32: Peter the Venerable's letter to Heloise ('S'ensuit l'espitre de Pierre, abbé de Clugny, envoyee a Helois ...')

After page 232 there are five blank sheets of MS paper, which have been rather carelessly numbered 223, 235, 237, 239 and 241, and page 241 verso has been used by various scribes to try out their pens.[50]

---

[49] Once the modern page numbering begins, we have used it exclusively for reference to MS pages: thus the fifth folio of the MS is numbered pages 1 and 2, etc.

[50] A similar use was made of the space on p. 232 beneath the end of Peter the Venerable's letter. A few Latin and French words and phrases can be

After page 241 come three sheets of more modern paper, belonging, like the fly-leaf at the front, to the binding of the volume. The first of these has been numbered 243 and 244, the second is blank, and on the reverse side of the last an index has been written with cross-references to the corresponding Latin texts in the Duchesne edition.[51]

The MS is mainly formed by ten quires of twelve sheets each (twenty-four pages of modern pagination), as may readily be seen by the stubs of paper between each quire. Page 1 marks the beginning of the first quire, so the original MS paper strictly ends at 239 verso.[52] At the bottom of the last page of each of the first eight quires there is an anticipatory phrase, indicating the start of the next quire, and the number of the complete quire in Roman numerals.[53] Within each quire, six of the twelve sheets bear a watermark, either of a crown, a fleur-de-lis, or an anchor.[54] A further watermark, of the Paschal Lamb, occurs in the blank sheet of paper which immediately precedes page 1.[55]

The handwriting of the MS, from pages 1 to 232, is uniform throughout, and it has been identified as that of Gontier Col (d. 1418), one of the royal secretaries of Charles VI and a humanist who played

---

deciphered from amongst what is mostly illegible, e.g. 'nunc omnium fidelium' and 'ung escu d'or' (p. 232), 'meas' and 'quant est de moy' (p. 241).

[51] Published in Paris in 1616, this was the first edition of Abelard's works: *Petri Abaelardi Sancti Gildasii in Britannia abbatis, et Heloisae coniugis eius quae postmodum prima coenobii paraclitensis abbatissa fuit, Opera*, ed. André Duchesne (Paris: Nicholas Buon, 1616). The hand looks to be an eighteenth or early nineteenth century one (Paulin Paris?), the same as the one responsible for the numbering of the pages 1-232.

[52] Page 241 however belongs to the original binding, as do the two sheets of paper preceding page 1 at the beginning.

[53] For example on p. 24 'Entendement ne puet' anticipates the first three words of p. 25. An irregularity occurs in the Roman numeral sequence on p. 48, at the end of the second quire, where 'iij' is written as on p. 72 correctly, instead of 'ij'. The eighth quire ends on p. 192, and it is the last page to have an anticipatory phrase and quire number.

[54] The watermark is of a crown in quires 1, 2, 6, 7 and 10 (30 examples therefore), a fleur-de-lis in quires 3, 4 and 5 (18 examples), and an anchor in quires 8 and 9 (12 examples).

[55] This is the sheet already referred to above as the fourth sheet of the MS in its present binding.

a significant role in the famous quarrel of the Rose.[56] The handwriting
is adorned with the occasional flourish, particularly on the top or
bottom line of a page, while a drawing has sometimes been worked
into the flourish, either of a fish or a left profile of a human face.[57]
There are no illustrations, but coloured capital letters are found at the
beginning of a Letter or section of a Letter, either a red capital with
blue ornamentation or vice-versa, the colours usually alternating.[58]
There are between twenty and thirty-one lines to each page, i.e. each
side of each folio, though most have about twenty-five lines.[59] Quite
frequently Col corrected his text as he wrote, and on occasion there
is a small gap left in the text, where he was uncertain of the word he
should write, presumably through illegibility.[60] He also marked
passages which particularly interested him with an abbreviated *nota* in

[56] See Bozzolo, ed.

[57] There are 17 examples of the fish, usually worked into a letter 'i' or 'j',
and three of the face.

[58] They occur on the initial letters on the following pages: 1 ('Essamples'),
14 ('A la parfin'), 15 ('Tantoust je retournay'), 19 ('Donquez' and 'Quant
elle'), 20 ('Quant ses'), 28 ('Seigneurs'), 31 ('Adonquez'), 33 ('Dieu, qui'),
34 ('si comme'), 37 ('c'est a dire'), 40 ('et disoient'), 43 ('Si comme'), 44
('Comme je'), 45 ('si chey'), 49 ('Mais que'), 57 ('Or vous'), 61 ('Je ne
reçoy'), 65 ('Donquez encore'), 67 ('Deulx choses'), 68 ('Tres'), 69 ('Je
voudroye'), 70 ('Eheloys'), 72 ('Certes'), 77 ('Deus qui'), 78 ('Deus qui'),
79 ('Du sien'), 82 ('Mes se'), 84 ('O souveraine'), 88 ('Li miens'), 92 ('O
l'espouse'), 93 ('Mes de'), 99 ('Mes certes'), 103 ('A la parfin'), 119
('Dieu'), 120 ('Du sien'), 125 ('Pappe'), 126 ('Or commane'), 148 ('A sa
chiere'), 181 ('Dont'). The red capital 'S' in 'Si' (p. 43) never received its
blue ornamentation, for which space was left, whilst the blue
ornamentation of the letter 'M' in 'Mes' (p. 99) was only partially
completed. On p. 70, it is the second letter of 'Heloys' which is written
as a capital, so that strictly the MS reading is 'Eheloys'. There are no
coloured capitals beyond p. 181.

[59] Pages of over twenty-nine lines are very rare: p. 65 has thirty lines, p. 217
has thirty-one lines. Page 44 is the only one to have only twenty lines.

[60] For example, 'si [choisi] Meleinz' (p. 2), 'longuement [veillier]' (p. 7). 'com
grant [fiel]' (p. 33). This would suggest that he was copying from a
manuscript that was hard to read in places and that he was not checking
the translation against a Latin text.

the margin.[61] The text of the Confession addressed to Heloise and particularly that of Peter the Venerable's letter to her is interrupted by marginal glosses, which have been incorporated into the text. They have all been indicated by the scribe on revision by the use of a sign akin to a musical sharp (#) squeezed into the text and repeated in the margin, with *sequitur glosa* and *finit glosa* added to mark the start and finish of each insertion. At the same time, it would seem, he noticed the omission of a *glosa* concerning Plato on p. 223, and added it in the margin at the foot of the page. From pages 1-21 a seventeenth-century hand (probably Brodeau's; see below) has marked off sections or paragraphs of the text in thick pencil, numbered them, adding an occasional comment or correction in the margin, scrawled in large handwriting.[62] There are, too, a few corrections and comments in ink in a more modern hand up to page 112 (Paulin Paris?). At some time impossible to determine an attempt has been made to scratch out on pages 21 and 22 words which might have caused offence ('coillons', 'vit'), though they are still fairly easily readable.

Many pages are stained by damp. This is particularly noticeable between pages 101 and 117, where water has at some time seeped down the top few inches of the paper, but these pages are far from being the only ones affected. At the top of page 72, for example, the blue of the capital 'C' of 'Certes' has been largely washed away by

---

[61] There are twenty cases of this marking between pages 9 and 130 of the manuscript: p. 9, sentence beginning 'Mes pour ce que prosperitez' and opposite 'de tant me esloignaye plus ...'; p. 10, opposite 'nous nous pourrions presenter ...'; p. 12, opposite 'plus souvant getions les mains ...'; p. 13, sentence beginning 'Car nous n'avons pas ...'; p. 19, opposite 'et que tu ne te plunges ...' and Socrates's remark '"Bien savoie ..."'; p. 22, opposite 'est deffendue l'entree des eglises' and sentence beginning 'Mes toutesvoyes elle ...'; p. 55, opposite statement 'C'estoient li moyne au deable!'; p. 57, opposite quotation '" Tu erres se tu cuides ..."'; p. 65, sentence beginning 'Mes ja soit ce que je en taise ...'; p. 87, quotations beginning '" Je lesseré contre moy ..."' and '"Je ay plus legierement trouvé..."'; p. 101, end of sentence beginning 'Ainsi la mere ...'; p. 112, quotation beginning '"Qui espergne la verge ..."'; p. 120, sentence beginning 'Car nulle chose ...'; p. 123, sentence beginning 'Certes, en fame traïr ...'; p. 124, sentence beginning 'Quelle presumpcion ...'; and p. 130, two *notas* opposite 'et phisique nous tesmoigne...'.

[62] For example, on p. 15, at the appropriate place, is written the number 7 and 'Contre le mariage'.

damp, so that the pricking marks are clearly visible beneath the colour. There are also several worm-holes in the manuscript. No page, including the parchment sheet, is completely unaffected, although the end of the manuscript has suffered the worst ravages.[63] The end-papers of the present binding, however, are untouched, although the spine has been eaten through in places. Finally, a few pages are slightly torn (pp. 1, 15, 17, 223 and 225), or have dirty marks (e.g. pp. 40, 41 and 132), ink blots (e.g. 29, 32, 42 and 163), or splashes of candle-wax (pp. 193, 194 and 195). Some of the tears were repaired before the paper was written on, as can be seen from the fact that the scribe has written over the strip of paper pasted onto the tear (pp. 15 and 17).

*   *   *

Following Paulin, MS fr. 920 was until comparatively recently generally considered to date from the fourteenth or more commonly the early fourteenth century.[64] A close comparison between the watermarks in the manuscript and similar ones reproduced in Briquet[65] would indicate, however, that the date of BnF, MS fr. 920 is in fact late fourteenth or early fifteenth century, and this evidence is supported by the style of handwriting.[66] Such an assessment is now

---

[63] The worm-holes sometimes obliterate a letter completely, e.g. 'parçonnie[e]res' (100.1), 'par[o]lles' (102.1), 'plant[i]erres' (148.1), 'nessan[c]e' (148.3), 'prom[e]t' (228.2). For an explanation of these manuscript reference numbers, see section 5, The Presentation of the Edition, below.

[64] Paris, *Les Manuscrits français:* 'xive siècle', and in his later article 'Jean de Meun traducteur et poète', in the *Histoire Littéraire de la France*, 28 (1881), 391–416, at p. 402: 'les premières années du xive siècle'. This latter assessment is echoed in E. Langlois, *Origines et sources du Roman de la Rose* (Paris: Thorin, 1890), p. 147, Charrier, ed. cit., p. 3, and Monfrin, ed. cit., p. 29. The *Catalogue des manuscrits français da la Bibliothèque Impériale*, vol. I (Paris, 1868), was alone in stating 'xve siècle'.

[65] C. M. Briquet, *Les Filigranes: dictionnaire historique des marques du papier, dès leur apparition vers 1282 jusqu'en 1600*, 4 vols (Leipzig: Karl W. Hiersemann, 1923).

[66] This evidence of watermarks and handwriting is analysed in detail in my PhD thesis, 'Jean de Meun's translation of the Letters of Abelard and Heloise', University of Bristol, 1969, pp. 33-40.

confirmed by Carla Bozzolo's identification of the handwriting as that of Gontier Col, while of the watermarks she states that they belong to a period 'aux alentours de la dernière décade du [XIV^c] siècle'.[67] As to the subsequent history of the manuscript, there is a clue to its ownership in the seventeenth century on the reverse side of the sheet of parchment preceding the text of the manuscript, where the following statement is to be found:

> 4^{ll} 1642. J. Brodeau.
>
> L'aucteur de ceste traduction françoise des epistres de Abailard et Heloïs sa femme est Jean de Meun, comme il tesmoigne luy mesme au prologue de la traduction par luy faicte du livre de Boece de Consolation, qu'il a dédié a Philippes le Bel, Papir. Massonus lib. 3, Annalium Franciae, in Philippo pulcro fine.[68]

For information concerning this ownership and J. Brodeau, who purchased the volume for 4 *livres* in 1642, we are primarily dependent upon an entry in L. Delisle, *Le Cabinet des Manuscrits de la Bibliothèque Impériale*, (Paris, 1868), vol. I, pp. 300-01, where we read:

> En 1698, ou peut-être 1699, le libraire Moette abandonna, pour 95 livres, treize manuscrits qui avaient appartenu à Julien Brodeau, le commentateur de la Coutume de Paris, mort en 1653, à l'âge de soixante et dix ans. La bibliothèque de ce jurisconsulte a été citée avec éloge par le P. Jacob.[69] Elle renfermait plusieurs manuscrits du célèbre Grolier, et de Louis Chaduc, mort a Riom le 19 septembre 1638. Beaucoup des manuscrits de Julien et de Jean Brodeau

---

67 Bozzolo, 'L'Humaniste', p. 200. Subsequent to the publication of her article, Beggiato has stated in her edition that the MS belongs to the 'seconda metà del XIV secolo' (vol. 2, p. 12); Hicks, ed., p. xxxv: 'fin du XIVe siècle'.

68 See Jean-Papire Masson, *Papirii Massoni Annalium libri quatuor, quibus res gestae Francorum explicantur* (Paris: Nicholas Chesneau, 1577), III, 396–97. Brodeau says 'Philippo pulcro fine' because the mention of 'Ioannes Meunius' and his works occurs at the end of a chapter dealing with 'Philippus Pulcher' (pp. 377-97).

69 Le P. Louis Jacob, *Traicté des plus belles bibliothèques publiques et particulières, qui ont été et qui sont à présent dans le monde* (Paris: Le Duc, 1644), pp. 502–03.

passèrent dans le cabinet de Baluze; quelques uns dans celui de Bouhier.

On the evidence of this information it would be reasonable to conclude that the signature 'J. Brodeau' in BnF, MS fr. 920 is that of Julien Brodeau, a famous lawyer and writer, who died in 1653 at the age of seventy, rather than that of Jean Brodeau. The *Catalogue general des livres imprimés de la Bibliothèque nationale* shows that Jean Brodeau lived in the sixteenth century and that his works were published between approximately 1550 and 1600. Furthermore, if the two manuscripts quoted in Delisle's footnotes as having once belonged to Grolier (1479-1565) are typical, Jean Brodeau, on acquiring manuscripts, was in the habit of writing his signature and the price paid inside in Latin. Thus we read in one of them (BNF MS latin 6164): 'Emp. 2 aureis. Jo. Brodeus'; and in the other (BNF MS latin 8203) an identical inscription and signature, from which the Christian name has been erased and replaced by 'Jul.'[70] An examination of the other Brodeau manuscripts mentioned in footnotes by Delisle as having at some time belonged to Chaduc (1564-1638), or having passed into the hands of Baluze (1630-1718) or Bouhier (1673-1746), reveals that they bear the same signature as in BnF, MS fr. 920, together with an occasional brief summary of the contents of the manuscript.[71]

From whom Julien Brodeau obtained MS fr. 920 and to whom it was afterwards sold is not known. The only other point on which it has proved possible to shed any light is the question of the acquisition of the manuscript by the Bibliothèque nationale. Delisle does not tell us whether it was among the thirteen donated by Moette in 1698 or 1699, but the fact is confirmed by an entry in the acquisitions register

---

[70] 'Jul.' is written in a darker ink than the original Latin inscription and signature. The issue is complicated by the fact that the fly-leaf carries a signature 'J. Brodeau', very like the one in MS 920, except that it is a younger, firmer and more careful version of it. Then on the title page the signature of 'Jo. Brodeus' has been altered to read 'Jul. Brodeus' merely by overwriting.

[71] For example, Paris, BnF, MS latin 2165 (Baluze), BnF, MS fr. 699 (Chaduc and Baluze), and BnF, MS latin 18548 (Bouhier). MSS fr. 699 and latin 2165 have an indication of the date of purchase and the price paid: 4^{ll} 1633' and '5^{ll} 1642' respectively. BNF MS fr. 789 (Baluze) has a commentary in the same handwriting, but no signature.

of the Royal Library by Nicolas Clément, *bibliothécaire du roi* from 1670 to 1712. He lists all thirteen manuscripts purchased from Moette, the tenth in the list being 'Epistres d'Abélard, d'Héloïse et d'autres, traduites en françois, ancienne version; fol.'[72] Clément added this manuscript to his catalogue of manuscripts in the Royal Library, giving it the number 7273². In this catalogue the appropriate entry reads : '7273². Epistres de Pierre Abaelard et d'Heloise, en françois, d'une ancienne version. (Brodeau).'[73]

*   *   *

Given that BnF, MS fr. 920 dates from the late fourteenth or early fifteenth century, it follows that there must have been at least one lost predecessor containing the translation of the seven letters. From an examination of the sheer number and type of errors and omissions which characterise BnF, MS fr. 920, however, it would seem likely that there was also at least one intermediary version between the original and BnF, MS fr. 920. Some of the transcription errors in the manuscript are clearly the result of a mishearing, so that at some stage

---

[72] See H. A. Omont, 'Extraits des Registres des acquisitions de la Bibliothèque du roi (1685-1723)', in *Anciens Inventaires et Catalogues de la Bibliothèque Nationale* (Paris: E. Leroux, 1911), IV, 470–507; the Brodeau manuscripts are listed on pp. 505-06.

[73] Omont, vol. 4, p. 30. Clément drew up his catalogue in 1682 as a revision of the 1645 catalogue by Pierre and Jacques Dupuy. Manuscripts were classified, numbered consecutively, and written in the new catalogue down one side of each page only, the other side being left for later acquisitions. These would subsequently be classified and given a subsidiary number or letter and entered on the blank page opposite the parent number chosen in each case. In the Clément catalogue as published by Omont, manuscripts bearing subsidiary numbers or letters follow the parent number, so that 7273² comes straight after 7273, which is 'Les lamentations de St Bernard (Béthune, théol. 204)'. The use of subsidiary numbers and letters soon led to confusion, as Omont points out: 'Les intercalations, à l'aide de sous-chiffres et de lettres, dans la série continue des numéros donnés aux MSS par Clément, amenèrent bientôt la plus grande confusion dans certaines divisions du catalogue' (Intro. p. 41). It was nevertheless not until 1860 that the French manuscripts were renumbered and given their present numbers by de Wailly, then *conservateur*.

the text, or part of it, must have been dictated: 'mais' for 'mes' (2.4),[74] 'iij' for 'tres' (3.3), 'esquelz' for 'et quelz' (17.1), 'aient' for 'et' (132.3), 'iij' for 'trait' (197.1), etc. Dictation is probably also responsible for the majority of the frequent instances of confusion between 'ses' and 'ces', and 'se' and 'ce'. Other errors however, derive from a visual misreading, though they could also have then been wrongly dictated: 'entendirent' for 'enterdirent' (17.3), 'ensuivierres' for 'ensinnierres' (18.4), 'Paradiz' for 'Paracliz' (40.3), 'li autre' for 'hanté' (67.2), 'amour' for 'au jour' (80.2), etc. A misreading of a bar (titulus) over a word to denote contraction accounts for other errors, such as 'religion' for 'region' (66.4), and 'region' for 'religion' (161.1). There are numerous omissions, too, caused by eye-skip on the part of the copyist between two occurrences of the same or similar word or ending close together in the text (homoeoteleuton): for example, 'et si come de femme commença [courpe, aussi de femme commença] grace, et reflori la noblesce de virginité (185.2).

Overall, the text relayed by BnF, MS fr. 920 shows evidence of careless copying on the part of a scribe working without the benefit of dictation; and Gontier Col may merely have reproduced the faulty state in which he already found the text, wherever he did not feel either inclined or able to offer a correction. It is possible, too, that there never was a perfect original, and that some of the dictation errors go right back to the translator himself.

In contrast to the manuscript situation of the French translation, there are nine surviving manuscripts, plus one fragment, containing all or part of the Latin correspondence. These have all been fully described and the relationship between them established in the edition of the *Historia calamitatum* by J. Monfrin, and the information is also given in briefer form in E. Hicks's edition of the Jean de Meun translation.[75] At least four of these manuscripts have been dated from the late thirteenth century, and they would therefore have been in existence at the time when Jean de Meun made his translation; yet none of these manuscripts corresponds exactly to the version used by

---

[74] For an explanation of the manuscript page and sub-section references used here and throughout the Introduction, see below under section 5, The Presentation of the Edition.

[75] Monfrin, ed., pp. 9–28 and 53–61; Hicks, ed., pp. 44–52.

the translator. There are moments, indeed, when Jean de Meun appears to have followed a reading that no extant Latin manuscript has.[76] It is possible, in any case, that he did not follow just one manuscript, and there is certainly evidence that a number of other copies of the Latin text once existed, but have since disappeared. It seems clear, too, that the reason why a translation of the eighth letter, the *Institutio seu regula sanctimonialium*, does not figure in BnF, MS fr. 920 is that Jean de Meun never translated it. Only one of the extant Latin manuscripts has the complete text of this letter, while two others have a reduced version of it. It is therefore likely that the manuscript or manuscripts from which Jean de Meun worked did not have it either. Moreover, the *explicit* by Gontier Col on p. 214 of BnF, MS fr. 920 seems to confirm that the manuscript from which he was working ended at Letter VII: 'Ci fenist le livre de maistre Pierre Abaielart et de ses espitres, et les espitres que Heloys lui renvoyoit, et la response que maistre Pierre lui faisoit encontre'.

Although the extant Latin manuscripts can be divided into groups, the differences between them in the readings they provide for individual letters are not on the whole great, and Monfrin has rightly stated that the manuscript tradition is in fact 'remarquablement homogène' (p. 53). As a result the critical edition of the Latin correspondence by J. T. Muckle, who provides all the known variants in footnotes, may confidently be used in general as a valid point of comparison with Jean de Meun's version in any study of his work as a translation. Close comparison shows, in fact, that he does not consistently follow the reading of any one of the manuscript sub-groups, which could be evidence of an eclectic reading of more than one copy. Given this and the occasional complete independence of the known tradition exhibited by the translator, it seems arbitrary to reproduce alongside the French translation, as both Charrier and Hicks have done, the text of one single Latin manuscript, even if it is considered to be the best.

---

[76] For example, Jean appears to have read 'ancillas' for 'unicae' (63.3), 'filias' for 'filios' (73.4), 'adjectio' for 'abjectio' (98.1), etc. The untranslated prayers and responses on pp. 77 and 78 of MS 920 also confirm that Jean de Meun followed no one manuscript group, and produced in addition variants that no extant Latin manuscript has (for detailed analysis, see my thesis, p. 88).

The Style of the Translation[77]

Jean de Meun shares with his reader his concept of the translator's role in the preface to his Boethius translation, to which reference has already been made. Following on from the list of his previous translations, and still addressing his patron, he adds:

> Ja soit ce que tu entendes bien le latin, mais toutevois est de moult plus legiers a entendre le françois que le latin. Et por ce que tu me deis – lequel dit je tieng pour commandement – que je preisse plainement la sentence de l'aucteur sens trop ensuivre les paroles du latin, je l'ai fait a mon petit pooir si comme ta debonnaireté le me commanda. Or pri touz ceulz qui cest livre verront, s'il leur semble en aucuns lieus que je me soie trop eslongnié des paroles de l'aucteur ou que je aie mis aucunes fois plus de paroles que li aucteur n'i met ou aucune fois mains, que il le me pardoingnent. Car se je eusse espons mot a mot le latin par le françois, li livres en fust trop occurs aus gens lais et li clers, neis moiennement letré, ne peussent pas legierement entendre le latin par le françois.[78]

Jean de Meun envisaged, then, that this translation would be read by his patron (Philippe IV), a wider public with no Latin, and clerks, who could use his translation as an aid to a study of the Latin text. Avoiding a simple *verbum pro verbo* translation, even for clerks, he aimed at a version that reproduced the sense of the original and could stand on its own as a piece of French prose writing. He therefore claimed some syntactical freedom in rendering the Latin. He had already expressed in the *Roman de la Rose* his concern that a readable French version of Boethius should be available: 'donc granz biens aus gens lais feroit / qui bien le leur translateroit' (Lecoy ed., vv. 5009-10).

Boethius's *De consolatione philosophiae* was a work of major interest throughout the Middle Ages, and Jean de Meun would almost certainly not have expected as widespread a readership for the Abelard–

---

[77] For the argument and examples in this section, I have drawn heavily on my article 'The Translator and his Reader: Jean de Meun and the Abelard-Heloise Correspondence', in *The Medieval Translator*, II, ed. Roger Ellis, Westfield Publications in Medieval Studies, 5 (University of London: Queen Mary and Westfield College, 1991), pp. 99–122.

[78] Dedeck-Héry, ed., 'Boethius' *De consolatione*', p. 168.

Heloise translation, especially as Abelard's works had been officially condemned. It is fair to assume, however, that even if it was designed to be read only by an unknown patron, it was intended to stand as an independent piece of writing, rather than as a crib and aid to the reading of the Latin correspondence. Unlike a modern critic, who is likely to wish to analyse the style of the translation and gauge its accuracy, the medieval reader would be more likely to take fidelity to the original on trust and ask only that the version make sense and hold his interest.

The precepts laid down in the introduction to Boethius apply also to the translation of the Abelard–Heloise Correspondence, and Jean de Meun has been found to be a meticulous but flexible translator.[79] Charrier, in fact, described him as 'le meilleur interprète français des Lettres d'Abélard et d'Héloïse' (p. 55). Jean de Meun is scrupulous to the extent that no Latin word is left aside, and each finds its equivalent somewhere in the French. At the same time the French prose has a natural flow, and is striking for its energy and expressiveness. The naturalness is achieved by a simple rearrangement of the order of clauses or phrases, and where appropriate of the word order within a clause or phrase, as the following two examples from Heloise's first letter will show:

> Je te rens graces de ce que tu me escrips souvent, car au moins te monstres tu a moy en telle maniere comme tu pues (61.1) (Quod frequenter mihi scribis gratias ago. Nam uno modo potes te mihi ostendis).[80]

> Tu dreças ce tabernacle divin et dedias propre temple du Saint Esperit es couches des bestes sauvaiges et es repostailles des larrons, la ou Dieu ne seut pas estre nommez (62.2) (In ipsis cubilibus ferarum, in ipsis latibulis latronum ubi nec nominari

---

[79] See Charrier, ed., pp. 35–56; Beggiato, ed., II, 18–30.

[80] All quotations from the Latin Correspondence are taken from the edition by J. T. Muckle in the following volumes of *Mediaeval Studies*: 12 (1950), 163-213 (our Letter 1); 15 (1953), 63-94 (our Letters 2–5); 17 (1955), 241–81 (our Letters 1–7). The recent edition by David Luscombe, *The Letter Collection of Peter Abelard and Heloise, with Translation by the Late Betty Radice, and Revised by David Luscombe* (Oxford: Oxford University Press, 2013), was published too late for use in the preparation of this monograph.

Deus solet, divinum erexisti tabernaculum et Spiritus Sancti proprium dedicasti templum).

In the first example the order of the clauses in each of the Latin sentences, *abab*, is replaced in the French by the pattern *baba*; in the second example the pattern of phrase or clause *abcd* is replaced by *cdab*. Latin participial constructions are replaced by subordinate clauses, with finite verbs: '*Quo completo*, reversus sum in Franciam ...' becomes '*Et quant ce fut fait*, je m'en reving en France ...' (6.1), and '*Missam ad amicum pro consolatione* epistolam, delectissime, vestram ad me forte quidam nuper attulit', 'Tres chiers, amis, voz homs m'a nouvellement monstré vostre espitre *que vous envoyastes a vostre ami pour confort*' (58.4); or again '*Divisis itaque sic nobis adinvicem* ...' is turned into the adverbial clause '*Puis doncquez que nous feusmes ainsi departiz l'un de l'autre* ...' (84.1).

As for the vigour, that is perhaps most apparent in the rhetorical passages, in which the French is every bit as eloquent as the Latin. A clear example of this occurs in Heloise's first letter, when she deplores her loss:

> Car li quelz des roys ou des philosophes pooient aconsuivre ta renommee? Quelle re(li)gion, quelle cité, quelle ville ne te desireroit? Li que[lz], quant tu venoies au commun, ne se hastast de toy regarder et ne t'ensuivoit a col estendu et aus yex esdreciez quant tu destend(r)oies? Qui estoit la mariee, qui estoit la pucelle, qui ne te couvoitoit la ou tu n'estoies pas, et qui n'ardoit pour toy ou tu estoies presens? Quelle royne ou quelle dame puissant n'avoit envie de mes joies ou de mes chambres? Deulx choses, bien le recognois, estoient especialment en toy par quoy tu pooie(e)s tantost atraire le couraige de toutes femmes, c'est assavoir grace de dicter et de chanter. Ces .ij. choses n'avons nous pas trouvees que cil autre philosophe aient aconceues, par quoy tu, en recreant si come par un geu et en reconfortant le travail de l'estude de philosophie, lessas pluseurs chançons et ditez amoureux fais par vers ou par rimes, qui, par la grant douceur et du dit et du chant souvent hanté, faisoient sans cesser toutes manierez de gens parler de toy, si que neis a ceulx qui n'estoient pas lettrez la douceur de la melodie ne te lessoit

oblier; et de ce soupiroient mesmement femmes en l'amour de toy (66.4–67.2).[81]

Jean de Meun proves, too, that he can match long Latin sentences with ones of equal complexity, while making the exposition clear and easily readable:

> Lors estoient es escolles a ce viellart dui escolier qui sembloient estre li plus vaillans de touz les autres, c'est assavoir Auberi de Rains et Lotulphes li Lombars; que de tant comme il avoient greigneur presumpcion de eulx mesmes, de tant estoient il plus embrasez contre moy. Icil viellart, troublez par l'amonestement de ces .ij., si comme fu puis aperceu, n'ot pas honte de moy deffendre a gloser ou lieu de sa mestrise sur ce que je avoye commancié; et metoit avant ceste reson, car il se doubtoit, ce disoit il, se je, comme rude en ceste science, escripsisse par avanture aucune chose par erreur en cest euvre, que ce ne li fust mis sus. Et quant ceste chose vint aus oreilles de mes escolliers, il furent esmeus par trop grant desdaing sur la chalenge de si aperte envie, qui n'estoit onques avenue a autres, si comme ilz disoient; et de tant comme elle fu plus apperte, de tant me fut elle plus honorable et me fist plus glorieus par sa persecucion (8.2–8.4).

In this excerpt, the translator has put light into three adjacently lengthy sentences, and so aids the reader's ready comprehension, by the addition of the parenthetic 'ce disoit il' and 'si comme ilz disoient'.

In the earlier letters only, and particularly in the translation of Abelard's autobiographical letter, Jean de Meun enlivens his translation by the occasional aside, such as: 'et ce s'acorde a ceste parolle: qui premier est coulx en la ville, derrenier le scet' (13.1), 'mauvaise haste n'est preus' (23.1) and, in reference to eunuchs, 'n'est pas merveilles se les dames les heent!' (22.1). The effect of such interventions, which do not go beyond page 98 of the manuscript (in Letter V), is to establish a rapport between translator and reader, by showing an interest in and reaction to the text that is being translated. The translator may also be responsible for the divisions of the text into sections under headings, most of which occur within Abelard's

[81] A further good example concerns the story of Christ and the woman of Samaria (194.3–195.2).

first letter: for example, 'Or conclut son propoz la saige Heloys en eschivant le mariaige' (19.1). These headings certainly help the reader to find key passages which might interest him, though the final letter of sixty-five manuscript pages proceeds with no such headings beyond the introductory one on page 148, which is in any case and exceptionally a translation of a Latin introduction.

One notable way in which the translator gives good value to his reader is by using two terms to translate one Latin one: for example 'mon famillier et mon privé' (35.4) for 'mihi familiaris', or 'chançons et ditez' (67.1) for 'carmina'. There are in all over 200 examples of this phenomenon spread throughout the text, and they provide a variety of effects, from rhetorical emphasis to the imparting of complementary meanings of the Latin, or a greater clarification of it. On the whole these synonymic pairs do not display the predetermined fixity of the cliché, but an element of spontaneity, and overall they serve to enrich the prose of Jean de Meun.[82]

In Abelard's first letter two classical references are explained for the reader's benefit: 'Mars, qui est diex de batailles' (1.3), and 'Minerve, qui est diuesse de science' (1.3). Elsewhere other classical imagery may appear to have been tamely rendered: 'assorbiz par cest peril' (19.1) ('haec Charybdis absorbeat'), 'saillir en un feu' (69.3) ('ad Vulcania loca ... properantem') etc.; all such instances are recorded in the notes to the text. Yet such renderings at least convey the essence of the images to a reader with no classical background. In any case, in the Medieval *Lexiques* published by Mario Roques, every manuscript which lists 'caribdis' has 'peril de mer' or 'un peril de mer' as its equivalent, and for 'vulcanus', 'feu ou dieu de feu'.[83] Hicks has drawn attention, nevertheless, to an apparent anomaly, in that Jean de Meun refers to 'Caribdis la perilleuse' in the *Roman de la Rose* (v. 4273, ed. Lecoy), and suspects that the reading in BnF, MS fr. 920 may be an error for a form of the classical name.[84] On the other hand it could

---

[82] For a fuller analysis of this feature, see my 'Synonymic and Near-Synonymic Pairs in Jean de Meun's Translation of the Letters of Abelard and Heloise', *Neuphilologische Mitteilungen*, 87 (1986), 16–33.

[83] M. Roques, *Recueil général des lexiques français du moyen âge*, 2 vols (Paris: Bibliothèque de l'Ecole des Hautes Etudes, 1936-38).

[84] E. Hicks, 'Les Métamorphoses du cercle vicieux: inventaires lexicaux et critique textuelle dans un corpus bilingue', in *De La Plume d'oie à*

be argued that the two texts are aimed at a different readership, and that the *Rose* example occurs in the middle of the lengthy, anaphoric passage of dazzling oxymorons, in which Raison unhelpfully defines the nature of love to the uncomprehending lover.

Another way in which Jean de Meun is helpful to his reader is in the addition of an explanation, introduced by 'c'est' or 'c'est a dire', following words which he considered unfamiliar. Sometimes, but not always, these are Latinisms: 'paine capital, c'est a dire que l'en lui coupe la teste (206.2), rendering 'capitali poena', or 'a la plenitude – c'est a la planté (162.3), for 'ad … plenitudinem'.[85] On other occasions he avoids an equivalent word in French by circumlocution: 'qui n'est pas racontable' (119.2) renders 'ineffabilis', and 'devisee en .iij. parties' (164.2), 'tripartita', while the word 'catechumenus' is translated by a perfect definition: 'sans baptesme, mes oï avoit les paroles de la foy' (212.2).

Although it is hard for us to judge their effect, there do, however, appear to be some literal renderings which impart an occasional learned flavour to the translation: for instance, 'Et se nous desvelopons toute l'ordenance du Viez Testamant' (186.4) ('si totam Veteris Testamenti seriem revolvamus'), 'Par le jugement dequelz la feste est de tant eue plus celebrable' (99.1) ('Quorum quidem iudicio tanto festivitas habetur celebrior').[86] Sometimes, too, under the influence of the Latin sentence, the French one seems unnecessarily complex, as in the following example:

> Comme tuit cil a qui par renommee fut portee ceste chose, faite si cruelment et sans regart, la repreissent et blamassent trop forment, tuit cil qui present y avoient esté rejetoient le blasme et la coupe sur eulx et la metoient sur les autres, en tele maniere que nostre envieus meismes desnioient que ceste chose eust esté faite par leur conseil;

l'ordinateur: Etudes de philologie et de linguistique offertes à Hélène Nais (Nancy: Presses Universitaires, 1985), pp. 415–23, at pp. 420–21.

[85] For a complete list, see my 'Synonymic and near-synonymic pairs ', p. 33.

[86] For further examples of a literalness that does not seem quite natural in French, see my 'Comment évaluer une traduction du treizième siècle? Quelques considérations sur la traduction des Lettres d'Abélard et d'Héloïse faite par Jean de Meun', in *The Spirit of the Court*, ed. G. S. Burgess and R. A. Taylor (Woodbridge: D. S. Brewer, 1985), pp. 62–68, at p. 67.

et li legaz mesmes sur ce fait blasmoit et maudisoit l'envie des Françoys (33.3).

At the purely lexical level Jean de Meun can occasionally pose problems of understanding, using a word whose intended sense is not clear, although it corresponds closely to the equivalent Latin word. A case in point occurs at the very beginning of the first letter: 'pour ce que tu cognoisses que tes temptacions sunt ou nules ou petites au regart de[s] moyes' (1.1). The word 'temptacions' translates the Latin 'tentationes', which in Medieval Latin could mean either 'temptation' or 'trial, torment, affliction'.[87] The latter sense is the one intended by Abelard. Such a meaning is not, however, attested in either the Godefroy or Tobler-Lommatszch dictionaries for the French 'temptacions', but unless the meaning 'trial' is understood in Jean de Meun's version, the translation could be a little misleading. Again, what precisely is the sense of the word 'provablement' in the following sentence, which refers to the dedication of a shrine to the Holy Ghost: 'a qui neis ce semble que temples doit estre donnez es escrips plus provablement que a nulle des autres personnes' (42.2)? The corresponding Latin term, 'probabilius', means either 'more probably' or 'more fittingly', and it is in this second sense that Abelard used the word. For 'provablement' Godefroy gives the meaning 'probablement', and Tobler-Lommatszch 'wahrscheinlich'; but could the French word also carry the sense of 'fittingly'? It would be interesting to know how the medieval reader understood these problematic terms.

In a few relatively minor ways Jean de Meun can inadvertently mislead his reader, particularly over one or two Biblical allusions. In the story of Judith and Holofernes he treats the Latinised Greek word 'abra' in the phrase 'cum abra sua' as a proper name, and so translates as follows: 'Et Judith desarmee, avec Abra sa chamberiere, envaï l'ost espoentables et coupa la teste ...' (185.4). He refers to the prophetess Deborah, who judged Israel according to Judges 4.4, as 'vainquerresse du pueple Nostre Seigneur' (185.3), because he evidently read in his Latin manuscript 'vindex' in place of 'iudex' in the description of her ('Dominici iudex populi'). Through insufficient familiarity with the story of Zacharias in Luke 1.20 he misrepresents the situation:

---

[87] See J. F. Niermeyer, *Mediae latinitatis lexicon minus* (Leiden: Brill, 1976).

'Elizabeth tenoit encore mu, par la deffiance de sa mescreantise, Zacharie son mari, grant prestre de Nostre Seigneur …' (190.4). In the corresponding Latin sentence Jean de Meun has taken 'Elizabeth' and 'diffidentia' to be respectively nominative and ablative, instead of genitive and nominative. The sentence should mean: 'The husband of Elizabeth, Zacharias, a great priest of the Lord, the diffidence of unbelief still kept dumb'. By rendering 'per visum' literally as 'par le regart', the translator has diminished the effect in Matthew 27.19 of the warning given to Pontius Pilate by his wife concerning her dream of Jesus: 'Tu et cist droituriers homs n'avez que fere ensemble; et si ay huy maintes choses souffertes pour lui par le regart' (198.3). A small detail concerning the Benedictine Rule is misrepresented in the translation through taking the word 'tertio' in the wrong sense. By understanding it as an adjective agreeing with 'anno', instead of as an adverb meaning 'for the third time', or 'three times', he translates as follows: 'Ou en quel lieu esprouva il en ung an l'esprouvance, c'est l'estableté du couraige des femes qui sont a recevoir, et *au tiers an* les enformacions (et) enseigna, quant la regle leur eust esté leue, si comme il est commandé?' (124.2) It is in fact clear from the Rule (chapter 58) that it was read to the novices three times, after the second, eighth, and twelfth months, but Jean de Meun probably did not have a copy of the Rule to hand to check.

It would be unfair to Jean de Meun, though, to lay much stress on such misrepresentations, especially as on a couple of occasions he gives the reader the benefit of alternative readings of the Latin. Thus, unsure whether the Latin should be 'vinis' or 'venis', he translates both words: 'es vins et es vainnes' (123.1); and unable to decide between 'quid profiteretur' and 'quid proficeretur' he translates: 'quelz homs il estoit et de quelle cité' (18.3).

Inevitably, and in spite of any editor's best efforts at correction and restoration, the modern reader of BnF, MS fr. 920 will not be reading the translation precisely as Jean de Meun intended it. Even so, it is possible to see that the medieval reader would have been able to appreciate both the pathos and the rhetoric of the Correspondence, in a version which would have been both sophisticated and clear. Jean de Meun was no amateur, and though at times he may not have been strictly accurate by the standards that we expect today of translators, his translation is an honest and eloquent attempt at conveying the original. From the perspective of his medieval reader, both inaccuracies and inspired moments of translation alike are less important than general clarity and overall coherence; and BnF, MS fr. 920, despite its sorry state, allows us to be confident that Jean de Meun would have served his reader well.

The Presentation of the Edition

The perfect edition would be one which Jean de Meun would recognise as reflecting exactly what he wrote or dictated. Such en edition is impossible to achieve. If translation itself is invariably an exercise in failure, so is the editing at a distance of several hundred years of a text imperfectly relayed to us. All one can hope is to minimise the level of failure. Apart from insufficient knowledge of the language of the day, there is the constant, insidious danger of attempting to make the French text fit the Latin text that we have, wherever an apparent error occurs in BnF, MS fr. 920, or wherever a reading is found which may make some sense, but does not conform to the Latin we know. In revising my text for publication, I should like to acknowledge the considerable benefit I have derived from previous editions, especially that of Eric Hicks.

For ease of reference in this Introduction and in Rejected Readings, Notes, Glossary and Index of Proper Names, I have preserved but adapted the page numbers of the manuscript, dividing each page arbitrarily into four roughly equal portions, and numbered them in bold in square brackets: thus MS page 10, for example, is divided into **[10.1]**, **[10.2]**, **[10.3]** and **[10.4]**.[88] Following the normal conventions of textual editing, I have used square brackets for letters, words or portions of text that I have added, and round brackets to mark deletions; and in order to make the French text as readable as possible, I have tentatively invented text to make good the numerous omissions, often cases of eye-skip. I have endeavoured not to indulge in too much 'déformation professionnelle' and treat the text as a pedagogical exercise in correcting errors of agreement, which are particularly noticeable in the use of the flexional 's'. The criterion

---

[88] Exceptionally, page 148 is divided into only three sections; similarly pp. 224, 226 and 227, where there are substantial glosses inserted in the text.

followed has been the ease of reading the text. The same criterion applies to the use of accents, with which I have been fairly sparing.

Rejected readings are gathered together at the end of the text, and any words or groups of words which have been emended, apart from where round or square brackets suffice, are printed in italics[89]. The numerous references – mostly Biblical or patristic – are numbered in the text in superscript and placed at the foot of each page. The existence of a note to the translation is indicated in the text by an asterisk. These notes are deliberately brief and selective; they are not intended to provide a detailed running commentary on the translation *qua* translation, or to draw constant attention to different interpretations of the text in previous editions. Readers who wish to look more closely at differences in detail between Jean's version and the Latin text should consult the extensive notes in vol. II of Beggiato's edition. Where reference is made in the notes to the Latin manuscripts, the sigla used are the standard ones established in Muckle's edition, and since followed by all editors. The manuscripts which they denote are listed in the abbreviations.

All commentators on BnF, MS fr. 920 are agreed that the three short texts which follow Letter VII in the codex were probably not the work of Jean de Meun.[90] Accordingly they have been placed together in an Appendix, and although some lexical items drawn from them figure in the Glossary, and any proper names in the Index of Proper Names and Titles, the texts themselves have been minimally annotated. The place of the gloss in Appendix I is indicated by the insertion **[Gloss]**, which is then given at the end of Appendix I; the place of the fourteen glosses in Appendix III is also similarly indicated and also numbered, with the text of them given at the close of that appendix.

---

[89] Latin quotations are also printed in italics. To distinguish them from rejected readings, titles are printed in bold italics, and if an emendation occurs in a title it is printed in bold roman (e.g. 24.4 and 129.3).

[90] See especially Bozzolo, pp. 205-08.

THE TEXTS

I

ABELARD'S
HISTORIA CALAMITATUM

[1.1] Essamples *attaïgnent ou appaissent* souvent les talens des hommes plus que ne font parolles. Et pour ce, aprés aucun confort de parole *dite* entre nous en ta presence, ai ge proposé a escripre a toy, qui est ores lontains, une confortable espitre des propres esperimens de mes meschances, pour ce que tu cognoisses que *tes* temptacions sunt ou nules ou petites au regart de[s] moyes, et que tu les portes plus legierement.

[1.2] Je fu nés en un chastel qui siet a l'entree de la petite Bretaigne, loing de la cité de Nantes, si comme je croy, quatre luyes (pres de Nantes) par devers oriant, et est appellez par son nom propre (non) Palat. Et selon la nature de la terre ou de mon lignaige, fu legiers de couraige et de engin, et legierement enclins a la discipline des lettres. Je avoye pere que, combien que ce feust, avoit aprins des lettres ainsois que il eust esté ennobliz de espee sainte pour estre chevaliers; dont il embrassa puis lettreure par si grant [amour] que il ordonna de touz les filz que il avroit que ilz feussent avant aprins en lettres que en armes. **[1.3]** Et certainement ainsy fu il fait. Et moy qui estoie son filz aisnés, de tant qu'il m'avoit plus chiers, de tant mist il plus grant cure que je fusse plus dilignenment aprins. Et je, de tant comme je proufitay plus et plus legierement en l'estude de[s] lettres, de tant m'i enhardi ge plus ardanment, et fu si espris de leur amour que je laissé l'onnour de la gloire de chevalerie et quittay a mes freres l'ainsneesce de mon heritaige, et renoncé du tout a la court de Mars, qui est diex de batailles, pour estre norris en[z] ou geron Minerve, qui est diuesse de science. **[1.4]** Et pour ce que je enviay l'armeure des raisons de logique sur touz les *enseignemens* de philosophie, changey je les autres armes a cestes, et laissai les victoires des batailles pour continuer les assaus des desputoisons. Pour ce alay(i) ge par diverses provinces, en tous les lieux ou j'avoie oy que les estudes de cest art estoient maintenuez, et fu fait **[2.1]** semblables aus Perypateciens.*

A la parfin m'en ving a Paris, ou moult avoit acoustumé ja ceste discipline a florir entour Guillaume de Champiaux,* mon maistre, qui lors estoit en ceste maistrie le plus vaillans en science et en renommee. Et quant je eu un poy demeuré avec lui, je lui fuis au premier moult aggreables, mais aprés lui fui trop griés, car je me efforç[o]ie a confondre pluseurs de ses sentences, et faisoie pluseurs assaus de raisons encontre lui. **[2.2]** Et veoient bien li escolier que je en venoye pres que touzjours au dessus; dont il advint que cil que l'en tenoit pour les plus grans entre nous escoliers, de tant comme je estoie de moindre aage et par mains de temps avoie estudié, de tant avoient il plus grans desdaings. De ce me vindrent li commencement des meschanses, qui me durent encore, et de tant come ma renommee croissoit plus, de tant avoient il plus grant envie sur moy.

[2.3] Lors, par la presumpcion et par la fiance que je avoye de mon engin, plus que les forches de mon aage ne requeroient, me vint volenté que je me meisse jeune a gouverner escoles, et que je me pourvoisse de liu ou je poisse ce faire; si [choisi]* Meleinz, qui nobles chastiaux est[oit] au temps de lors et sieges royaux. Ceste chose senti avant mes maistres devant diz, et pour ce que il p(l)eust noz escoles plus eslongier de lui, il se efforssa et machina repotement, si comme il peut, ainsoys que je partisse de ses escoles, de empescher l'appareil des nostres et de moy tollir le lieu que je avoye pourveu. **[2.4]** Mais pour ce que il avoit pluseurs des puissans hommes de la terre envieux et hainneus encontre lui, je, par leur aide, fis ce que je voz; et *l'anvie* de lui apperte me aquist la grace et l'acordance de pluseurs. Et de ce nouvel tournoiement de noz escolles commença si a eslargir et a escroistre *mes* nons en l'art de *dialetique,** que la renommee **[3.1]** non pas sans plus de mes compaignons mes de li mesmes encommença petit et petit a estre estainte. De ce m'avint plus grant presumpcion de moy mesmes, que je venisse tenir mes escolles au chastel de Corbueil, qui estoit plus pres de la cité de Paris, pour estre plus engrés a donner plus espessement assaus et deputoisons. Mes il ne trespassa puis gaires de temps que je fu sourprins de maladie, par le *desatrempé* tourment de mon estude, si me covint retraire en mon païs. **[3.2]** Et je, qui fui par aucuns ans esloignez de France, plus ardanment estoie quis de ceulx qui curieuz estoient de la doctrine de dialetique.

Mes puis que pou de ans furent trespassez et que je fu ja bien delivre de maladie, icellui mien maistre Guillaume, arcediacre de Paris, mua son habit de jadiz et se converti a ordre de clers reguliers, par telle entencion, si con l'en disoit, que de tant comme il feust creuz estre [plus] religieux, de tant fut il plus tost pourveus a degré de *greingneur* prelacion, si comme il avint en brief temps, quant il fut fait esvesque de Chaalons. **[3.3]** Ne oncques toutesvoyes cil habiz de sa conversacion ne le retrai[s]t ne de la cité de Paris, ne de l'estude de philosophie que il avoit acoustumé, mais en celui moustier mesmes ou il [s]'estoit mis pour cause de religion fut il tantost, et hanta escolles (de religion) communes, si comme il souloit. Lors retournay a luy pour oïr rettorique de lui, et entre ces autres efforcemens de noz desputoisons je le contrains par *tres* apertes raisons d'argumens a muer, voire neis a destruire l'encienne sentence qu'il avoit dit des *universeus*; **[3.4]** car il estoit en ceste sentence de la communité des universeus que il affermoit que une mesme chose par essence estoit tout ensemble en touz les particuliers subgez, si que il n'eust en essence nulle diversité, et que toute la diversité estoit seulement en la multitude des accidens. Maiz il amenda ceste sentence **[4.1]** que il tenoit lors en ceste maniere, que il disoit que c'estoit une mesme chose non *par* [essence mais] sans difference. Et pour ce que des universeus en ce mesmes est tousjours grant question entre les logiciens – et si grans que Porphires mesmes, en ses ***Introducions,***[1] quant il escripvoit des universeus, ne l'osa onquez diffinir, ainsoys dit: 'Ceste besoigne est trop haute' – comme cist eust ainsi sa sentence amendee, voire neis par contraignance lessiee, **[4.2]** sa lecture fut en si grant despit que a paine peut il plus estre receus a autres choses appartenans a logique, aussi comme se toute la some de cest art feust en ceste sentence des universeus. De ce prinst nostre discipline tant de force et tant de auctorité que cil qui plus forment se tenoient avant a celui nostre maistre, et qui plus despisoient et heoient nostre doctrine, s'en avolerent a noz escolles, et cil qui tenoi(en)t le lieu de nostre maistre es escolles du siege de Paris m'offri son lieu, pour ce que il feust (avec) mes escolliers avec les autres, la ou ses mestres et li *nostre* avoi(en)t avant esté florissant et renommé.

---

[1] Porphyry's commentaries would be known through Boethius, *Commentaria in Porphyrium*, I (PL 64, 71–158, at col. 82A).

[4.3] Lors, aprés un pou de jours trespassez, en demenstres que je tenoie illec l'estude de logique, de com grant envie commença mon maistre a defaillir, et de com grant doulour a esboulir, n'est pas legiere chose a dire. Ne il ne le soustint pas longuement le boillon de la mesaise que il avoit conceue; ains se efforça malicieusement a moy oster d'ilecquez. Et pour ce que il n'avoit nulle cause de venir apertement contre moy, **[4.4]** il appareilla a tolir ses escolles a celui qui son lieu m'avoit presté et li mist sus trop de mauvais blasmes, et mist en son office un autre mien anemy. Lors m'en retournay a Meleun et tyng illec noz escollez, si comme j'avoie fait avant. Et de tant comme l'envie de mon maistre [me] poursuivoit plus appertement, de tant me donnoit elle plus d'auctorité, si comme dist le poete,[2] que 'Envies assaut les souverains, et li vent soufflent les choses trop hautes'.

Ne demoura aprés gaires, come **[5.1]** il entendist que pres que tuit li saige homme estoient mout en soupeçon et en doubte de sa religion, et murmuroient trop durement de sa conversacion, pour ce que il ne *s'estoit* onquez partiz de la cité, il s'en ala avec le couvent de ses freres en une ville loing de la cité, et tint illec ses escolles. Je m'en reving tantost de Meleun a Paris, en esperance d'avoir pais a lui desore en avant; **[5.2]** mais pour ce que il avoit fait prandre nostre lieu par un nostre envieux ennemi, si comme nous avons [dit], je mis les heberges de noz escolles dehors la cité ou mont de sainte Genevieve, aussi come se je voulsisse asseger celui qui avoit porpris nostre lieu. Et quant nostre mestre oy ce, il retourna tantost sans doubter honte a la cité, et ramena ses escolles, telles comme il pouoit lors avoir, et le couvent de ses freres *a* son ancien moustier, aussi comme pour delivrer de nostre siege son chevalier que il avoit lesié. **[5.3]** Mes quant il cuida proufiter, trop li nuit; car toutes voyes avoit il avant aucun desciple tiex quiex, mesmement pour la leçon de Precien,* que l'en cuidoit que il sceut moult bien, mais puis que li maistres vint, il les perdi touz du tout, si que il fu contrains de lessier ses escolles. Ne ne doumora puis gaires que il en fu comme deseperez de la gloire du monde, et se converti et devint moynes. **[5.4]** Mes puis que nostre maistre fu revenuz en la cité, *quelz estours* de desputoisons orent nostre escolier avec lui et avec ses disciplez, et quelz avenemens Fortune

2   Ovid, *De remedio amoris*, I.369.

dona aus nostres en *ces* batailles, mes neis a moy mesmes, et la chose
faite le t'a bien jadiz aprins. Dont je diray ha[r]diement, mes que je
parolle(s) plus atempreement, la parole que Aiaus disoit:[3] 'Se vous
demandez la fortune de ceste bataille, je ne suis pas surmontez par luy'.
Car se je m'en tesoie, si le crie bien la chose mesmes, et la fin neis le
demonstre.

[6.1] En dementres que *ces* choses estoient faites, Luce, ma tres
chiere mere, me contraint a retourner en mon païs, car puis que
Berengiers, mon pere, se converti et fut moynes proffés, aussi le
vouloit elle fere. Et quant ce fut fait, je m'en reving en France,
mesmement pour ce que je apre[i]sse de divinité, quant Guillaume,
nostre maistre devant [dit], estoit ja evesque de Chaalons. En ceste
leçon estoit ja de grant auctorité Antyaume de Laon,* ses maistres,
qui moult estoit anciens. [6.2] Je m'en ving a ce vieillart, qui plus estoit
renommez par us de grant aage que par engin ne par memoire. Et se
aucuns qui de aucune question ne feust pas certains l'en li venist
demander, il s'en retournast mains certains. Il estoit merveilleux es
yex de ceus qui l'escoutoient, mes ceulx qui questions luy mouvoient
ne trovoient riens en luy. Il avoit merveilleux [us] de parolles, mes il
avoit sens despitable et vuit de reson. Quant il alumoit le feu, il emplit
sa maison de fumee, il ne l'enluminoit pas de clarté. [6.3] *Ses* arbres
estoi(en)t tuit en feuilles: delictables sembloit a ceulx qui le loing le(s)
regardoient, mes li aprochant et cil qui plus diligenment y regar-
doi[en]t ne y trovoi[en]t point de fruit. Et quant je fu aprouchez de
cel arbre pour cuillir fruit, je trouvay que ce estoit li figuiers que
Nostre Sire maudit,[4] ou li viex chesnes dont Luce fait comparaison a
Pompee, et dist:[5] 'Ombres est de grant nom, un telz comme est li haus
chenes en champ planteureux de blez'.

[6.4] Et quant je eu ce aperceu, je me juy *em paressent* soubz l'ombre
de lui non mie par moult de jours. Et comme je me retrasisse petit et
petit et mains an mains venisse a ses leçons, aucuns qui lors estoient
li plus grans entre ses desciplez *le* portoient trop grief, aussi comme
se je me feisse despiseur de si grant maistre. Pour ce i l'esmurent [7.1]
par mauvais amonestement encontre moy et me mistrent en l'envie

---

3   Ovid, *Metamorphoses*, XIII.89–90.

4   Matthew, 21.19.

5   Lucan, *Pharsalia*, I.135–36.

et en la hayne de lui. Lors avint *un jour que aprés* aucunes collacions de sentences, nous escolliers nous joions. Et me demanda li ungs, en entencion de moy [tempter], que il m'estoit avis de la lecture des livres de divinité, que n'avoie estudié fors que es livres de philosophie. Je respondi: 'Certes, ceste leçon est salvable ou le sauvement de l'ame est conneus, mes de ce me merveille ge trop forment, que a ceulx qui sont lettrés leurs escrips ne leur gloses ne leur souffisent pas a entendre les expos[ic]ions des sains, a ce que il ne aient encore mestier d'autre mestrie'. **[7.2]** De ce me gaberent plusseurs qui la estoient, et demanderent se je pourroie et oseroie ce esprouver. Je respondi que pres estoie de l'esprouver, se ilz vouloient. Lors crierent et me gaberent plus que devant, et me distrent: 'Certez, nous nous y accordons. Or vous soit quis et baillé exposierres d'aucune escripture qui ne soit pas usee, et provons ce que vous prometez.' Et s'acorderent tuit a une tres oscure prophecie de Ezechiel. **[7.3]** Et quant le expositeur fu pris, je les semons tantost a l'endemain de venir oïr la leçon; et il, qui me donnoient conseil maugré moy, disoient que l'en ne se devoit pas haster a si grant chose, ainsoys il convenoit plus longuement [veillier] et l'exposicion encerchier et fermer, mesmement a moy qui ne l'avoye onques esprouvee. Et je, malement remenbrables de celui psialme qui dist:[6] 'Sire Dieux, mes cuers n'est pas essauciez, ne mes yex ne sont pas eslevez',* et je respondi par desdaing que je n'estoie mie coustumiers de prophetizier par us, mes par engin. **[7.4]** Et leur adjoustai que je lesseroie tout, ou il vendroient a la leçon a ma volenté, sanz delay. Et certes, pou d'escoliers vindrent lors a nostre premiere leçon, car grant escharnissement leur sembloit que je, qui ne savoie aussi comme neant de sainte Escripture, avoie apris ceste chose si hastivement. **[8.1]** Toutesvoyes fu la leçon si aggreable a touz ceulx qui la furent que il *la* louerent chascun endroit soy par especial loenge, et me contraignoient a gloser. Et ce oy, cil qui n'y avoient pas esté commencerent a acourre par estrif a la seconde et a la tierce leçon, et furent en leur commencement mesme[me]nt mout curieus de transcrire les gloses que je avoye commancie[e]s le premier jour.

[8.2] De ce fu li devant dit viellart esmeus de envie desvee, *et aguillonnés* par les amonestemens de aucuns, si comme je ay dit devant,

---

[6]   Psalms, 130.1 (Vulg.), 131.1 (Eng. Bible).

me comença a courre sus non mie mains en la sainte Escripture que devant avoit fait li nostre maistre Guillaume en philosophie. Lors estoient es escolles a ce viellart dui escolier qui sembloient estre li plus vaillans de touz les autres, c'est assavoir Auberi de Rains et Lotulphes li Lombars;* que de tant comme il avoient greigneur presumpcion de eulx mesmes, de tant estoient il plus embrasez contre moy. [8.3] Icil viellart, troublez par l'amonestement de ces .ij., si comme fu puis aperceu, n'ot pas honte de moy deffendre a gloser *ou* lieu de sa mestrise sur ce que je avoye commancié; et metoit avant ceste reson, car il se doubtoit, *ce* disoit il, se je, comme rude en ceste science, escripsisse par aventure aucune chose par erreur en ceste euvre, que ce ne li fust mis sus. [8.4] Et quant ceste chose vint aus oreilles de mes escolliers, il furent esmeus par trop grant desdaing sur la chalenge de si aperte envie, qui n'estoit onques avenue a autres, si comme ilz disoient; et de tant comme elle fu plus apperte, de tant me fut elle plus honorable et me fist plus glorieus par sa persecucion.

Puis ne demoura gaires que je reving a Paris et tins paisiblement par l'espasse de aucuns ans les escolles qui jadis me avoient esté destinees et offertes, dont je avoie esté bouté [9.1] hors premierement. Et lors illec, tantost ou comancement des escolles mesmes, m'estudioie a parfaire les gloses Ezechiel que je avoye commancees a Laon,* qui furent certes si plaisans aus lisans que ilz creoient que je n'eusse pas acquis maindre grace en la sainte leçon que devant en la philosophie, si comme il avoient veu. Dont furent noz escolles trop forment mouteplies par l'estude de l'un[e] et de l'autre leçon, par quoy je en acquis si grant gaing de deniers et si grant gloire que il ne pot pas estre que tu ne le sceusses par renommee.

[9.2] Mes pour ce que (tu) prosperitez emfle tousjours les folx et la paisibleté du monde afflebaie la vigueur [du couraige] *et le resout* et amolie legierement par les deliz charnieux, comme je cuidasse que il n'eust ou monde philosophe fors que moy seul, ne ne redoubtasse desore en avant nul torment, je començay les fraings a laschier a luxure, qui avant avoie vescu en grant continence. [9.3] Et de tant comme je avoye plus prouffité en philosophie et en theologie, de tant me esloignaye plus des philosophes et des services divins par ordure *de vie*; car bien certaine chose [est] que li philosophe, qui n'estoient devin, ne entendans neis aus amonestemens de la sainte leçon, resplendirent sur touz autres de la beauté de continence. Come je

travaillasse adonc touz en orgueil et en luxure, la grace de Dieu me
donna neis maugré mien remede de l'une et de l'autre maladie, et
premierement de luxure, et puis d'orgueil; **[9.4]** de luxure, en moy
tollant les choses par quoy je la hantoye, et de l'orgueil, qui me nessoit
des lettres, *par trop grant science*, selon la parolle de l'Apostre, qui dit
que 'science enfle',[7] il m'en humilia par l'arsure du livre dont je me
glorifioie trop.* Or vuil que tu cognoisses de ceste chose l'une et
l'autre histoire plus vrayement par la chose mesmes que par *oïr*, et je
rescriprai par tel ordre come les choses alerent.

[10.1] Pour ce donquez que je tenoie a horreur et a hydeur les
ordures des foles femmes, et que je estoie retrais de l'aprochier et du
hantement des nobles femmes par la hantanse des estudes des
escolles, ne n'*avoie* pas moult cogneu la conversacion des femmes
laies, Fortune blandissant, mauvaise a moy, si come l'en dist, trouva
et aconsuivi plus convenable achoison par quoy elle me trebuschast
plus legierement du feste de ceste hautesse; **[10.2]** mes neis que la
pitié de Dieu *en* ceste humilité me chalenjast a soy, qui trop estoie
orgueilleus et oublieus de la grace que je avoie receue de lui.

En la cité de Paris estoit une joennette demoisele, qui avoit (avoit)
a nom Heloys, niepce de un chanoine qui estoit appellé Fulbers.* Cil,
de tant come il amoit plus celle niepce, de tant se iert il plus
diligenment estudiez a ce que elle creust et proufitast en toutes les
sciences que il pouoit. **[10.3]** Et comme ceste ne feust pas basse par
beauté, par habundance de lettres estoit la souveraine; que de tant
com cist biens, c'est assavoir de la science des lettres, est moins
trouvez es femmes, de tant en estoit la pucelle plus loee [et] en tout
le royaume renommee. Quant je(i) eu donques en ceste regardé toutes
les choses qui seulent leessier les amans, je m'acorday que c'estoit la
plus convenable que je peusse joindre a moy par amours. **[10.4]** Et
cruy que je le pouoie fere legierement, car je estoie lors de si grant
renon et tant avoye grace de joennesce et de beauté que je ne
redoubtasse nul entredit de nulle femme que je daignasse amer. Et
cruy (de) que de tant comme je avoye plus cogneu que ceste pucelle
(n)avoit *et* amoit la science des lettres, de tant s'acorderoit elle plus
legierement a moy; et que quant nous serions l'un loing de l'autre,

---

[7]   I Corinthians 8.1.

nous nous pourrions presenter l'un a l'autre par lettres messaigeres, et moult de choses plus hardiment **[11.1]** escripre que de bouche dire.

Donquez je, touz enflambez en l'amour de ceste demoiselle joenne, quis achoison par quoy je la me feisse acointable et familiere par privee et continuee conversacion, pour la traire plus legierement a mon accort. Et pour ce que ceste chose fust faite, je fis vers le devant dit oncle de la pucelle, par aucun de ses amis qui s'en entremeissent, que il(z), par quelcunquez pris que ce fust, me receust a ses despens en sa maison, qui estoit prochaine a noz escolles; **[11.2]** et metoient ceste achoison avant, que la cure de ma vie en mon hostel empeschoit trop mon estude, et que les despens trop grans me grevoient trop. Or estoit il moult couvoiteus et molt envieus envers sa niepce que elle proufistast tousjours plus en la science de l'estude de lettreure. Par ces deux choses aquis je legierement son accort et eu ce que je desiroie, comme celui (qui) touzjours estoit abaians aus deniers et crut que sa niepce aprinst molt de nostre doctrine. **[11.3]** Dont il m'en pria molt cor[d]elment et s'aproucha a mes desirriers plus que je n'ossasse esperer, et donna conseil a m'amour, quant il bailla sa niepce du tout a nostre mestrie, si que toutes les foiz que je feusse revenuz des escolles, fust de jours ou de nuiz, que je meisse entente a lui enseigner; et se je la sentisse negligente, que je la contrainsisse forment. Et certes, en ceste chose quant je me merveillay de com grant simplece il estoit, je ne m'en esbahi pas moins en moy mesmes que se il baillast a garder une tendre ouaille a ung lou famillieus; **[11.4]** quar quant il la me bailloit non pas seulement a enseigner mes a contraindre forment, que faisoit il autre chose fors que donner congié et lessier a mes desirriers, et nous en offroit achoaison, mesmement se nous ne le voulsissions pas, par ce, se je ne la pouoye flechir par blandisses, que je le feisse par menasses et par bateures? Mes deux choses y avoit qui trop forment le retraioient de la[ide] soupeson, c'est assavoir **[12.1]** l'amour de sa niepce, et la renommee de ma continence et de la nette vie que je avoye demenee ou temps passé.

Que diroi ge plus? Premierement sommes commonant ensemble en une meson, et aprés en coraige. Et d'illec en avant, soubz l'achoison de discipline, entendions du tout a amour, et li estudes de la leçon nous offroit les secrez departemens et les repostailles que amour desiroit. **[12.2]** Quant li livre donquez estoient ouvert, pluseurs parolles s'embatoient entre nous d'amour plus que de leçon, plus y

venoient baissiers que sentences, plus souvant getions les mains es
saings que aus livres, plus souvent reflechisoit amour les yeulx de l'un
a l'autre que la leçon ne faisoit a l'escripture; et pour ce que l'en eust
maindre soupeçon de noz, amours non pas forsenerie, grace non pas
ire nous y donnoient aucunes foiz (es)batemens qui surmontassent la
douceur de touz oignemens. **[12.3]** Que diroi ge plus? Nulz degrez
d'amours que couvoiteus amans peust desirrer n'i fust par nos tres-
passez, et se amour y peut penser nulle chose desacoustumee, nous l'i
adjoustames. Et de tant com nous avions mains esprouvees ces joies,
de tant nous y metions nous plus ardenment, et moins nous y
trouvions d'anuy.

Et de tant comme cilz deliz m'avoit plus occupé, moins en pouoie
entendre aus philosophies et aus escolles. Trop forment me tournoit
a grant anuy d'aler aus escolles, et travaillans m'y estoit le demourer,
comme je gardasse les vueilles de nuys a amours et celle[s] des jours
a estude; **[12.4]** dont je estoie si negligens et si *paresseus* en mes lecçons
que je ne disoie mes riens de mon angin, ains disoie tout par usaige,
ne n'estoie mes fors que recitierres des choses que je avoye jadiz
trouvees. Et se je eusse lesir de riens trouver, ce n'estoit fors que
chançons amoureuses, non mie secrex de philosophie. Et de ces
chançons pluseurs encore en sont hantees et chantees en maintes
regions, si comme tu mesmes l'as bien sceu, et mesmement de ceulx
qui se delitent **[13.1]** en tele vie mener. Mais certez, com grant tristece,
quelx gemissemens et quelx pleurs pristrent de ce noz escoliers, quant
ilz sentirent tel envelopement de ceste tribulacion de mon couraige,
n'est pas legiere chose neis a penser, car chose si aperte ne pooit mais
gaires de gens decevoir.

Et croy que tuit le savoient fors cil seul (cil ceul) a qui ceste honte
tornoit plus que a nul autre – et ce s'acorde a ceste parolle: qui premier
est coulx en la ville, derrenier le scet* – ce est assavoir li oncle mesme
a la pucelle; **[13.2]** que ja soit ce que pluseurs lui eussent ja dit, croire
ne le pouoit pour la desatrempee amour, si comme je ay dessus dit,
que il avoit a sa niepce, et pour la sainte vie que je avoye menee avant,
que l'en bien savoit. Car nous n'avons pas legierement soupeson sur
ceulx que nous amons moult, ne en trop grant amour ne puet pas
estre teche de laide soupeson. Dont saint Giraume si dist en une

espistre que il escript a Caristien:[8] **[13.3]** 'Nous soulons savoir le
derrenier les maulx de nostre maison et mescognoistre les vices de
nos enfans et de noz [femmes], neis quant li voisin les chantent.'

Mes ce que l'en scet au derrenier, toutesvoyes le scet on, et ce que
tuit aperçoyvent n'est pas legiere chose que il soit repost a ung; et
ainsint avint il de nous aprés pluseurs moys. **[13.4]** O com grant fut
la dolour de *l'oncle* en ce cognoistre! Com grant fut la douleur des
amans en la dessevree! De com grant [contricciun] fu ge tormentez
sus le torment de la pucelle! Com grans esbouillissemens soustint elle
de ma vergoigne! Nul ne plaignoit de nous, fors ce que il estoit avenu
a l'autre. Nul ne plaignoit ses dommaiges, mes le dommage de l'autre.
Mes ceste dessevree de corps estoit trop grant conjunccions de
couraiges, et l'asemblee qui nous estoit *veee* **[14.1]** embrasoit plus
l'amour, et le torment de la vergoigne qui ja estoit passé nous faisoit
moins honteus; et de tant nous avoit esté maindre le torment de la
honte comme le fais nous sembloit plus convenable. Or fu donquez
tout ainsi fait de nous comme il fut fait de Mars et de Venus qui furent
prins ensemble, si comme la fable des poetes le raconte.[9] Ne demoura
pas molt de temps aprés que la pucelle aperceut que elle avoit conceu,
et tantost a trop grant joye le m'escript, en demandent conseil que je
penssasse que nous devrions faire sous ce cas. **[14.2]** En une nuit,
adoncquez, que son oncle n'estoit mie a l'ostel, si comme nous avions
ensemble pourparlé avant, je la portay par larrecin hors de sa maison
et l'envoyay tantost en mon païs. La demoura elle tant avec une moye
sueur que elle ot ung enfant malle, et li mist nom Astralabius.

Mes de com grant doleur et de com grant honte fut son oncle
eschaufé, qui touz fut convertiz en forcenerie puis qu'elle s'en fut
partie, nulz sans esprouver savoir ne le pourroit. **[14.3]** Ne il ne savoit
que il deubt fere de moy, ne quelz aguais il me peust appareiller. *Se* il
m'oceist, ou il me tranchast aucun de mes membres, sur toutes choses
redoubtoit que sa tres chiere niepce ne souffrist ce meismes tourment
en mon païs. Prandre ne me pouoit il, ne me contraindre maugré moy
en nul lieu, mesmement que je me gardoye de lui moult forment, si

8   Jerome, *Epistolae*, CXLVII.10 (PL 22, 325–1224, at col. 1203).
9   Cf. Ovid, *Ars amatoria*, II.561 ff. and *Metamorphoses*, IV.169 ff. Jean de
    Meun alludes to this story more than once in his part of the *Roman de la
    Rose* (vv. 13810 ff. and 18031 ff.).

bien neis que se il le pooit fere ni osast, je ne le redoubtasse pas a assaillir avant.

[14.4] A la parfin je eu trop grant pitié de la destrempee engoisse de lui, et tres forment accusay aussi comme de souveraine traïson moy mesmes de la tricherie *qu'amours* m'avoit fait faire; et l'avironnay de supplicacions et de prieres, et li promis a faire sur ce l'amende telle comme lui mesmes establiroit, et lui monstroie que je n'avoye pas faite **[15.1]** chose dont nulz homs se deut merveiller qui oncquez eust esprouvee la force d'amours, et qui eust en memoire par com grant trebuchance femmes avoient abatu neis tantost des le commancement de l'umaing lignage les plus haus homs qui oncquez furent. Et pour ce que je le appaississe encore plus, je lui offri a faire son gré plus neis que il ne le pooit esperer, c'est assavoir que celle que je avoye ja corrumpue, **[15.2]** je la prandroie par mariaige, mes que ce fust fait en secret, que je n'encourusse endommaige de ma renommee. Il s'i accorda et entra avec moy en l'accordance que je lui requis, par la foy de lui et des siens, et nous entrebaissames; e(s)t ce fist il pour moy plus legierement traïr.

Tantoust je retournay en mon païs et ramenay m'amie, pour ce que je la feisse ma femme. **[15.3]** Mes ce ne looit elle pas, ains le me deffendoit pour deux causes, c'est assavoir pour mon peril et pour ma honte. Et juroit que *ses* oncles ver moy ne pourroit estre appaissiez jamais, pour nulle riens que je peusse faire, si comme il fut bien apparent aprés. Et demandoit encore quelle gloire elle pourroit avoir de moy, quant elle mesmes ma gloire me toudroit, et apeticeroit ensemble et moy et lui. **[15.4]** Et demandoit avec com grans paines devroit requerre le monde de lui, se elle li tolloit si grant luminare, et com grans maleïçons, et com grans dommages de sainte eglise, et com grans lermes de philosophie ensuivroient ce mariaige, et comment il seroit honteuse chose et plourable que je, que Nature avoit fait pour touz naistre, me donnasse a une femme, et me soubzmeisse a si grant laidure. Desveement blasmoit et escommenioit ce mariaige, et disoit que par toutes **[16.1]** choses me seroit reprouchez. Et me metoit neis au devant la *diffamacion* de moy et les grieftez de mariaige que li Apostre mesmes, si come elle disoit, amonesta l'eschever quant il dist:[10] 'Es tu deliez de femme? Ne vuillez pas querre femme. Et se tu

---

[10] I Corinthians 7.27–28, 32.

l'as prinse, tu n'as pas pechié; et se vierge se marie, point ne pechera. Mes toutes voyes avront il tribulacion de char'; et dist li Apostre: 'Je vous espergne ... et vueil que vous soiez sens curiosité.'

[16.2] Et me disoit encore Heloys que se je ne vouloye recevoir le conseil de l'Apostre ne l'amonestement des sains sur si grant servitude de mariaige, au moins que je en creusse le conseil des philosophes, et que je entendisse quelz choses [sur ce par eulx ou sur] *eulz* sont escriptez. Et pluseurs sains neis s'acordent et font diligenment a ce que nous en devrions estre blasmez, si comme il apparut par l'auctorité saint Giraume ou premier *Contre Jovinien*, [16.3] la ou il raconte que Theofrastres, quant il eust diligenment exposé en grant partie les tristreces de noces et les continuelz tormens qui ne sont pas souffrables, il afferme par tres apertes resons que nulz saiges homs ne doit espouser femme; et la conclut il ses resons de l'amonestement de philosophie par icelle fin:

> 'Puis donques', ce dist il,[11] 'que Theofratres nous prouve ce par ces choses et par autretelles, qui est li Crestiens qui ne doie estre confonduz et concluz?' [16.4] Et la mesmes dist il que 'Cicero, quant Hircius li pria, puis qu'il ot refusee Therance, que il preist sa suer a famme, il la luy reffusa du tout et dist qu'il ne pourroit pas entendre egaument a femme et a philosophie. Et ne dist pas sanz plus "entendre", ains y ajousta "egaument", car il ne vouloit nulle[s] euvres entreprandre qui feussent pareilles a l'estude de philosophie'.

Mais ja soit ce que je me taise de cest empeschement de philosophie, conselle t'an(t) a l'estat de honeste conversacion. [17.1] Car comment s'acordent ensemble escolles et chamberieres, *escrytoires* [et] berceus, livres ou tables et quenoilles, greffes ou pennes *et* fuiseaux? *Et quelz* homs, attendans aus pensees saintes et a philosophes, pourra souffrir les brais des enfans et les chançons des norrisses qui les apaisent, et avec ce les honteus et continueus ordures des petiz enfans? [17.2] Mes tu me respondras *que* li riche home les pueent souffrir, qui les palais ont et les larges mesons en divers destours, *et* richesses si grans que il ne sentent pas les despens, ne ne sont tormentés par les curiositez de chascun jour. Mes certes, je di que la condicion des philosophes et des riches n'est pas semblable, ne cil qui estudient en richesses et sont envelopez es *cures* seculier[e]s *n'entendront*

---

[11] Jerome, *Adversus Jovinianum*, I.48 (PL 23, 209–338, at col. 291A).

pas aus divins offices [ou] des philosophes. **[17.3]** Dont li noble philosophe jadis, qui sur toute chose eurent le monde en despit, ne ne *l'escheverent* pas sanz plus, ainsoys l'esfouyrent, il *enterdirent* a eulx mesmes toutes manieres de deliz, pour ce que il se reposassent es bras de philosophie tant seulement. Desquelz li ungs dist, et ce fu li tres grant Seneques, quant il enseigna Valerius son ami, il lui dist:[12]

> 'Tu ne doiz pas entendre a philosophie quant tu seras oiseux. Nous devons toute chose lessier pour entendre a lui; nul lieu n'est assez grans. **[17.4]** Ne il n'a pas moult grant difference se tu lessez du tout philosophie ou se tu l'entrelessez, car elle ne maint pas la ou elle est *entrelessiee*. Si doit on contrester aus destorbemens, ne l'en ne les doit pas desploier, mes oster.'

Ce donquez qu'icil qui pour l'amour de Dieu soustiennent ore en(con)tre nous, qui sont appelé(e)s vrayement moynes, ce mesmes soutenoient jadiz pour ce desirrier de philosophie li philosophe qui noble homme furent entre les paiens. Car en toutes gens, comme paiens, Juis et Crestiens, furent tousjours aucun apparans sur **[18.1]** les autres en foy et en honesté de meurs, et qui se departirent du pueple en aucune sengle maniere de continence ou de abstinence. Et entre les Juifs anciennement furent li Nazarien, qui se consacroient a Nostre Seigneur selon la loy, et li filz des prophetes qui ensuivirent Helye *et* [Helysee],* qui moines furent du Viez Testament, si comme nous lisons par le tesmoing de saint Giraume.[13] **[18.2]** Mes au derrenier ces trois cectes de philosophes que Joseph devise ou **Livre des Anciennetez**, et nomme les ungs Farisiens et les autres Caduciens et les autres Assiriens.[14] [Et entre nous sont li moyne], c'est assavoir cil qui ensuivent ou la commune vie des apostres ou celle premeraine solitaire vie que Jehan menoit.[15] Mes li paien les appelloient philosophes, si comme il a esté dit cy dessus; car il ne raportoient pas le nom de sapience ou de philosophie autant a la perfeccion ne a la parcevance de science comme il fesoient a *la* re[li]gion de la vie, si come nous l'avons apris par la nessance de ce

---

[12] Seneca, *Epistulae ad Lucilium*, LXXII.3.

[13] II Kings 6.1 and Jerome, *Epistulae*, CXXV.7.

[14] Josephus, *Antiquitates*, XVIII.1 §11.

[15] Abelard is probably thinking of John the Baptist (Matthew 3.1, etc.).

nom mesmes et par le tesmoing neis des sains. **[18.3]** Dont Augustinus, en l'uitiesme livre de la *Cité de Dieu*, devise .iij. manieres de philosophes, et dist:[16]

> La maniere de Lombardie prinst son commancement de Pytagoras li Sannien, de *cuy* l'en dist que li noms de philosophie en fu nés. Car comme cil fussent avant appellez saiges qui(l) sembloient mielx valoir des autres en aucune maniere de vie louable, quant l'en demanda a celui quelz homs il estoit et de quelle cité,* il respondi qu'il estoit philosophes, c'est a dire estudieus ou amierres de sapience, car trop lui semblast grant orgueil se il deist que il fust saiges.

[18.4] En celui lieu, donquez, ou il est dit que 'il (as)sembloient mielx valoir des autres en aucune maniere de vie louable' est il apertement monstré que li saige des paiens, c'est a dire li philosophe, estoient plus ainsi nommez par la louenge de leur vie que de leur science. Mes comment qu'ilz vesquirent atempreement et continuelment, il ne nous appartient ore pas a monstrer par exemples, pour ce que il ne semble mie que je soie *ensinnierres* de Minerve.

[19.1] Or conclut son propoz la saige Heloys en eschivant le mariaige:

Donquez, se homme lay et paien vesquirent ainsy, que ils ne furent contraint ne lié par nule profeccion de religion, tu qui es cler et regulier, que convient il que tu faces, a ce que tu ne metes les* deliz au dessus des offices devins, et que tu ne soyes trebuchez et assorbiz par cest *peril*, et que tu ne te plunges en ces ordures sanz honte(r) *doubter* et sanz rappeller? **[19.2]** Et se tu n'as cure de hautesce de clerc, au moins deffens la dignité de philosophie; et se tu as en despit la reverence de Dieu, au moins fay que l'amour de honnesté attrempe le deffaut de honte que tu as perdue. Remembre toy que Socrates fu mariez, et come par ort cas il compera premierement ceste theche de philosophie, pour ce que li autre en feussent fait plus saige par exemple de lui. **[19.3]** Jeriaume meisme ne trespasse pas ceste chose, ainsois escript de Socrates mesmes aussi [ou premier] ***Contre***

---

16 Augustine, *De civitate Dei*, VIII.2 (PL 41, 13–804, at col. 225).

Jovinien:[17] 'Ung temps avint que comme Xantipe sa femme l'eust assailli d'un solier d'en haut de blasmes et de ledenges qui point de fin n'avoient, et il se fust arrestez, elle lui versa sur la teste eaue orde; il ne respondi riens que quant il ot ters son chief: "Bien savoie," dist il, "que pluie ensuiveroit ces tonnerres"'.*

Ci parle Pierre Abaielart:

[19.4] Quant elle m'amonestoit ou desamonestoit ces choses ou autres telles, comme elle ne pooit ma folie flechir, ne ne m'endurast pas [a] corrocier, elle determina en soupirs desveement [et] en lermes sa raison par icelle fin: 'Une chose', dist elle, 'nous remaint au derrenier, c'est assavoir que en la perdicion de nous .ij. nous aviegne doulour non mie mendre que fut l'amour devant'. Ne en ce, si com touz li mondes le sceut aprés, ne li failli pas li esperis de prophecie.

Quant noz petit enfes fu nés, il fut baillez a ma sereur. Nous sommes repostement retournez a Paris, et aprés peu de jours par nuit, [20.1] puis que l'en eust [eu] en une eglise vigilles secretez [et] oroisons, au plus matin que nous peumes, feumes conjoinst ensemble par beneïçon de mariaige, en la presence de son oncle et de aucuns de noz amis et des siens. Et tantost nous divisasmez et departismez (et departismes) li ung de l'autre, ne oncquez puis ne nous entreveismes fors a tart et en repost, et celions au plus que nous pouions ce que nous avions fait. [20.2] Mes son oncle et si ami, querant priveement confort de leur honte, commencierent a pueplier (a) nostre mariaige et brisier la foy que il m'avoi[en]t sur ce donnee – et ce faisoit la belle pour son honnour garder – et elle encontre, soy escoumenier et jurer que c'estoit mensonge et que oncquez plus grant fausseté ne fu. Dont son oncle, desveement esmeu, et la tormentoit continuelment de trop felons ledengemens. [20.3] Et quant je sceu ce, je l'envoyai a une abbaie de nonnains pres de Paris, qui est appellee Argentueil, la ou elle avoit esté jadiz pucelete nourrie et enseingniee, et li fis(t) taillier robes de religion convenables a conversacion de nonnain, sans le voille, et l'en fis(t) vestir.

---

[17] Jerome, *Adversus Jovinianum*, I.48 (PL 23, 279).

Or porte la belle Heloys habit de nonnain pour son mari:

[20.4] Quant ses oncles et si cousin et si prochain ami oïrent ceste chose, ilz cuidierent lors que je les eusse de moult escharniz et fait grant despit, et que je me voulsisse ainsi delivrer de Heloys pour li faire nonnain. Et desveement en furent desdaigneus et se conjurerent encontre moy. Une nuit, quant je me dormoie et resposoie en mon lit en une secrete chambre de mon hostel, puis que ilz orent corrumpus par deniers ung mien serjant, il me pugnirent par trop cruelle et par trop [21.1] honteuse venjance, que tout li monde tint a souveraine merveille, car ilz me tolirent icelle[s] partie[s] de mon corps par les quelz je avoye forfait ce dont ilz se plaignoient. Et tantost ilz *tournerent* en fuie, ne mes deux qui en furent prins [et] en perdirent les yeulx et les coillons,* dont li ungs fut mes serjans devant diz, que, comme il demourast en mon service avec moy en mon hostel, par couvoitise il s'accorda a traïson.

[21.2] Quant il adjourna, toute la cité s'asembla entour moy, mes comment ilz se merveillerent et furent esbahiz, et de com grans pleurs ilz se tormentassent, et de com grans criz ilz me travaillassent, et de com grans plains ilz me troublassent, n'est pas legiere chose, ainsois n'est pas neis possible du recorder! Et mesmement li clerc, et sur touz autres nostre escolliers, me tormentoient de pleurs et de criz que je ne pouoie souffrir, [21.3] si que je estoie plus blecié de la pitié que j'avoie d'eux que du tourment de ma plaie, et plus et plus (et plus) me grevoit la honte que la plaie, et plus estoie tormentez de honte que de doulour. En mon couraige me venoit en remembrance de [com] grant gloire je estoie resplendissans avant, et coment celle gloire estoit lors abessiee, mes neis estanchee du tout par cas legier et let, et coment je estoie tormentez par le jugement de Dieu [21.4] en icelle partie de mon corps par quoy je l'avoye fortfait, et comment par droitur[ier]e traïson m'en avoit rendu le guerredon cil que j'avoye tray avant, et comment mi anemy essauceroient par grant louenge si apperte justice, et com grant contriccion de pardurable doleur porteroit ceste plaie a mes parans et a mes amis, et par [com] grant eslargissement ceste sengle diffamacion pourprandroit tout le monde! Et me penssoye [22.1] quel voie je pourroie desore en avant tenir, a quel front oseroi[e] ge venir devant gent, quant tuit me desmontreroient au doy, et tuit me *derungeroient* de leur langues, et seroie a touz *monstrueus* regars. De ce neis *ne* me confondoit pas peu que selonc la lettre ancienne de la loy, la vindicacion et li destruimens des escouillez [est si grant envers Dieu que aus hommes escouillez], qui les coillons ont copez ou escorchiez, est deffendue l'entree des eglises – n'est pas merveilles se les dames les heent! – **[22.2]** comme hommes puans et ors; et en sacrefices neis toutes ces bestes sont du tout redoubtees et refusees, si comme il est escript ou livre que l'en appelle Numeri, ou chapitre septainte .iiij.[18] 'Toutes les bestes a qui l'en a les coillons escachiez ou trenchiez ou tollus, vous ne l'offerrés pas a Nostre Sire'; et en Deuteronome, ou chapitre .xxj.:[19] 'Escoillez ou coillons eschachiez et trenchiez, et le vit coupé, n'entrassent ja en l'eglise Nostre Sire'.

[22.3] Quant je me vi mis en si chetive contriccion, *je* reconnui que confusion de honte me contraint plus a entrer en respotailles de cloistre a moynes que devocion(on). Mes toutesvoyes elle, par nostre commandement, entra avant ou moustier et se fu voillee de son gré. Ambedui donquez receusmes sacré habit, je en l'abbaie de Saint Denis, et elle ou moustier d'Argentueil dessus dit. Et remembray que comme pluseurs, qui de lui pitié avoient, especialment de sa joennesce, [en vain la destournoient] d'entrer en la grieft servitute de la riulle du moustier, **[22.4]** aussi comme de paine [qui] ne li fut pas *souffrable*, elle entra en celle complainte [de Cornille] – or se complainst la bonne Heloys – et dit entre lermes et sanglous:[20] 'Eus, tu, li miens tres grans maris! O tu qui ne daignasses pas entrer en mes chambres! Avoit Fortune *ce* de droit contre si haut chief? Je, felonnesce, pour quoy me mariai ge et se entre nous .ij. *faites* sommes ore chetif? Or en prens tu les paines en lieu de venjance, mes toutesvoyes telles come je les **[23.1]** compere de mon gré'. Et en telles parolles elle se hasta d'aler a l'autel, le voille benoist prendre de l'evesque – mauvaise haste n'est preus – et se lya devant touz a *profession* de nonnains.

Mes encore n'estoie a painne garis de ma plaie quant li clerc venant ensemble me queroient, et de nostre abbé et de moy, par *continuez* supplicacions, que je meisse m'entente a l'estude pour l'amour de *Dieu*, si comme j'avoye fait jusquez cy pour couvoitise de deniers ou pour loenge, et que je entendisse que li besans qui de par Nostre

---

[18] Leviticus 22.24.

[19] Deuteronomy 23.1.

[20] Lucan, *Pharsalia*, VIII.94–98.

Seigneur m'avoit esté baillez seroit par lui demandez avec les usures, **[23.2]** et que je, qui jusques cy avoie attendu mesmement aus richesses, estudiasse desore en avant a enseigner les povres; et que cogneusse que pour ce mesmement avoie esté touchiez ore de la main Nostre Seignour, si que fusse par force traiz des deliz charnelz et de la tumulteuse vie du siecle pour entendre plus forment a l'estude des lettres, et que je ne feusse pas faiz autant philosophes au monde [que] a Dieu. **[23.3]** Or estoit icelle nostre abbaie ou je m'estoie boutez de vie moult seculiere et de tres laide, dont li abbés mesmes, de tant comme il estoit plus grant en prelacion, et de tant estoit il pires en vie et plus cogneus en mauvaise renomme[e]. Et comme je souvant et forment represisse ou communement ou priveement leur ordures, qui n'estoient *souffrables*, **[23.4]** je me fis sus toutes ores charchans et hayneus a touz, qui moult grant joie avoie[nt] de la requeste que nostre disciple faisoient chascun jour, car par ce orent achoison par quoy ilz m'esloigneroient d'eulx.

Et comme cil desciple m'enchauçassent ainssi longuement et hurtassent ardanment, et mesmement come nostre abbé et nostre frere m'en priassent en *une voys*, je m'en departi de eux et me mis en un[e] selle pour entendre aus esscolliers en la maniere que je souloie. Mes si grant multitude d'escolliers y vint **[24.1]** que li lieux ne pouoit pas suffire aus hostiex, ne la terre aus viandes. Et je, entendans en la sainte leçon de divinité, qui plus convenable estoit a ma *profeccion*, ne lessay pas du tout ma discipline des ars seculiers, es quielx je m'estoie plus acoustumez a user et les quielx neis ilz me requeroient plus; mes de ceulx forgé ge aussi com ung ameçon pour errachier les escoliers a la saveur des philosophes, si comme Origenes, li souverains philosophes des Crestiens, le souloit faire; **[24.2]** ainsi le raconte l'*Istoire Ecclesiastre*.[21] Et comme il me semblast que Nostre Sire ne m'eust pas donné maindre grace en la divine Escripture que en la seculiere, nos escolliers commencierent moult a croistre de l'une leçon et de l'autre et a mouteplier, et toutes autres escolles a apeticier. Dont je *esmui* contre moy la hayne et l'envie des maistres trop forment, que en toutes les manieres que il pooient me grevoient et diffamoient; **[24.3]** et mesmement deux choses me metoient touzjours au devant, qui loing estoie d'eulx, c'est assavoir que molt

21 Eusebius, *Historia ecclesiastica*, VI.8 (PG 20, 9–906, at col. 563).

est estrange chose a propos de moynes estre detenuz es estudes des
ars seculiers, et que je eusse osé folement venir sans maistre a la
mestrise de la devine leçon, pour ce que il *ainssi* m'entredeissent *tout*
l'usaige et hantement de la doctrine escolliere. A ce esmovoient il sans
cessier a leur pouoir les evesques et les arcevesques, les abbés et toutes
personnes de religion.

[24.4] Lors m'avint que je m'esmui premierement a esclarcir et a
monstrer le fondement de nostre foy par apparance et par semblances
de raisons humaines, et fis ung traitié de theologie, ***De l'Unité [et]
de la Trinité***,* a mes escolliers, qui requeroient raisons humaines et
[de] philosophie, et plus demandoient choses qui peussent estre
entendues que choses qui peussent estre *dites*; et disoient que c'estoit
oultraiges de dire parolles que [25.1] entendement ne puet consuivre,
que on ne puet rien croire si n'est entendu avant, et que ce est
escharnissable chose que aucun preeschant autre chose que ce que il,
ne *ceus* que il enseigne, ne pourroit prandre par entendement. Dont
Nostre Sire reprant les gens et dist que ilz sont avuglez et meneurs
d'avuglez.[22]

Et comme pluseurs eussent veu et leu ce traitié, il comença moult
a plaire a touz en commun, pour ce que il leur est[oit] advis que
responsses aus questions de ceste matire estoit illec trouvees suffisans
a touz ensemble. [25.2] Et pour ce que ces questions sembloient estre
fors et grevables sur toutes autres, de tant comme la grevance estoit
plus grant, de tant en estoit tenue a plus grant la subtilité de la
response. Dont mi ennemi envieux, trop forment embrasé,
asemblerent consire contre moy, et mesmement [c]il dui ancien
agaiteur, Auberi et Lotulphes, [25.3] qui, aprés la mort de leurs mestres
et des nostres, c'est assavoir de Guillaume et de Antiaume, desiroient
ainsi comme a regner tuit seul aprés eulx, et venir sur eulx aussi
comme leur *oir*. Lors comme li ungs et li autres tenissent escolles a
Reims, il esmurent par *amonestemens* espés leur arcevesque Raoul
encontre moy, a ce que Thomas, evesque Prenestiens, qui lors estoit
legas en France, fust appellez, [25.4] et que il celebrassent ung
couvent, c'est a dire feissent une assemblee sous le nom de *concille*, en
la cité de Soissons,* et que ilz me cemonsissent que je portasse avec
moy cele oeuvre comme je avoye fait de la Trinité; et ainsi fut fait.

---

[22] Cf. Matthew 15.14.

Mes ainçoys que je venisse la, cil dui me avoyent si diffamé au clergié et au pueple, que pou que li pueple ne me lapida le premier jour de nostre venue, moy et aucuns de noz disciplez qui la estoient venu, et disoient que **[26.1]** je preschoye et avoye escript trois Diex, si come il leur avoyt esté amonesté.

Si tost comme je entray en la cité, je ving au legat et lui baillai nostre livre a esgarder et a jugier, et m'offri prest d'amender ou de tant fere que ce fust assez, *se* je eusse dit nulle chose qui se descordast de la foy de crestienté. Et il me commanda tantost que je portasse nostre livre a l'arcevesque et a mes anemis qui estoient envieux sur moy, **[26.2]** pour ce que cil *me jugassent* qui de ce mesmes m'acusoient, si que ce fust en moy acomply ce que l'Escripture dist:[23] 'Nostre anemy sont nostre juge'. Il esgarderent souvant et retournerent les feulliés du livre, et comme il ne trouvassent riens que il osassent contre moy pronuncier en audience, il proloingnerent la dampnacion du livre a quoy il entendoient jusques a la fin du consille. **[26.3]** Et je, touz les jours ainçoys que li consille seist, anunçoye en conmunal toute la foy crestienne, si comme je l'avoye escript, et tuit cil qui nous ouoient louoient a grant merveille et la perfeccion de noz parolles et nostre sens. Quant li pueple et li clergié regarderent ceste chose, il commencierent a dire entre eulx: **[26.4]** 'Vez cy ore que cist parolle en apert et nulz homs ne dist riens contre luy; et li conseilles se traira hastivement a fin, qui a esté asemblez mesmement contre lui, si come nous avons oy. Ne ne sont pas li juge aperceu que il faillent et errent plus que cil?' De quoy nostre anemy estoient chascun jour plus et plus enflambé.

Ung jour vint a moy Aubery, avequez aucun sien disciple en couraige de moy tempter; et aprés aucunes **[27.1]** parolles molles et soueves me dist que il se merveilloit d'une chose qu'il avoit veue en ce livre, c'est assavoir comme Dieu ait engendré Dieu, et il ne soit que un Dieu, toutesvoyes niay ge que Dieu ait engendré soy mesmes. Et je lui respondi tantost: 'Se vous voulez, je vous diray reson sur ce'. 'Nous n'avons cure en telz choses de resons humaines, ne de nostre sens, mes de parolles de auctoritez tant seulement'. **[27.2]** Lors dis ge: 'Tournez le fueil du livre et vous trouverez auctorité'. Et pres estoit li livre que il avoit apporté avec soy. Je tournay au lieu que je

[23] Deuteronomy 32.31.

cognoissoie et qu'il n'avoit pas aperceu, ou qu'il [ne cherchoit que ceulx qui] me puissent nuire. Et la volenté de Dieu fut que *tost* me vint au devant ce que je vouloye, et estoit sentence entitulee 'Augustins, *De la Trinité*, du premier livre:[24] **[27.3]** "Qui cuide que Diex soit de ceste puissance que il ait engendré soy mesmes, il *erre* plus, car il n'est pas Dieux [tant seulement] qui n'ait ceste puissance, ainçoys ne l'a espirituel ne corporel creature. Car de toutes les choses il n'en est nulle qui engendre soy mesmes'".

Quant ses disciples qui estoient present oïrent ceste chose, ilz furent esbahy et rougirent de honte. Et cil, pour *que* il se *couvrist* en aucune maniere, dist: 'c'est bien a entendre'. **[27.4]** Je respondi lors: 'Ce n'est pas nouvelle', mes au present propos n'apartenoit de riens, comme il eust requis tant seulement parolles et non mie fais; et se il vousist entendre sens et reson, je lui dis que je estoie prest et apparillé a lui monstrer que selon sa sentence il estoit cheus(t) en cele herisie selon laquelle cil qui est peres est filz de soy mesmes. Quant il oy ce il devint aussi comme tout forsenez tantost, et me prinst a menacier, et dist que mes resons et mes auctoritez ne me aideroient ja en **[28.1]** ceste cause. Et ainsy s'en parti.

Au derrain jour du consille, avant que il se asseissent, li legas et li arcevesques commencierent a traitier longuement avec mes anemis quelle chose l'en establiroit de moy mesmes et de nostre livre, car pour ce estoient il especialment assemblé. Et pour ce qu'ilz n'avoient pas oy ne de mes parolles ne de l'escript qui estoit em present nulle chose que il deissent encontre, **[28.2]** et tuit se taisoient lors par un petit de temps qui apertement medisoient ja de moy, Geuffroy, evesque de Chartres, qui devant les autres evesques estoit li plus nobles et par non de religion et par nom de siege, comença a parler en ceste maniere:

Ci devise comme Messire Geuffroy, evesque de Chartres, parle pour Maistre Pierre Abaielart:

[28.3] 'Seigneurs, qui cy estez em present, tout cogneu avez la doctrine de cest homme, quelcunquez elle soit en son engin, et en quelcunquez chose il ait estudié, maint se sont accordé a lui et l'ont

---

[24] Augustine, *De Trinitate*, I.1 (PL 42, 819–1098 at col. 820).

ensuivi; et comme il a trop forment abaisié la renommee de ses maistres, et que il a tenduz aussi comme sa vigne *ses* prouvains de l'une mer jusques a l'autre. **[28.4]** Se vous le *grevez* a tort – ce que je ne croy pas – et neis se vous le grevez a droit, saichez que vous courroucerez maintes personnez, et seront pluseurs qui le deffendront et qui deffendre le voudront, mesmement comme nous ne veons en ce present escript que l'en puisse apertement chalengier ne reprandre. Et pour ce que, si comme dist Giriaume,[25] "Force a tousjours envieus en apert, **[29.1]** 'et les effoudres fierent les hautes montaignes' (en apert)", prenez vous garde que vous ne lui doignez plus *de* loenges [par] cruelment ovrer contre lui, et (ce) que vous n'aquerez plus de blasme a vous de envie, que a lui de justice; car " fausses nouvelles", si comme li dis maistre raconte,[26] "est tost estainte, et la derriene vie juge de la premiere". Se vous ordenez a aler contre lui par droit, ses enseingnemens *ou* ses escripz soit aportez en commun, **[29.2]** et que il ait franchement de respondre lesir a ce qu'en lui demendera, si que quant il sera convaincuz, ou regiehissans se taise du tout, au moins selon celle sentence de Nichomede, par quoy il, *desirrans* de delivrer Nostre Seigneur, disoit:[27] "Juge *oncques* nostre loy homme(s) se elle n'a avant oy de luy et conneu que *il* face?'"

Quant mi envieus orent oy ces parolles, ilz commancierent tantost a grondir et se escrierent que 'moult a ore cy conseil de saige homme, **[29.3]** que nous estrivions contre la jangle de celui aus argumens et aus sophismes *duquel* tout li mondes n'osa pas contrester'. Mes certes, moult [plus] fort chose a a estriver en Jhesu Crist meismes, et toutes voyes Nichodemus semonnoit a lui oïr selonc le jugement de la loy. Et come li evesques ne pooit mener le couraige des hommes a ce qu'il avoit proposé, il essaia a refrener envie par autre voye, **[29.4]** et dist que si pou de gent come illec avoit ne pooit pas suffire au debateïs et au jugement de si grant chose, et que ceste cause avoit (plus grant) mestier de [plus] grant espreuve. Et fu outreement *ses* conseulx sans plus en ce que mes abbas, qui present estoit, me ramenast en mon abbaye, ce est au moustier de Saint Denis, et que pluseurs personnes

---

[25] In his preface to the *Liber hebraicorum quaestionum in Genesim* (PL 23, 983–1060, at col. 983B); Jerome is quoting Horace, *Odes*, II.10, l. 11.

[26] Jerome, *Epistolae*, LIV.13 (PL 22, 556).

[27] John 7.51.

et plus saiges fussent illecques appellees, et *fust* illec establi(es) par plus diligent espreuve que l'en pourroit fere [en] ceste chose. A ce derrenier conseil s'accorda li legaz [**30.1**] et tuit li autre. Aprés se leva li legaz, pour celebrer sa messe avant qu'il entrast en consille, et me manda par celui evesque le congié qu'il avoient estably, c'est assavoir de retourner a mon moustier et d'attendre illec ce qu'il avoient estably.

Lors my envieux se penserent que il n'avoient riens fait *se* ceste besoigne estoit demenee hors de ceste dyocese, c'est assavoir la ou il ne *se* peussent user de leur force, [**30.2**] come cil qui ne fioient point en droit, et amonesterent a l'arcesvesque que ce luy seroit mout grant honte se ceste cause estoit portee en grant audience, et que peril y avoit se je eschapoie ainsint. Et tantost tornerent au legat et muerent sa sentence et le trairent a ce, maugré luy et contre sa volenté, que il dampnast le livre sanz enqueste et i l'ardist tantost, voyans touz, et que il me refrenast par estre pardurablement enclos en estrange moustier. [**30.3**] Car il disoient que il devroit *souffire* a la dampnacion du livre ce que je l'avoye osé lire communement, sans estre loé de l'auctorité de l'apostoille et de l'eglise, et l'avoye ja baillé a pluseurs a transcripre; et que mout proufitable chose seroit a la loy crestienne, si que maint autre feussent *des ore en* avant espoantez et chastiez par l'exemple de moy de si grant orgueil emprandre. [**30.4**] Et pour ce que cy[l] legaz estoit mains lectrez que mestier ne fust, il s'apuioit et tenoit moult au conseil l'arcevesque, si comme l'arcevesque eust conseil de ceus.

Quant li evesques de Chartres sceut ceste chose, il me dist tantost *ces* machinemens et ces felons conseulz, et trop forment me amonesta que je le souffrisse de tant plus legierement comme il apparoit a touz que l'en le me feroit a plus grant tort et plus crueusement; et que ne doubtasse pas que ceste force de [**31.1**] si aperte envie ne leur neust moult, et que moult ne me proufitast; et que je ne feusse pas en nulle maniere troublez de *la cloison* du moustier, car il savoit certainement que li legaz, qui *ce* faisoit contrains, a emprés pou de jours, puis que il seroit d'ilecquez departiz, me delivr[er]oit du tout. Ainsi conforta(y) li evesques plourans moy plorant.

Or vient la condempnacion du livre:

[**31.2**] Adonquez fu ge tantost appellez au consille, et quant je fu venuz, il, sans espreuve de desputoison et sans enquerre point de la verité, [me contraindrent] que je mesmes, de ma propre main, jetay ou feu mon livre devant dit, et fut ainsy ars. Et toutes voyes pour ce que il [ne] fut avis aus gens que cil n'en deissent neant, ung de mes aversaires dist bassement en gondrillant que il avoit trouvé ou livre escript que Diex li peres est *seul* touz puissant. [**31.3**] Et come li legaz eust entendu, moult s'en merveilla, et li respondi: 'Ce ne devroit pas estre creu d'un petit enfant que il fust en si grant erreur, comme la foy commune', dist il, 'tiegne et recognoisse que ilz sont troys touz puissans'. Quant ce fu oy, Thierry, ung des disciplez du maistre, escharnissant respondi cele parolle de Athanaise, qui dist:[28] [**31.4**] 'Et toutesvoyes ne sont il pas troys touz puissans, [mes uns seus touz puissans]'. Et comme son evesque l'eust commancé a tensier et a reprandre ainsy comme coupablez que il parlast contre la majesté, cil se tint hardiement encontre et dist, ainsint comme en remembrant les parolles Daniel:[29]

Ainssi estez vous fol, filz de Israel, qui sans juger et sans cognoistre [**32.1**] verité, avés condempné les filz de Israel. Retournez au jugement, et jugez de ce juge mesmes, vous qui tel juge avez establly aussi comme en enseignement de foy et a chastiement d'erreur; que comme il deust juger, il se condempna par sa propre bouche, quant la misericorde de Dieu le delivra apertement, l'innocent, aussi comme elle delivra jadiz Susenne des faus accuseurs.

[**32.2**] Lors se leva l'evesque, et en eschanjant les parolles si comme il pooit et convenoit, conferma la sentence du legat, et dist: 'En verité, Sire,' dist il, 'tout puissant est li Perez, tout puissant est li Filz, tout puissant est li Saint Esperit, et qui de ce se descorde, il est apertement desvoyés, ne il n'est pas a oyr. Et ore, se il vous plaist, il est bon que cil freres espoigne sa foy devant touz, si que elle soit ou louee ou blasmee et amendee, si come il convient'. [**32.3**] Et quant je me levasse pour regiehir et pour espondre ma foy, pour ce que feisse entendre aus autres par mes propres parolles ce que j'en sentoie, my

---

[28] From the Athanasian creed.

[29] Daniel 13.48-49.

adversaire distrent qu'il ne me convenoit nulle autre chose faire fors que je recitasse le psiaume Atanaise. Et ce pourroit fere aussi chascun enfes aussi come je. **[32.4]** Et pour ce que je n'i meisse excusacion de ignorance, ausi come se je n'eusse pas ces parolles en us, il firent aporter le livre a lire, que je lui entre soupirs et senglous et larmes, si come je poi. Aprés je fu baillez aussi comme coupables et convaincuz a l'abbé de Saint Maart, qui la estoit present, et fu trays a son cloistre aussi comme a une prison; et tantost est failliz li consillez.*

[33.1] Or se complaint de sa condempnacion Abaielart:

Dieu, qui es(t) juge droicturiers, par com grant [fiel]* de couraige, par com grant amertume de pensee je desvez te reprenoie, je forsenez t'acusoie, et recordoye souvant cele complainte de mon sire saint Antoynne:[30] '[Bon Jhesu, ou estoies tu?]'. Certez, de [com] grant doulour je estoie esboulis, de com grant honte je estoie confonduz, de com grant dese[s]perance je estoie troublez, ce poy je lors sentir, mes ce [ne] puis je ore bien dire; **[33.2]** que je comparroye les grans doulours que je soustenoye ore a celles que j'avoye jadiz souffertez a mon corps, et cuidoye estre de touz les hommes le plus chetif. Je tenoye a petite cele traïson au regart de ceste injure et de cest tort, et plaingnoye trop plus le dommaige et l'apeticement de ma renomme[e] que de mon corps, comme je fusse venuz a cele traïson par aucune coupe, et a ceste si aperte cruauté m'eussent amené pure entencion et amour de nostre foy, qui m'avoient contraint a escripre.

[33.3] Comme tuit cil a qui par renommee fut portee ceste chose, faite si cruelment et sans regart, la repreissent et blamassent trop forment, tuit cil qui present y avoient esté *ostoient* le blasme et la coupe sur eulx et la metoient sur les autres, en tele maniere que nostre envieus meismes *desnioient* que ceste chose eust esté faite par leur conseil; et li legaz mesmes sur ce fait blasmoit et maudisoit l'envie des Françoys. Et tantost, aprés *aucun* jour, puis que il se fu repentis, come il eust fait griest par un pou de temps a leur envie, **[33.4]** il me tr[a]it hors du moustier estrange et me renvoia au mien propre, la ou je estoie *anemis* pres que de [touz] ceus qui jadiz estoient, si come je ay dit cy devant, come il m'eussent du tout soupeçonneus pour laidure

---

[30] Athanasius, *Vita S. Antonii*, IX (PL 73, 1125–70, at col. 132D).

de leur vie et pour leur honteuse conversacion, et me soustenissent a grant grief, come je les repreisse de leurs vicez. Adonquez, aprés pou de mois trespasssez, Fortune leur offri achoison par quoy il se apparillassent de moy destruire.

[34.1] Ci commance une de ses doulours:

(Chasc)Un jour,* si comme je lisoie, me vint une sentence de Bede, qui afferme en l'*Exposicion des Fais des Apostolles* que Denises Ariopagites fust miex evesque de Chorinte que d'Atainnes.[31] Mout sembloit ceste chose contraire a ceulx, qui se vantoyent que leur Denises [fust cil] Ariopagite, *li* fait du quel recognoissoient que il fust evesque d'Athaines. [34.2] Et comme je eusse ce trouvé, je leur monstray, aussi comme en jouant, a aucun freres qui entour nous estoient, c'est assavoir par le tesmoing de Bede, que l'en metoit encontre nous. Il en furent moult desdaingneus et distrent que Bedes avoit esté trop mentierres *escripvains*, et que il avoient Houdoyn leur abbé pour plus vray tesmoing, qui pour ce encercher ala par toute Gresce, et quant il eut la verité cogneue de ceste chose, *aus **Fais*** que il escript de celui Denise [avoit osté] du tout ceste doubtance.[32] [34.3] Comme li ungs me demandast par grant engresseté [ce] qui m'est advis de ceste descordance, c'est asavoir de Bede et de Houdouyn, et je respondi que l'auctorité Bede me sembloit plus aggreable, puis que toutes les *eglises* des Latins hantent l'escripture de lui.

De ce furent il desveement embrassé, et commencierent a crier que ore avoi[e] ge apertement monstré que je les avoye tousjours haïs, et despitez nostre *moustier,* [34.4] et que je faisoie tort et mesmement a tout le royaume, c'est assavoir en lui tollant son honnour dont il se glorifie singulierement, comme je *desniasse* que li Ariopagitez eust esté leur patron. Mes je respondi que je ne l'avoye oncquez *desnié*, et que l'en ne devroit pas estre moult curieus, savoir mon, se il avroit esté li Ariopagitez mesmes ou autres, mes que il eust acquis envers Dieu si grant coronne. [35.1] *Item:* Ilz coururent tantost a l'abé et luy nuncierent ce qu'il me avoient mis sus. Volentiers l'oy il abbés, et se

---

[31] Bede, *Expositio super Acta Apostolorum*, XVII (PL 92, 937–96, at col. 981AB).

[32] Hilduin of Saint-Denys, *Passio S. Dionysii*, Prolegomena III.2 (PL 106, 23–50, at cols 23C–24B).

esjoy d'avoir aucune achoison par quoy il me destruisit, que de tant
comme il vivoit plus laidement que li autre, de tant me redoubtoit il
plus. Lors, quant il ot assemblé son conseil et li frere furent assemblé,
il me menaça griefment et dist que il en iroit* hastivement au roy,
[35.2] pour ce que il preist venjance de moy, comme de celui qui lui
toloit la gloire de son royaume et la coronne; et commanda que je
fusse bien gardez en dementres jusques a tant que il me baillast au
roy. Si me offroi[e] ge certes a recevoir discipline reguliere se je l'eusse
forfait, mes ce ne m'i valoit riens.

Lors redoubtoie trop par forment leurs felonnies. [35.3] Du tout
desesperé(e)s, que avoye eu longuement Fortune contraire, si comme
se tout le monde fust conjuré encontre moy, je, par l'accord d'aucuns
de noz freres qui eurent pitié de moy, et par l'aide d'aucuns de noz
disciplez, m'en fouy respotement par nuit et ving en la prochaine terre
le conte Thibaut de Champaigne, la [ou] je avoye demouré avant en
une seule. [35.4] Cil estoit aucun pou cogneus a moy et avoit grant
pitié de mes mesaises que il avoit oyes. La comançay a demorer ou
chastel de Provins en une selle de moynes de Troyes, dont li prieur
avoit esté mon famillier et mon privé et m'avoit mout amé. Cil ot
moult grant joye de mon avenement, et me procuroit au plus
amiablement qu'il pooit.

Ung jour avint que noz abbez vint en ce chastel au devant dit conte
pour aucunes de ses besoignez. Quant je sceu ce, je m'en ving au
[36.1] conte et lui priay que il priast pour moy a nostre abbé que il me
asossist et me donnast congié de vivre [en] *moniaige* la ou je trouveroye
lieu convenable pour moy. Il et cil qui avec lui estoient distrent que il
en avroient conseil, et en respondroient au conte en ce jour, avant
qu'il se departissent. [36.2] Et quant ilz furent entrez au conseil, il
leur fu avis que je vouloie entrer en une autre abbaie, et que ce seroit
grant honte a la leur; car il tenoient a tres grant gloire ce que je
m'estoie tourné a eulx en ma conversacion, aussi comme se je eusse
toutes autres abbayes en despit, et disoient que tres grant reprouche
leur en vendroit, se je les avoye retez* et guerpiz et alasse aus autres.
[36.3] Dont n'oïrent onquez sur ce ne moy ne le conte en nule
maniere, ains me menassent tantost, se je ne retorn[oi]e hastivement,
que ilz me escoumenieroient, et deffendirent en toutes manieres a
celui prieur a qui je estoie venuz a refuge que il ne me tenist desore-
navant, se il ne vouloit estre parsonnier de leur escou[me]niement.

Quant nous oïsmes ce, cil prieur et moy feumes moult engoisseus. Et s'en parti li abbez en la perseverence de ceste durté, et fut mort aprés pou de jours. **[36.4]** Et comme ung autre fust aprés en lieu de lui, je assemblay lui et l'evesque [de Meaux pour ce] que il me octroiast ce que j'avoye requis a celuy qui avoit esté abbés devant lui. Et comme il ne s'acordast pas premierement a ce, puis par l'aide d'aucuns de noz amis *je* requis sur ce le roy et son conseil, si que je empetray ce que je vouloie. Car Estiene, qui lors estoit penitencier* le roy, appella a une part l'abbé et ses familiers et leur demanda pour quoy ilz (ne) me vouloient recevoir maugré **[37.1]** mien, dont il pourroient legierement encourre esclande et nul proufit avoir, comme ma vie et la leur ne se puissent accorder emsamble en nule maniere. Or savoi[e] ge bien que la sentence du conseil le roy estoit en ce que de tant comme celle abbaye seroit mains reguliere et mains religieuse, de tant seroit ce plus en la subjeccion du roy, et plus proufitable comme aus gaings temporelx; dont j'ay creu a poursuivre trop legierement l'acourt du roy et des siens, et ainssi fut fait. **[37.2]** Mes pour ce que nostre moustier ne perdist sa gloire que il avoit de moy, il me octroyerent que je m'en alasse en quelcunquez lieu que je voudroye, desert ou solitaire, mes que je ne me meisse en nulle abbaye. Ce fut accordé et confermé d'une part et d'autre en la presence du roy et des siens.

[37.3] Adonques m'en alay en ung lieu solitude, c'est a dire en ung desert, que je avoye cogneu avant, ou bourc de Troyes, et la me donna l'en terre, o me *fis de roseaus** et de chaume une oratoire ou nom de Sainte Trinité, par l'accort de l'evesque du lieu. Illec je resposay avec ung nostre clerc pour vrayment chanter a Nostre Seigneur celle parolle:[33] *Ecce elongavi fugiens et mansi in solitudine,* c'est a dire ce cy: 'Je me suy esloingnez en fuiant et ay demouré en lieu desert'.

[37.4] Comme li escolier eussent ceste chose sceue et cogneue, il comencierent a accourre de toutes pars, et la leissierent citez et chastiaux et vindrent habiter ou desert, et en lieu de large(u)s mesons faisoient petiz tabernacles, et pour delicieuses viandes mengoient herbes champestres et gros pains, pour moles cousces **[38.1]** achetoient chaumes et estrain, et pour tables dressoient motes herbeuses, si que tu cr[er]oyes vrayment qu'i resemblassent et

---

[33] Psalms 54.8 (Vulg.), 55.7 (Eng. Bible).

ensuivissent iceulx premorains philosophes, dont Jeriaume fait mencion *Contre Jovinien*, par ces parolles:[34]

Par les cinq sens, aussi comme par cinq fenestres, a l'entree des vices a l'ame. La mestre tours de la pensee ne puet estre prise, se li os des anemis n'entre es portes. [38.2] Se aucuns se delite *en circ, en estrif* de champions, ou en mouvableté de jangleeurs, ou en fourmes de femes, ou en resplendisse[me]nt de pierres precieuses ou de robes, ou d'aucunes des autres teles delitables choses, la franchise de l'ame est prinse par les fenestres des yex, et est aemplie cele parolle [du prophete:[35] 'Morz entra] par noz fenestres'. Et quant ces choses sont entrees par ces portes en la tour de nostre pensee, aussi comme ung os (par) de parturbacion, ou est la franchise de l'ame? [38.3] Ou est sa force? Ou est la pensee de Dieu? Mesmement comme li atouchement *peingne* a soy [deliz] neis trespassez et *contreigne* l'ame a piteusement souffrir la remembrance des vices, et en quelque maniere comparer ce que elle ne fait pas. Mains philosophes, doncquez, esmeuz par ces raisons, lessierent les *hantanses* des citez et les jardins d'entour, ou estoient champ arousable et arbres feullis, et chans de oyseaux, mirouers de fontaynes, ruissiaus gondrillans, et mains alegemens de yex et d'oreilles, [38.4] pour ce que par l'outraige *et habundance* des delices la force de l'ame ne s'amoloiast, et que sa chaasté n'en fust corrumpue. Ne *ce* n'est pas merveilles, car chose sans proufit est veoir souvant les choses par quoy tu soies aucunes foiz prins, et mettre toy a l'espreuvement des choses dont tu fais a envis abstinence. Car neis li disciple Pitagoras eschevoient le hanter de [ce]s choses, et avoient acoustumé [a habiter] es [39.1] lieus solitaires [et] es desers. Mais Platon mesmes, come il fut riches, et Dyogenes le defoulast o ses piez enboués, pour ce que il peust entendre a philosophies, il eslut Achadamia – c'est une ville loing de la cité, qui n'estoit pas seulement deserte, mes enferme – pour ce que li hastif assaut de luxure feussent froissié par la cure et par la constance de maladies, et que si disciple ne sentissent nul autre delit fors que de ces choses que il apreissent.

[39.2] Tele vie menerent, si come l'en dit, li filz des prophetes qui ensuivirent Helisee; desquelz Jeriaume mesmes escript, aussi comme des moinnes de icellui temps, *a Rustique* le moyne entre les autres

---

[34] Jerome, *Adversus Jovinianum*, I.8 (PL 23, 297).

[35] Jeremiah 9.21.

chose[s] en ceste maniere:[36] 'Li filz des prophetes, que nous lisons moyne ou Viez Testament, edifioient a eulz cassiaus pres du fleuve Jourdain, et lessoient les tourbes et les citez, et vivoient de boulies et d'erbes champestres'. [39.3] Telz cassiaus edifioient illec a eulz nostre deciple sur le fleuve Durtain, et sembloient plus estre hermites que escoliers.

Mes de tant come il avoit illec plus grant habundance d'escolliers, de tant come ilz soustenoient plus dure vie en nostre doctrine, de tant cuidoient mi anemi que ce me tournast a gloire et a eulx [a] honte; que comme il eussent [fait] entour moy toutes les choses que il pooient, dolent estoient de ce que toutes ces choses tornoient a moy em bien. [39.4] En cele maniere, selonc la parolle Jeriaume:[37] 'Je m'estoie eslongiez des cités, du marchié, et des tourbes, et si m'a envie trové; et ainsi, comme dist Quintiriliens:[38] " Envie treuve cil qui se repont"'. Car ilz se complaignoient entr'eulx et disoient en gemissant: '"Veez que tout li mondes est alez aprés lui";[39] nous n'avons rien proufité en lui suivre, ains l(es)'avons [fait] [40.1] plus glorieux. Nous nous estudiasmes estaindre son nom, mes nous l'avons plus alumé. Vez ci que li escolier ont es citez toutes les choses qui mestier leur ont, et il despissent les delicez des citez, et si queurent a la mesaise du desert, et se font chetif de leur gré.'

Et lors, certes, la povreté ou je estoie, si tres grant que je ne pooie souffrir, me contrainst especialment a tenir escolles, comme 'je ne peusse fouir et eusse honte du demander'.[40] [40.2] Adonc m'en retournay a l'art que je savoye, et en lieu des tractemens de mains me mis a l'office de la langue. Lors m'i apparailloient mi escolier de leur gré en touz mes estouvoirs – en viandes, en robes, en coust[iv]emens de chans, en despens de maçonnerie – pour ce que nule cure d'ostel ne me retardast de mon estude. [40.3] Et comme nostre habitacle ne poïst pas prendre la compaignie des escolliers, qui n'estoit pas petite,

---

36 Jerome, *Epistolae*, CXXV.7 (PL 22, 1076A).

37 Jerome, *Liber hebraicorum quaestionum in Genesim*, XXX.22–23 (PL 23, 983–1060, at col. 984A).

38 Quintilian, *Declamationes*, XIII.2.

39 John 12.19.

40 Luke 16.3.

i l'eslargirent par neccessité et le maçonnerent de pierres et de fust, et l'i firent meilleur.

Et comme il fust fondez en l'onnour de la Sainte Trinité, et dediez, toutes fois par ce [que] je, fuitis et ja deseperés, m'estoie illec aucun pou resposés par la grace du confort de Dieu, je *le* nommay *Paracliz*; **[40.4]** de quoy maint se merveillerent molt quant i l'oïrent, et pluseurs me repreistrent trop forment – **Or recommance une de ses representacions pour le nom du lieu** – et disoient que nulle eglise ne devoit pas estre assenee especialment au Saint Esperit, plus que a Dieu le Pere, [mes] ou a son Filz ou a toute la Trinité ensemble, selonc la costume ancienne. **[41.1]** Et a ceste reprinse et a ce chalengement les amena moult ceste erreur, ne ce ne fu pas merveille,* que il creoient que entre Paracliz et esperit Paracliz n'eust point de difference, *comme* la Trinité mesmes, et chascune personne en la Trinité, si comme elle est appellee [Diex ou aidierres, aussi est elle appellee] a droit Paracliz, c'est a dire confortierres, selonc la parolle de l'Apostre, qui dist:[41] **[41.2]** 'Benois Diex et Peres de Nostre Sire Jhesu Crist, Pere de misericorde et Diex de touz confors, qui nous conforte en noz tribulacions'; et si comme Verité dist:[42] 'Et autre Paracliz vous donra'. Et quele chose neis empesch(i)e, comme toute eglise soit consacree ou nom du Pere et du Filz et du Saint Esperit, et nulle possession diverse soit entre eulx, que la maison Nostre Sire ne soit aussi donnee au Pere ou au Saint Esperit comme au Filz? **[41.3]** Qui oseroit rere ou effacier du front de l'uis le nom o le title de celui qui est la maison? Ou comme li Filz se soit offers en sacrefice au Pere, et selonc ce soient les oroisons adrecies au Pere en la celebracion des messes, et lui soit fais li sacrefices de l'oiste, pour quoy ne semblera il que li autiex soit mesmement a celui a qui est fait mesmement et la supplicacion et le sacrefice? Doit l'en donquez mielz dire et plus droitement que li autex *est* a celui qui est sacref(c)és que *a* celui a qui l'en sacrefie? **[41.4]** Devroit l'en mielx dire que li autiex fust ou de la crois Nostre Sire, ou du sepucre, ou de Saint Michiel, ou de Jehan, ou de Pierre, ou d'aucun autre saint qui ne soit pas illec sacrefiez, ne leur sacref(ir)ie [l'en] riens, [ne] oroisons sacrefiables ne leur sont pas faites? Qui dira que li *autiex* soit leur? Certes, nuls ne doit dire ce. Ne

---

41 II Corinthians 1.3-4.

42 John 14.16.

ce n'est merveilles, entre les ydolatres neis – c'est a dire entre ceuls qui aoroient les ydoles – *ne* li autel ne li temple n'estoient reclamés de par nul fors que de par ceulx a qui il entendoient faire le sacrefice ou le service.

[42.1] Mes *aucun* par aventure pourroit dire que l'en ne doit pas au Pere dedier eglises *ne* autelx, pour ce que encore n'en est il nul fait qui *li* doint especial solempnité. Mes ceste reson toust a la Trinité mesmes, et ne le tost pas au Saint Esperit, comme li Saint Esperit mesmes ait de son avenement propre solempnité de Penthecouste, aussi come li Filz a du sien avenement la feste de sa Nativité. Car aussi comme li Filz envoyés au monde *garde* a soy propre solempnité, aussi le fait a soy li Saint Esperit envoyez es disciplez; **[42.2]** a qui neis ce semble que temples doit estre donnez es escrips plus provablement que a nulle des autres personnes, se nous entendons plus diligenment l'auctorité de l'Apostre et l'evre du Saint Esperit mesme. Car li Apostre en escript especialment nul temple especial a nul des troys personnes, fors au Saint Esperit; car il ne dist pas aussi 'le temple du Pere', ou 'le temple du Filz', comme 'li temples du Saint Esperit', *ainsois* escript en la premiere Epistre aus Chorintiens:[43] **[42.3]** 'Qui *se* aert a Nostre Seigneur, il a ung esperit o lui', et de rechief: 'Ne savez vous pas que *vos* corps sont temples au Saint Esperit qui est en vous, que vous [avez] de Dieu et n'estes pas vostres?' Et qui est cil qui ne saiche que li sacrement des divins benefices qui sont fais en l'eglise ne soient pas donnez es escrips especialment a *l'ouvraige* de la divine grace, qui est entendue le Saint Esperit? Quel merveille, nous feusmes regenerez de eaue et du Saint Esperit de baptesme, **[42.4]** et lors sommes nous premierement establi aussi comme temple especial a Dieu; et en la confirmacion aussi e[s]t bailliee la grace du Saint Esperit en .vij. manieres, des quelz li temp[le]s mesmes de Dieu est aournez et dediez. Quel merveille est ce donquez se nous assenons temple corporel a cele personne a qui [l'Apost]le don[ne] especialment [temple] espirituel? Ou de quel(que) personne est dite plus droitement l'eglise que de celle [a l'ouvraige] de qui tuit li benefices qui amenistrez sont en l'eglise especialment **[43.1]** sont assenez?

Et toutesvoyes ne disons nous pas ces choses ainsi, comme nous avons appellé nostre oratoire premierement Paracliz, que nous

---

43 I Corinthians 6.17 and 19.

recognoissons que nous l'aions donné ou assené a une personne; ains le nommasmes ainsi pour celle cause que nous avons rendue cy dessus, c'est assavoir en la remembrance de nostre confort. **[43.2]** Ja soit ce que nous l'eussions fait en cele mesme maniere que l'en croit, ce ne fut pas encontre reson, ja soit ce que ce ne fust pas chose acoustumee.

Si comme je me reposoye illec corporelment, ma renommee aloit de grant maniere par tout le monde, en retenant sa semblance de cele *faintise des poetes*, dont l'en appelle Echo,[44] qui a moult de vois et neant de *sustance*. **[43.3]** Comme mi premier anemi *peussent* [ja] contre moy *ovrer moins* par eulx, il esmuirent contre *moy* nouvel[s] apostoille[s] en qui le monde se fioit moult et creoit; dont li ungs se glorifioit d'avoir *suscité* vie des chanoynes reguliers, et li autres de[s] moynes. Cist, courant *diversement* par le monde em p[r]eeschant, sans avoir honte de moy [de]runger tant comme il pooient, **[43.4]** me feissent despisable par aucun temps a aucuns puissans hommes ecclesiastres et seculiers, et semerent tant de mauvestiez *et de ma foi et de* [ma] vie que il destournerent de moy neis les meilleurs de noz amis; et se aucuns feussent qui retenissent encore vers moy aucune chose de l'ancienne amour, si le celoient il en toutes manieres pour la paour des autres. Et par le tesmoing de Dieu mesmes, **[44.1]** quant je savoye aucune assemblee de personnes ecclesiastres ou veoye en aucun lieu, je creoie que ce fust a ma condempnacion, et tantost *attendoie* touz esbahiz aussi comme le cop de foudre sorvenue, aussi comme se je fusse trais es concilles ou es signagogues, et comme escoumeniez et mescreans. **[44.2]** Et que je face comparaison de la puce au lion et du fromy a l'olifant, [mi anemi] ne me poursuivoient pas par mains hayneus couraiges que li herege ensuivirent jadiz (a) Athanaise.* Et certes, Diex le scet, je fu souvent cheu en si grant desesperance que je proposoie a lessier les terres des Crestiens et aler aus Sarrazins ou aus paiens, **[44.3]** et vivre illec en respos, comme Crestiens entre les anemis Jhesu Crist, par aucune couvenance de treu. Et je creoye que de tant les avroi[e] ge plus debonnaires come il soupe[ço]nassent, par le blame qui m'estoit mis sus, que je fusse mains crestians, et creussent que par ce peusse estre plus legierement enclinez a leur loy.

[44.4] Comme je feusse tourmentez sans cesser par tant de tribulacions, et ce fust mes derreniers conseulx que je m'en fouisse a

---

[44] See Ovid, *Metamorphoses*, III.356 and following.

Jhesu Crist vers les anemis de Jhesu Crist, une achoison me vint par
quoy je cuiday par aucun pou de temps eshever ces aguays – **Or luy
vient une autre tribulacion*** – **[45.1]** si chey entre Crestiens et
moynes moult plus cruelx et pieurs que ne sont li paien. Car en la
petite Bretaigne, en l'eveschié de Vennes, estoit une abbaye de Saint
Gildace de Raines desconfortee de son abbé, qui mors estoit. Et la
me appellerent li frere par accordee election, avec l'acourt du prince
de la terre; et ce empetrerent il legierement de nostre abbé et de noz
freres. **[45.2]** Et ainssi l'envie de noz Françoys* me chassa en occi-
dent, aussi comme l'envie des Romains chassa Jeriaume en orient. Car
Dieu le scet, je ne me feusse oncquez accordez a ceste chose, fors
pour ce que je eschevasse ces tormens que je soustenoye sans cesser,
si comme j'ay dit. La terre estoit estrange et je ne savoye pas le
langaige du païs, et la vie de ce[s] moyne[s] estoit laide et non mie
dontable et tres cogneue pres que de touz, et la gent de cele terre
estoit felonesse et desordenee. **[45.3]** Aussi doncquez comme cil qui
est espouentez quant il voit le glaive sur soy et trebuche soy mesmes,
et pour prolongner par un moment de temps une mort chiet en une
autre mort, aussi (com)me mi[s] je essient d'un peril en un autre, et la
me mis aus ondes de l'*abominable* et orrible mer; comme la fin de cele
terre ne me suffisit pas a passer oultre, recitoye souvent en mes
oroisons cele parolle:⁴⁵ **[45.4]** 'Je *criay* a toy des fins de la terre, en
dementres que mes cuers est[oit] engoisseus'.

Certes, je croy ja que chascun scet [de] come grant engoisse
tormentoit mon cuer, par jour et par nuit, icelle assemblee qui n'estoit
pas disciplinable des freres que j'avoye emprins a gouverner, come je
y pensasse aussi bien le peril de m'ame comme de mon corps; que je
estoie certains que [se] je m'essaiasse a eulx **[46.1]** contraindre a tenir
la vie reguliere de leur profeccion, que je ne porroye pas vivre entre
eulx, et se je ne le fesoie de tout mon cuer, je en seroie dampnez. En
cele terre, neis, estoit ung oultre-cuiderres tyrant, qui avoit ja mise
soubz soy icelle abbaye et, par l'achoison de la descordance de ce
moustier, qui avoit ramené en ses propres usaiges touz les leu(r)s
voisins et appartenans a ce moustier, **[46.2]** et tormentoit les moynes
par pluseurs requestes et par plus griez teutes que il ne feist aus Juifs
tributaires. Ly moynes me contraingnoient pour leurs estouvoirs de

---

⁴⁵ Psalms 60.2 (Vulg.), 61.2 (Eng. Bible).

chascun jour, comme ilz n'eussent riens *en* commun que je leur
amenistrasse, ains soutenoient chascun d'eulx de leurs bourses
propres leurs meschines et leurs filz et leurs filles; et s'esjoyssoient
dont je estoie de ce en grant engoisse, **[46.3]** et eulx mesmes
embloient et emportoient quantqu'ilz pooient, pour ce que quant je
fausisse a ceste amenistracion, que je fusse contraint du tout au cesser
de la discipline ou du tout departir moy du tout d'illecques.* Et
comme toute la restrangerie de cele terre fust sans loy et sans
discipline, il n'i avoit nul des hommes en qui je me peusse fier pour
aide, comme je me descordasse egaument de[s] *meurs* de touz. **[46.4]**
Dehors m'apressoie[nt] continuelment cil tyrant et cil sergent, dedens
mes freres m'agua[i]toient sans cesser, si que ceste chose monstroit
que cele parolle eust esté dite especialment contre moy:[46] 'Batailles
me sont dehors, paours me sont dedens.'

Je regardoye et plaignoie comment je menoye vie sans proufit et
chetivoye, et comment je *vivoye* sans fere fruit ne a moy(ne) ne a autres,
et comment j'avoye avant proufitié aus clers et que je les avoye ore
[47.1] lessiez pour les moynes, ne n'avoie(nt) nul fruit fet ne *en ceus* ne
es moynes, et que je n'avoye riens fet en touz mes commencemens,
ne en mes efforcemens, si que de toutes choses me devroit ja estre
reprouché cele parolle:[47] 'Cist homs a commancié a faire maison, et
ne puet estre achevee'. Je me desesperoye du tout quant je
remembroye que[l] chose que je *fouisse* et regardoie quel chose je
encourusse. **[47.2]** Je tenoye ja mes premier[e]s tristesces aussi
comme nules, et disoie a moy mesmes en gemissant: 'Je seuffre ces
choses a bon droit, c'est a dire je ay lessié le Paracliz, c'est a dire le
conforteur; et comme suy boutez en certain desconfort et, covoitans
eschever menasses, m'en suy fouiz en certains perilz!'

Mes ce me tormentoit moult, que je ne me pooie pourveoir, si
comme il convenoit, en notre oratoire, **[47.3]** comment le service de
Nostre Seigneur y fust celebré, car la tres grant povreté du lieu
suffisoit a paynne aus estouvoirs de ung seul homme. Mes le vray
Paracliz mesmes m'en porta grant confort et vray, qui moult estoie
sur ce desconfortez, et pourvit a ce propre oratoire si comme il devoit.
Car il avint que nostre abbé de Saint Denis enquist, en quelle maniere

---

[46] II Corinthians 7.5.

[47] Luke 14.30.

que ce fust, aussi comme appartenant anciennement au droit de son
moustier, **[47.4]** icelle devant dite abbaye d'Argentueil, ou cele
Helouys, nostre suer en Jhesu Crist [plus] que nostre fame, avoit receu
habit de religion, et chaça par force le couvent des nonnains, dont
cele nostre compaigne estoit prieuresse. Et comme elles fussent
essillie[e]s et espandues en divers lieus, je entendi que Nostre Sire
m'avoit offert achoison par quoy je meisse conseil en nostre oratoire.
Adonc m'en retournay et la fis venir au devant dit oratoire Heloys,
avec aucunes autres seurs de celui mesme couvent qui a lui
s'acorderent. **[48.1]** Et quant elles y furent venues, je leur offry et
donnay icelle oratoire avec toutes les appartenances; et puis li
apostoilles Innocent second conferma par privilege a touzjours, par
l'accort et par la priere de l'evesque du lieu,* nostre donnoison a eulx
et a toutes leurs suers qui aprés eulx vendront.

Quant elles orent illec soustenue vie premierement souffroiteuse,
moult desconfortees par un pou de temps, **[48.2]** ly regars de la divine
misericorde de Nostre Seigneur, a qui elle[s] servoi[en]t devostement,
les conforta en brief temps et monstra a elles vray Paracliz, et leur fist
les puieples *entour* eulx habitans piteus et debonneres. Et sont, si come
je cuit, ce scet Dieu, [les proufiz de la terre] plus moutepliez en ung
an que en cent, se je eusse illec demouré. **[48.3]** Ne ce n'est pas
mervelle, car de tant come li *sexez*, c'est a dire la nature, des femmes
est plus enfermez, de tant esmuet legierement leur povreté plus
piteable les talens des hommes, et est leur vertuz plus aggreable a Dieu
et aus hommes. Certes, si grant grace donna Nostre Sires es *oyls* de
toutes gens a icelle nostre seur, qui gouvernoit toutes les autres, que
li evesque l'amoient comme leur fille, et li abbé comme leur seur, li
lay comme leur mere; **[48.4]** et se merveilloient tuit ensemble de sa
religion et de son sens, et en toutes choses [de] la debonnereté de
pascience qui n'avoit nul pareil. Que de tant come elle se lessoit veoir
plus a tart, pour ce qu'elle estoit enclose en sa selle [et] entendi plus
plainement aus saintes pansees et a oroisons, de tant queroient cil qui
souvent sont dehors plus ardanment la presence de lui et les
amonestemens de sa parolle espirituelle.

[49.1] Mais que tuit leurs voisins me blamassent forment de ce
que je ne metoie pas conseil en leur povreté tant come je peusse et
deusse, comme se je peusse faire legierement au mains par nostre
predicacion et par *nostre* sermon, je commençay plus souvent a

retourner a elles pour les secourre en aucune maniere. Ne en ce ne
me failli pas le gondrillement d'envie; mes de ce que pure charité me
destraignoit a faire, **[49.2]** la mauvaistié acoustumee des medisans
n'avoit pas honte de moy accuser, et disoient que je estoie encore
tenus par quelque delit de charnel couvoitise, par quoy je ne me pooie
pas legierement de m'anciene amie de *s'absence* souffrir. Je recitoie
souvent en moy mesmes cele complainte de saint Jeriaume, que il
escript des fains amis, et dist:[48] 'Nule riens ne m'est mis [sus fors que
mes sexes], c'est a dire ma nature, et ce ne me fust ja mis sus fors que
quant Paule *vint* en Jherusalem'; **[49.3]** et de rechief il dist: 'Ainsois
que je eusse cogneue la maison sainte Paule, li estude de toute la cité
me looient. Je estoie re[cog]nus dignes d'estre appostoilles pres que
de touz. Mes je sçay que l'en vient au royaume des cieulx par bonne
renommee et par mauvaise', c'est a dire souffrir.

Et comme je ramenasse a ma pensee *ce* tort de [de]traction
encontre si grant homme, je en prenoye grant confort, et disoie:
[49.4] 'O! se mi envieus trouvassent en moy si grant cause de
soupeçon, par si grant detraction me destraisissent il! Mes puis que la
divine misericorde m'a delivré de ceste soupeçon, puis que j'ay perdu
le poir de ceste laidure *faire*, comment m'en remaint la soupeçon?
Quelz [est] cilz blasmes derreniers, qui n'a point en soy de honte?'
Certes, ceste chose oste si vers toutes gens la soupeçon de ceste
laidure, que tuit cil qui **[50.1]** s'estudioient plus diligenment a garder
fames metoient escoillés avec eulx pour elles garder, si comme la
sainte histoire de Hester le raconte, et des autres pucelles que li roys
Aleureus avoit.[49] Et lisons que *cil* puissans escoillez de la royne
Candace estoit maistres et ordenierres de toutes les richesces; a celuy
convertir et baptizier fut li appostoilles Phelippes envoyés de per
l'angele.[50] **[50.2]** Certes, de tant comme ces hommes estoient plus
loing de ceste soupeçon, de tant avoient il plus acquis de dignité et de
familiarité et de priveté envers les fammes honteuses et honestes. Et
contient le *.vĩ.* livre de l'*Ystoire Ecclesiastres* que come cil tres grans
philosophes entre les Crestiens, Origenez, entendi a la sainte doctrine
des fames, il mesmes des propres mains [s]'escoilla pour oster du tout

---

[48]   Jerome, *Epistolae*, XLV.2 (PL 22, 481 and 184).

[49]   Cf. Esther 2.3.

[50]   Acts 8.26 ff.

ceste soupeçon.[51] **[50.3]** Si cuidoye que la misericorde de Dieu eust esté plus debonnaire en ceste chose a moy que a luy, [pour] ce que l'en croit que cil fist *folement*, et dont il a mout esté blasmez, ce que elle fist a moy par estrange *coulpe*, pour fere moy franc et delivre a euvre semblable, si que je peusse converser avec les femmes pour fere leur proufit sans soupeçon; **[50.4]** et que de tant avoit esté ma paine maindre comme elle avoit esté plus *brieve* et soudayne, car comme je feusse sourpris en dormant, pres que je ne sentoie point de paine quant il getoient leurs mains a moy.

Mes par aventure je fu plus longuement tormentez lors par la detraction, pour ce que je souffri *lors* mains par la playe, et fu plus tormentez de l'apetisement de ma **[51.1]** renommee que de l'amenuisement de mon corps, si comme il est escript:[52] '*Mieudres* est bon nons que maintes richesses'. Et si comme saint Augustins remembre en un sermon **De la vie et des meurs**:[53] 'Qui se *fie* en sa conscience et despit sa renommee, il est crueulx'. Il mesmes dist dessus: '"Nous pourveons les biens", si comme dist li Apostres,[54] "non pas seulement devant Dieu, mes neis devant les hommes". **[51.2]** Pour nous, suffir(e)a nostre conscience; pour *vous*, nostre renommee ne doit pas estre orde, mes resplendissant en nous. Deux choses sont, conscience et renommee; conscience a toy, renommee a ton voisin prochain'.

Mes l'envie de ceulx, que deist elle contre Jhesu Crist mesmes, *ou contre* ses membres, comme prophetes et apostres, ou contre les autres sains peres, se elle fust en leur temps, comme elle les veist, enterins de corps, a compaignons mesmement aus femmes par si privee conversacion? **[51.3]** Dont saint Augustin raconte ou livre **De l'Euvre des moynes** que les femmes s'aherdoient si a Nostre Seigneur Jhesu Crist et a ses apostres, compaignes sans dessevrer, que elles aloient neis avec eulx a leurs sermons:[55]

---

51 Eusebius, *Historia ecclesiastica*, VI.9.

52 Proverbs 22.1.

53 Augustine, *Sermo CCCLV* (PL 39, 819–1098, at col. 1569A).

54 II Corinthians 8.21.

55 Augustine, *De opere monachorum*, IV.5 (PL 40, 547–82, at cols 552–53).

Car pour ce, dist il, aloient avec eulx les loiaux fames riches, et leur amenistroient de leurs biens, que nul d'eulx n'eust souffrance des choses appartenans aus estouvoirs de ceste vie. **[51.4]** Et quicunques ne cuident que li apostre l'aient ainssi fet que fames de sainte conversacion ne allassent avecquez eulx en quelque lieu que ilz preschassent l'Euvangile. [Il ooient l'Euvangile] et cognoissoient comment il fesoient *ce* par l'exemple de Nostre Seigneur mesmes, que il est escript en l'Euvangile :[56] 'Et après il s'en aloi(en)t par les cités et par les chastiaus, en anonçant le regne Dieu; et .xij. avec **[52.1]** luy, et aucunes fames qui estoient tormentees des ors esperiz et des mal adies; ore si est Marie, qui est appellee Magdaleine, et Jehanne, la femme Cuxe, procureur Herode, et Sussanne, et maintes autres, qui amenistroient de leurs biens.'

Et Lihoms neufmes, **Du Sens de l'estude**, dit:[57]

Nous regiehissons en toutes manieres que il ne lest ne a evesque, a prestre, dyacre, ne a soudiacre, lessier sa propre femme par sa cure pour cause de religion, **[52.2]** que il ne li dont largement son vivre et sa vesteure, mais nousne disons pas que il gise avec lui charnelment. Et ainssi lisons nous que li saint apostre le firent, car saint Pol mesmes dist:[58] 'Nous n'avons pas poir de mener avec nous noz sereurs femmes, si comme les freres Nostre Seigneur firent?' *Fols, voy*, car il ne dist pas 'ne aucuns n'ont pas poir de embracier sereurs', *mes* 'de mener femmes o nous', c'est assavoir pour ce que il feussent soustenu par elles de loier de leurs predicacions, mais que toutes voyes mariaiges charneulx ne fust entr'eulx des ores en avant.

[52.3] Certes, cilz Pharisiens mesmes qui dist a [soy mesmes de] Nostre Seigneur:[59] 'Se cil fust prophetes, il sceut de quel maniere est ceste femme qui touche a lui, car elle est pecherresse', moult pooit prandre plus convenable soupeson de pechié, selon le jugement humain, de Nostre Seigneur, que [eulx] de nous. Et cil qui veoient les prophetes herbergier communement avec les femmes veuves, et qui

---

56 Luke 8.1-3.

57 Not in an extant works of Leo IX, but is to be found in a response by a legate of Leo, Cardinal Humbertus, to a pamphlet written by the monk Nicetas from Constantinoplitan monastery of Studios: *Contra Nicetam*, PL 143, 983C–1004C, at cols 997D–998A.

58 I Corinthians 9.5.

59 Luke 7.39.

veoient sa mere baillee en *garde* au jouvencel, moult en pooient avoir plus pourv(e)ables soupeçon.

[52.4] Et que eussent il neis dit, cilz nostre detracteur, nostre medissant, se il veissent celui chetif moynes Marques, dont saint Jeriaumes escript que il vivoit ave[c] sa femme en une mesme maison? A grant blasme le tenissent il; mes quant si nobles mestre les vit, moult les en loa, et dist:[60]

> Illec estoit ung viellart, qui avoit non Malques, et estoit né de ce lieu mesmes. Et aussi [53.1] estoit une vieille a l'ostel a ce viellart. Eulx dui estoient estudieus a religion, et aloient en tel maniere au moustier que tu creusses que ce fust Zacharies et Helisabeth, dont l'Euvangile fait mencion, fors que Jehan n'estoit pas ou milieu.

A la parfin, pour quoy se tiennent il de mesdire des sains peres que, si come nous avons veu et leu maintes foiz, ont establi moustiers de saintes fammes et les ont neis amenistrez, par l'exemple neis de[s] *set* diacres que li apostres *firent* ordeneurs pour eulx *es tables* et a la procuracion des femmes?[61] [53.2] Car tant a mestier li plus floibes *sexes* de l'aide du plus fort, que li Apostre establi le mari maistre a la femme aussi comme chief; et en signe de ce comanda il que la femme eust touzjours le chief couvert.[62]

Dont je me merveil trop forment dont ces coustumes ont esté tenues si longuement es moustiers, car aussi comme li abbé sont mi maistres aus hommes, [53.3] aussi sont les abbeesses aus femmes mises maistresses, [et les femmes se astraignent aussi comme les hommes] par la profession d'une mesmes regle, en quoy toutesvoyes pluseurs choses sont contenues qui ne peuent en nule maniere estre acomplies ne par les abbeesses ne par les cloistrieres. Et en pluseurs lieus, en troublant *l'ordre* naturel, veons nous que les abbesses et les nonnains ont seigneurie s(o)us les clers, qui ont pueple a gouverner, [53.4] et de tant [les] peuent elles plus legierement atraire au mauvais desirrier, comme elles sont dames sus eulx, et comme elles peuent sur eulx hanter cest tres grief fessel et cele servitute que cilz saturiens

---

[60] Jerome, *Vita Malchi*, II (PL 23, 53–60, at col. 56A).

[61] See Acts 6.2–3.

[62] I Corinthians 11.4–5.

regarde, qui dist:[63] 'Il n'est nulle chose plus grief a souffrir que riche femme'.

Quant je remembroie souvent [ce] en moy mesmes, je avoie ordené pourveoir a *ces* seures et prandre **[54.1]** garde de elles, tant come je eusse lesir, et de tant comme elles me avoie[nt] en greigneur reverence, [de tant veilloie plus sur eulx par ma presence], et les secouroie plus a leurs besoings. Et come je fusse ore plus en greigneur torment par la persecucion de mes filz que je n'avoye jadiz esté par cele de mes freres, je avoye ordené que je m'en recourusse a *ces* sereurs de l'ardeur de ceste tempeste, aussi come a ung port de pais et de repos, **[54.2]** et peusse ung pou illec reposer et m'alaine reprandre, et que je, qui *n'acqueroie* nul fruit es moynes, en acqueisse toutesvoyes aucun en elles; et que ce me torneroit plus au salut de m'ame, de tant comme ce seroit plus proufitable et plus neccessaire a leurs enfermetez.

Mes or me empeescha si li deables que je ne me trouve pas ou je me peusse reposer, non neis ou vivre, ains estoie par touz lieus dechassiez, foliables et fuitis, aussi comme Caym li maudis;[64] **[54.3]** car, si comme j'ay dit dessus,[65] batailles me tormentoient sans cesser par dedens et paours par (de) dehors, et si avoye neis batailles et paours ensemble par dedens et par dehors. Et moult m'estoit trop perilleuse et plus espesse et plus se *forcenoit* encontre moy la persecucion de mes filz que de mes anemis, car ceulx ai ge tousjours presens et soustieig chascun jour leurs agais. **[54.4]** Se je m'en is du cloistre, je vois le peril de mon corps par la cruauté de mes anemis, et se je demeure en cloistre, je soustieig sans cesser les machinemens et les conseulx felons et desloialx de mes filz, c'est de mes *moines*, qui me sont baillié(e)s comme a leur abbé, c'est a dire a leur pere. O quantes foiz essaierent il a moy destruire de venim, si comme il fut fait a saint Benoist!* Aussi comme *se* ceste cause mesmes, par quoy il(z) delaisse(nt) **[55.1]** ses filz parvers, me amonesta apertement faire ce mesmes par l'exemple de si grant pere, pour ce que je ne [me] meisse encontre certain peril, ou que je ne feusse trouvez *fols* temptierres de Dieu plus que amierres, mes occierres de moy mesmes. Et come je

---

63   Juvenal, *Satires*, 6.460.

64   Genesis 4.14.

65   II Corinthians 7.5; cf. note 46 above.

me gardasse tant comme je peusse de ces aguais que l'en me faisoit chascun jour, quant l'en me amenistroit a menger ou a boire, **[55.2]** ilz m'esaierent a empoisonner ou sacrefice mesmes de l'autel, et mistrent neis venim en mon galice. Et neis comme un jour je fusse venu a Nantes pour visiter le conte en sa maladie, [et] je me hebergay illec en la maison de mon chier frere charnel, la ou ilz cuiderent que je me traississe mains arriere de cel agait, s'efforcerent il a moy occirre de venim, par le sergent mesmes qui estoit venus en nostre compaignie. **[55.3]** Lors avint par l'ordenance de Dieu [que] si comme je n'eusse cure de la viande que l'en *m'i* avoit apparillee, ung des freres moynes, que je avoye amené avec moy, usa par ignorance de cele viande et chay mort illec. Et li sergens qui avoit osé ce faire, espoentez par le tesmoing de sa conscience et de la chose mesmes, s'en fouy. C'estoient li moyne au deable!

[55.4] Des lors, doncques, puis que leur felonnie fut descouverte a touz, je commençay apertement a eschiver leur agais tant come pooie, et moy a soustraire de leur couvent en m'abbaye, et habiter en petites seules avec pou de compaignie. Et s'il sentissent avant que je deusse trespasser par aucuns lieus, il metoient au devant es voyes et es sentiers larrons corrumpus par deniers pour moy occire. Endementres que je traveilloie en ces perilz, un jour m'avint que je chey par aventure de mon cheval. La main de Nostre Seigneur me **[56.1]** bleça forment; or valu pis,* car elle me froissa le chanolle de mon col. Moult me tormenta et affebloya [plus] ceste froisseure que ne fist la premiere plaie. Et a la parfin les escoumeniai ge pour leur revel, qui ne pooit estre *domptez*, et en contrains aucuns de ceulx que je redoubtoie plus a ce que il promistrent communement par leurs foiz et par leurs sermens que il se departiroient du tout de l'abbaye, et que jamés ne me traveilleroient en nule maniere. **[56.2]** Mes ilz, communement et sans doubter honte, corrumpirent et la foy donnee et les sermens faiz. A la parfin furent ilz contraint a ce mesmes fiancer et jurer par l'auctorité de l'apostoille Innocent, qui pour ce y avoit envoyé un propre legat,* en la presence du conte et des evesques.

Ne aussi encore ne (ne) cessierent il pas. **[56.3]** Mais puis que li frere que je ay [dessus] dit eurent esté geté hors de l'abbaye, je me retournay assez tost au couvent et me mis avec les autres freres que soupeçonnoye mains, mes les trouvay moult pires que chaus, et traiteurs encontre moy non pas de venim mes de glaive; et a paine leur eschapey ge par le conduit d'un baron de la terre. Et en ce peril mesmes *travaille* ge encors et *esgarde* chascun jour aussi come le glaive apparant s(o)us ma teste, si que a paine peu je re[s]pirer a mes viandes, **[56.4]** si come l'en *lit* de celui que, come il tenist a tres grant beneurté la puissance et les richesses du tirant Denise que il avoit acquises, il regarde s(o)us soy un glaive pendu a un fil repostement;[66]lors aprist *quelle* beneureté ensuivist la puissance terrienne! Et certes, [je] *qui de* povre moyne ay esté fait abbé, espreuve ore [ce] sans (sans) *cesser moy* mesmes, car de tant come je fu fait plus [riche], de tant fu ge plus chetis, si que par l'exemple de nous soit refrenee la couvoise de ceulx qui [ce] desirent de leur gré.

[57.1] Or conclut son propoz Abaielart a son compaignon pour qui il a fait ceste epistre et ces complaintes:

Or vous suffise, tres chiers et tres amez freres et tres famulier(e)s compains par divine conversacion, que j'ay escript en ton desconfort et au tort que l'en t'a fait ces choses de l'estoire de mes chetivetez, es quelz je travaille des lors que je issy du berceul chascun jour, pour ce que tu juges a petite ou a nule ta mesaise et (a) ta destresce au regart des moyes, **[57.2]** et que tu la portes en greigneur pascience de tant comme la voyes maindre, et *praignes* tousjours en confort ce que Nostre Sire dist a ses membres des membres au deable:[67]'Se il [me] poursuivent, il *vous* poursuivront; se li mondes [vous] het, sachiez il m'a hay avant. Se vous eussiez esté du monde, li mondes amast ce qui sien estoit'. Et dist li Apostres:[68]'Cil qui veulent bien vivre a Jhesu Crist souffreront persecucion'. Et ailleurs dit:[69]'Je ne quier pas plaire aus hommes. **[57.3]** Se je pleuse encore aus hommes, je ne feusse pas sergent de Jhesu Crist'. Et David dist:[70]'Confonduz *sont* cil qui plaissent aus hommes, pour ce que Dieu les a en despit'. Ces choses entendoit diligenment saint Jeriaume, de qui je regart que je suy sers et hoirs de blasme de detraction, et escript a Nepoien, et dit:[71]"'Se je pleusse

---

[66] For the story of Damocles, see Cicero, *Tusculanae disputationes*, V.20–21.

[67] John 15.20, 18–19.

[68] II Timothy 3.12.

[69] Galatians 1.10.

[70] cf. Psalms 51.8 (Vulg.), 52.6 (Eng. Bible).

[71] Jerome, *Epistolae*, LII.13 (PL 22, 537).

encore aus hommes", ce dist li Apostre, "je ne feusse pas sergent Jhesu Crist". Je laisse a plaire aus hommes, et suy fait sergent de Jhesu Crist'. Il [dist] a Aselle des amis fains:[72]'Je rens graces a mon *Dieu* [que] je soie dignes que li mondes m'ait hay'. **[57.4]** Et il mesmes dit a moyne Helyodore:[73] 'Tu erres se tu cuides jamés que Crestiens ne seuffrent persecucion. "Nostre adversaire avironne comme lyons braians, querant que il puisse *devourer*", et tu cuides pais? "Il se siet es agais avec les riches, es leuz respos, etc."'

Nous, donquez, enhardiz par ces enseignemens et par ces exemples, devons souffrir plus seurement ces choses, de tant come elles nous *aviainent* au plus grant tort. Car se elles ne nous **[58.1]** valent a merite, au mains ne doutons nous pas que elles ne nous proufitent en aucun espurgement. Et pour ce que toutes choses sont faites par l'ordenance de Dieu, en ce au mains se doit conforter chascun loial homme, car la souveraine bonté de Dieu ne lesse nule chose estre faite desordeneement; et *que* toutes les choses qui sont faites mauvaisement, il les determine a tres bonne fin. **[58.2]** Dont l'en dit a droit de toutes choses:[74]'*Fiat voluntas tua*', c'est a dire, 'Ta volenté soit faite'. A la parfin, combien grant confort est il a ceulx qui Dieu ayment, de l'auctorité de l'Apostre, *quant* il dist:[75] 'Nous savons que ceulx qui Dieu ayment, toutes choses leur oeuvrent en bien'. Et ce *entendoit* diligenment li tres saige des saiges, quant il disoit en Proverbes:[76] 'Nule chose qui avieigne a home droiturier ne le courroucera ja'. **[58.3]** Dont il demonstre appertement que cilz se deportent de justice qui, pour quelcunquez grief, avieigne [que] se courroucent. Il scevent *que* leur sont faites les choses par la pourveance de Dieu, et se metent plus dess[o]us leur propre volenté [que dessous la volenté] de Dieu, et sont contraire par desirriers repos a leur paroles quant ilz dient: '*Fiat voluntas tua*', c'est a dire, 'Dieu, ta volenté soit faite', et mettent leur propre volenté devant la volenté de Dieu.

---

[72] Jerome, *Epistolae*, XLV.6 (PL 22, 482).

[73] Jerome, *Epistolae*, XIV.4 (PL 22, 349). The quoted Biblical texts are from I Peter 5.8 and Psalms 10.8, the latter modified by Jerome.

[74] Matthew 6.10 (the Lord's Prayer).

[75] Romans 8.28.

[76] Proverbs 12.21.

II

HELOISE TO ABELARD

[58.4] Or parolle la bonne Heloys, qui a entendues les co[m]plaintes Abaielars, et dit:

A son seigneur, mes a son pere; a son mari, mes a son frere; sa chamberiere, mes sa fille; sa femme, mes sa sereur.

Tres chiers amis, voz homs* m'a nouvellement **[59.1]** monstré vostre espitre que vous envoyastes a vostre ami pour confort. Et quant je regarday tantost des le front du tiltre que elle estoit vostre, de tant la commençai ge a lire plus ardanment comme je embraçay plus chierement l'escripvain, pour ce que de celui dont je [ay] perdu le corps, que je soie reconfortee et aye recreacion au(s) mains par ses parolles, aussi comme par ung ymaige de lui mesmes.

[59.2] La, mien seus, toutes les parolles de cele espitre, bien m'i remembre, estoient plaines de venim et d'aluine que recorde[nt] la chetive et pitable estoire de nostre conversion et [de] tes continuelz tormens. Certainement tu as acompli en cele espitre ce que tu promeis a ton ami au commancement, c'est a dire que il tenist a petites ou a nulles ses tristesces au regart des tien[e]s. La espousas tu premierement les persecucions de tes mestres encontre toy, et puis le tort de la tres grant traïson faite en ton corps. **[59.3]** Aprés tu tournas ton greffe sus l'escomeniable envie et les tres hayneus enchaucemens de Aubery de Raims et de Lotufle le Lombart, qui desciple furent avec toy. Et n'y lessa[s] pas a dire ce qui a esté fait par leurs amonestemens de ceste glorieuse euvre de ta theologie et de toy mesmes, qui estoiez dampnez aussi comme a estre mis en chartre. **[59.4]** Aprés tu t'en venis par la machinacion et par les agais de ton abbé et de ses faus freres, et par ces detractions, qui trop te greverent, de ces deux faus apostres, qui furent esmeu(e)z contre toy par ces devant diz anemis.

Et puis touchas l'eschande dont pluseurs se esmurent, c'est du nom de Paracliz que tu meis en ton oratoire, qui n'avoit oncquez esté acoustumez. **[60.1]** A la parfin tu t'en alas par les tres griez et non souffrables persecucions et continues encore encontre toy de celui sorquerant* tyrant et de ses mauvais moynes, que tu appelles filz. Et la terminas tu ta piteable estoire.

Ices choses, que je ne cru pas que nulz homs puist ore lire ou oyr sans plorer, me renovelerent de tant plus mes dolours come eles espandirent et descouvrirent chascunes choses plus diligenment. **[60.2]** Et de tant les accrurent il plus quant tu racontas que li peril croissoient encore encontre toy, si que nous sommes contraintes toutes ensemble a desperer de ta vie, et que nostre cuer tremblassent, tressaillans en nostre pis, attendans les derrenieres nouvelles de ta mort.

Or te prions nous donquez, par icelleui Jhesu Crist qui te garde encore a soy mesmes en quelcunquez estat, **[60.3]** que tu daignez fere certaines ses chamberieres et le[s] tienes souvent par tes lettres des perilz ou tu flotes encore, si que au mains nous qui seules sommes, tu nous ayez parsonier[e]s de dolours ou de joyes. Car cil qui ont pitié du dolent et duel li seulent confort aporter; et chascun fes, quant il est mis sus pluseurs, si est plus legierement soustenus ou portez. **[60.4]** Et se ceste tempeste cessoit aucun pou, de ce te devroies tu plus haster d'escripre, et comme tes lettres venroient plus joieuses. Mes certes, de quelcunquez choses tu nous escripvez, tu ne nous donras pas petit confort; car au mains en ceste seule chose nous conforteras tu, car tu nous monsteras que tu ne nous a[s] pas oublies. Et certes, bien nous enseigne Seneques mesmes par son propre exemple en un lieu ou il **[61.1]** escript a Lucile, son amy, combien sont joieus[es] les lettres des amis lointains, et dist:[1]

> Je te rens graces de ce que tu me escrips souvent, car au moins te monstres tu a moy en telle maniere come tu pues **(Nota le confort qui vient a Abaielart des lettres a s'amie, etc. etc.).*** Je ne reçoy nules foiz ton espitre que nous ne soions tantost ensemble. Et se les ymaiges de nos amis lointains *nous sont* joyeuses, **[61.2]** qui nous renovellent la remembrance et alegent le desirrier de la loigtaignerie

---

[1] Seneca, *Epistle* XL.

par faus et par vains confors, combien sont les lettres plus joieuses qui *nous* aportent les notes de parolles vrayes de l'amy loigtain?

Or ren ge graces a Dieu de ce que tu n'es deffendus par nulle envie, ne empeschez par nule grevance, de nous monstrer ta presence au moins en ceste maniere; si te pri que tu ne soiez retardez par nulle negligence.

[61.3] Tu as escript a ton ami confort de longue espitre, et pour (ce) ses adversitez, mes toutesvoyes de[s] teues; mes en remembrant les teues, comme tu entendisses a son confort, tu adjoustas moult a nostre desconfort. Et comme tu couvoitasses adonner medicines a ses plaies, tu embatis en nous unes nouvelles plaies de doulour, et creus celes que nous avions avant. [61.4] Guaris, je te pri, celes que tu as faites, tu qui t'efforces de garir celes que les autres firent. Certes, tu as aporté a ton ami et a ton compaignon maniere et coustume de debte, et lui as rendue la debte d'amistié et de compaignie; mes tu t'es a nous estrains par plus grant debte, si que il convient que tu nous appeles non pas tant amies comme tres amees, non pas tant compaignes comme [62.1] filles, ou par plus dous mot qu'est li nons d'amie, se plus dous et plus sains puet estre pourpenssez.

Mes certes, il n'est pas ore mestier que il soit prouvez comme chose doubteuse(s), par argumens ne par [tesmoings, par com] grant debte tu t'es obligé a elles, car se tuit s'en taisoient, la chose mesme le crie. Quel merveille,* tu seus es aprés Dieu fondierres de ce lieu, tu seuls es fondierres de cest oratoire, tu seuls es fondierres* de ceste assemblee! [62.2] Tu ne massonnas cy riens sur estrange fondement; tout quanquez il a icy est de ta creacion. Cil desert estoit seulement hantés de bestes sauvaiges et de larrons. Il n'i avoit onquez eu nules habitacion d'ommes; il n'i avoit onquez eu maison nule. Tu dreças ce tabernacle divin et dedias propre temple du Saint Esperit es couches des bestes sauvaiges et es repostailles des larrons, la ou Dieu ne seut pas estre nommez. [62.3] Tu n'aportas cy riens des richesces des roys ne des princes, ja soit ce que tu en peusses avoir pluseurs choses et tres grans, pour ce que quantquez cy a esté fait peust estre escript a toy seul. Li clerc ou li escollier venans cy par estrif a ta doctrine t'amenistroient toutes les neccessitez; et cil qui vivoient des benefices ecclesiastes, n'oncquez n'avoient aprins a faire offrandes mes a recevoir, et qui avoient isnelles mains prestes a prandre et non pas a donner, estoient ci(l) fet fol large et engrés a offrande faire.

[62.4] Teue est, donquez, vraiement teue proprement en saint propos ceste novelle plantacion, dont il est mestier aus plantes mesmes encore tendres que elles soient souvent arosees. Assez est ceste plantacion flebe et enferme, de mesmes la nature de sexe femenin, ja soit ce neis que elle ne fust pas nouvelle; dont elle requiert estre coutivee plus diligenment et plus souvent, selonc ce que li Apostres dist:[2] 'Je plantay, Appolo arosa, mez ici Dieu donna accroissement.' **[63.1]** Ly Apostre avoit fondé et planté en foy par la doctrine de sa predicacion les Corinthiens a qui il escripvoit; aprés Appollo, qui fut disciple de l'Apostre mesmes, les avoit arousés par les sains amonestemens; et ainsi la divine grace leur donna accroisemens de vertuz. Tu coutives souvent et par vains amonestemens et par sains sermons en vain l'estrange vigne que tu ne plantas pas, qui t'a esté tornee en amertume. **[63.2]** Regarde que tu dois a la tiue, qui mes ainssi cure a l'estrange. Tu enseignes et amonestes les rebelles, et n'i profite riens.* Tu espans pour neant les marguerites et les precieusetez de la divine Escripture devant les porcieus.[3] Tu qui si grans choses donnes aus endurcis que tu ne pues flechir, regarde que tu dois aus obeissans. **[63.3]** Tu qui de si grans choses es larges a ces envieus, pense que tu dois a tes filles. Et ja soit ce que je laisse ceste contrainte,* contrepoise par com grant debte tu t'ies obligé envers moy, pour ce que [ce que] tu dois a ceste compaignie, a[s] devotes femmes,* que tu le rendes plus devotement a la teue ancele.*

[63.4] Certes, quant traitiez et combien grans li saint pere (l)ont fait en la doctrine et en l'amonestement et ou confort des saintes femmes, et par combien grant diligence il les o[n]t ordené(e)s, ta noblesce l'a mielx cogneu que ma petitesce n'a; par quoy es enfermetez* des commencemens de nostre conversacion, nous nous emerveillons trop forment dont nous as ainsi si longuement oubliees, que tu, ne pour la reverence de Dieu, ne pour l'amor de nous, ne par les exemples des sains peres, ne **[64.1]** [soiez] amonnestez a ce que tu aiez essaié a conforter ou presentement par ta parolle, ou de loing par ta lettre, moi flotans em perieus et ja degastee par (leurs) pleurs. Car saichez que a moy yez de tant obligez par plus grant debte, comme il

---

2   I Corinthians 3.6.
3   Matthew 7.6.

est certaine chose que tu es plus estrains a moy par l'aleance du sacrement du mariaige; et de tant yes tu plus redevables a moy comme je t'aye tousjours embracié par desatrempee amour, si comme il appert a touz.

[64.2] Bien l'as cogneu, tres chier ami, et bien l'ont neis tuit cogneu, combien (com) grans choses je ay perdues en toy, et comme par chetif et par piteable cas la souveraine traïson, qui par tout est [cogneue], toli a moy mesmes avec toy, pour ce que ce soit sans comparaison plus grant douleur de la maniere du domaige que de la perte. Mes de tant comme la cause de doulor est plus grant, de tant doivent estre adjoustez plus grans remedes de confort, [64.3] non pas toutesvoyes d'autres, mes de toy mesmes, pour ce que tu, qui es seuls en la cause de douleur, soies seus en la grace du confort. Certes, tu seus es, tu, qui me pues touchier, qui me pues eleescier ou conforter. Et tu seuls es qui mout a trop me dois ce faire, et voirement trop, comme je aye en tant acompli toutes les choses que tu m'as commandees; que come je ne te peusse touchier en nule chose, je endurasse bien a destruire moy mesmes a ton commandement. [64.4] Et qui plus est, encore grant chose e[t] plus merveilleuse a dire, m'amour est tornee en si grant desverie que elle occist en soi mesmes, sans esperance de recouvrer, cele seule chose que elle desiroit, quant je muay tantost a ton commandement et mon abit et mon couraige, pour ce que je monstrasse que tu seuls estoies sires et de mon corps et de mon couraige.

[65.1] Ci parle et descent a son propos la saige Heloys, et monstre a Abaielart que c'estoit vraye amour et loiaulx dont elle l'amoit, et dist:

Donquez encore, Dieu le scet, ne desiray fors que toy et couvoitay premierement toy, non mie tes choses, ne n'i attendi onquez ne alience, ne mariaige, ne nul doaire, et m'estudioie finablement a acomplir non mie mes deliz, mes les tiens, si comme tu mesmes l'as cogneu. [65.2] Et se li noms d'estre appellee ta femme me semblast plus sains et mielx vaillans, li noms d'amie me fust tousjours plus dous, ou se tu n'en as desdaing, le nom de meschine ou de ta soingnante, pour ce que de tant je me humiliasse plus pour toy que je acqueisse plus grant grace envers toy, et ainsint neis bleçasse mains la

gloire de ta hautesce. Et ceste chose tu mesmes par ta grace ne la meis
pas du tout en oubly, en cel[e] espitre que je ay remembree cy devant
que tu envoyas a ton ami pour confort. [65.3] Illec n'es tu pas
desdaingneus d'espondre aucunes des resons par quoy je me
efforçoye a toy retraire de nostre mariaige et de noz maleureuses
noces. Mes ja soit ce que je en taise pluseurs par quoy je priseroie
mielx amour que mariaige et franchise que len, je appele Dieu a
tesmoing que se li emperierres Augustes, sire de tout le monde, me
daignast prandre par honnour de mariaige et le confermast tout le
monde a tenir pardurablement, [65.4] si me sembleroit il plus chiere
chose et plus digne d'estre appellee ta putain que seue empereris. Car
de tant comme chascun est plus riche et plus puissant, pour [c]e n'est
il pas mieudres, que l'une chose vient de vertuz et l'autre de fortune.
Et ne cuide ja la femme que elle ne soit vendable et preste de soy
vendre, qui plus volentiers se marie au plus riche que au plus povre,
et qui plus covoite ou mari les choses du mari que le mari mesmes.

[66.1] Certes, toute(s) famme(s) qui par cele couvoitise est menee
a mariaige, loiers lui est plus deu que grace, car c'est certaine chose
que elle suit les choses et non pas l'omme. Et se elle pooit, encore se
vendroit elle comme bordeliere et bailler[oit] pour plus et a plus riche,
si comme il est apertement prouvé par l'argument que Aspasse la
philosophe fist contre Jenophon et sa femme en l'ostel* (l)Eschines,
qui desciple fu Socrates. [66.2] Et comme(nt) la devant dite
philosophe eust proposé tel argument et telle inducion pour eulx
reconsillier et raccorder, elle les conclut par telle fin:[4]

> Par quoy, dist elle, se vous ne faites tant qu'il n'est en terre nul
> meilleur home, ne nulle plus vaillant femme, ne plus elisable,
> certainement vous requer[r]ez touzjours par trop grant talent ce que
> vous cuiderez qui soit tres bon, si que tu voudroyes estre mari a la
> meilleur fame, et ceste mariee au meilleur mari.

Certes, sainte fust ceste sentence et plus que philosophe(s), et doit
mielx estre dite de saiges que de philosophes; [66.3] sainte feust ceste
erreur et beneuree falace encontre les marie[z], pour ce que amour
parfaite gart les aliances de mariaige sans corrumpre, non pas tant par
abstinence de corps, come par chasté de couraige.

---

4   Cicero, *De inventione*, I.31.

Mes ce que erreur avoit donné aus autres, verité aperte l'avoit donné a moy, come je et touz li mondes ne creussions pas tant come nous savions de toy ce [que] les autres femmes cuideroient de leurs maris, pour que m'amour fust en toy de tant plus voire (je) come elle estoit plus loing de erreur et de falasce. **[66.4]** Car li quelz des roys ou des philosophes pooient aconsuivre ta renommee? Quelle re(li)gion, quelle cité, quelle ville ne te desireroit?* Li que[lz], quant tu venoies au commun, ne se hastast de toy regarder et ne t'ensuivoit a col estendu et aus yex esdreciez quant tu destend(r)oies? Qui estoit la mariee, qui estoit la pucelle, qui ne te couvoitoit la ou tu n'estoies pas, et qui n'ardoit pour toy ou tu estoies presens? Quelle royne ou quelle dame puissant n'avoit envie de mes joies ou de mes chambres? **[67.1]** Deulx choses, bien le recognois, estoient especialment en toy par quoy tu pooie(e)s tantost atraire le couraige de toutes femmes, c'est assavoir grace de dicter et de chanter. Ces .ij. choses n'avons nous pas trouvees que cil autre philosophe aient aconceues, par quoy tu, en recreant si come par un geu et en reconfortant le travail de l'estude de philosophie, lessas pluseurs chançons et ditez amoureux fais par vers ou par rimes,* **[67.2]** qui, par la grant douceur et du dit et du chant souvent hanté, faisoient sans cesser toutes manierez de gens parler de toy, si que neis a ceulx qui n'estoient pas lettrez la douceur de la melodie ne te lessoit oblier; et de ce soupiroient mesmement femmes en l'amour de toy. Et comme la tres grant partie de ces ditiers chan(s)tast noz amours, elle me donna en brief temps par maintes regions et embrasa l'envie de maintes femmes encontre moy. **[67.3]** Car que[lz] biens de couraige ou de corps ne aournast (de) ta joennesce? Quelle femme est ce, qui lors de moy eust envie, qui ne soit contrainte par ma chetiveté a avoir pitié de moy, quant elle me voit veuve et estrange de si grans delicez? Quelz homs, ne quelle femme, neis avant anemis, ne doie estre amoliez par pitié envers moy, qui fu trop nuissans a pluseurs, et suis tres innocent, si come tu as sceu? **[67.4]** Car li fes de la chose ne doit pas estre blasmez, ne drois ne contrepoise par les choses qui sont faites, mes en quelle entencion elles sont faites.

Mes certes, quel couraige j'ay touzjours [eu] envers toy, tu qui seul l'as esprouvé en pues juger. Je baille tout a ton espreuvement; je me met par toutes choses en ton tesmoing. Di, se tu pues, une chose: pour quoy, emprés **[68.1]** nostre conversion, que tu seuls ordenas [et] devisas a faire, te sui ge venu[e] en si grant oubliance que je n'ay point de recreacion par ta parolle de pres, ne ne suis confortee de loing par ta lettre? Di, donquez, di, se tu pues, ou je en diray ce que je [p]ensse, mes ce que tuit en soupeçonnent, couvoitise t'acompaigna elle mielx a moy que amistié, et l'ardeur de luxure mielx que amour; [68.2] puis donquez que ce que tu desiroies cessa, quanquez tu me faisoies pour ce s'esvanoui avec.

Tres chier ami, ceste oppinion et ceste apparcevance n'est pas tant a moy comme a touz, ne tant especial come commune, ne tant privee come publique. Et voudroye que ce cuidasse ge seule, et que ton amour trovast aucuns qui l'en escussassent, par quoy ma dolour se raseist aucun pou; [68.3] et voudroye que je peusse faindre aucune achoison par quoy je, en toy escusant, cogneusse* ma vilté en quelque maniere. Entens, je t'en pri, quelz choses je te requier, et tu verras que ce sont petites choses et tres legieres a toy. Puis que tu m'as lessie et despoillé de ta presence, au moins par lettres signifians parolles, dont tu as habundance, me represente la douceur de t'ymaige. [68.4] Pour neant aten que tu me soies larges en choses ou en fais, se je te treuve avers en parolles. Certes, or cuidoi ge bien que je eusse moult deservi en parolles envers toy, comme j'ay toutes choses acomplies pour toy; et sui encore perseverant, mesmement en tout service, qui en ma joennesce fu traye par l'apreesté de conversion de moniaige, non mie par devoccion de [69.1] religion, mes par ton commandement tant seulement. Et la, se je ne desers [rien] fors envers toy, juge tu mesmes comme je traveille en vain. Nul loier je ne doy attendre a avoir de Dieu, car certaine chose est que je n'ay encore rien fet pour l'amour de lui. Tu te hastoies d'aler a Dieu; je te sui[vi]s, et alay neis avant par habit. [69.2] Comme remembrable de la feme Loth, qui se retorna,[5] tu me baillas a Dieu, et en saintes robes et par profession de moniaige, avant que toy mesmes; en la quelle chose une, bien le recognois, desveement me dolui en moy de ce que tu ne te fioies pas en moy, et en rougi de honte. [69.3] Car Dieu le scet que se tu te hastasses de saillir en un feu,* je ne doubtasse pas a aler avant ou a toy suivre a ton commandement; car mes couraiges n'estoit pas avec moy, mes avec toy. Mes neis mesmement ore, s'il n'est avec toy, il n'est en nul lieu,

[5]   Genesis 19.26.

car sans toy ne puet pas estre. Mais faisons, je t'en pri, que il soit bien avec toy; [69.4] et bien sera avec toy se il te treuve debonnaire, se tu lui rens grace pour grace, petites choses pour grans, parolles pour choses.

Je voudroye, chier ami, que l'amour de toy se fiast moins de moy, pour ce que elle en fust plus curieuse. Mais de tant come je t'en ay rendu plus seürs, je t'en treuve plus negligent. Remembre toy, je te pri, de ce que je t'ay fait et entens com grant chose tu me doies. Quant je usoie avec toy de charnel [70.1] delit, plusseurs ne savoient, savoir mon, se je le fesoie par amours ou par delit de desir. Mes certes, la fin monstre bien ore par quelle entencion je le commençay, car je ay dellessé finablement touz deliz pour obeir a ta volenté. Je n'ay riens a moy retenu, fors que estre faite ainsint te(n)ue* meïsmement ore. [70.2] Mes aperçoy quelle est ta felonnie et quel tort tu as, se a celle qui plus a deservi* tu lui rens moins, mes neis neant du tout, mesmenent comme la chose soit petite de quoy tu es requis, e(s)t trop legiere a toy.

Or te prie, par icellui Dieu a qui tu t'ies donc offert, que tu me rendes ta presence si come tu pues, c'est assavoir a moy rescripvant aucun confort, au mains que par tel couvenant que je entende plus lieement au service divin par ceste recreacion. [70.3] Quant tu me requeroies jadiz pour les lais deliz, tu me visetoies souvent et apenseement par pluseurs espitres. Tu metoies tousjours ta Helouys en la bouche de touz, par desirriers ou par tes ditiers ou par tes chançons, par toutes places, et chascunes mesons resonnoient de mon nom. Mes de combien plus droitement me esmeusses tu ore en Dieu, que lors en luxure! Regarde, je t'en prie, quelz choses tu me dois, et entens quelz choses je te requier. [70.4] Et je conclu ma longue espitre par brief fin: a Dieu te commans, li mien seus.

III

ABELARD TO HELOISE

Or respont Abaelart, et dist:

Heloys, sa tres amee sereur en Jhesu Crist; Pierre Abayelart, ses freres en icelui mesmes.

Et que puis nostre conversion du siecle a Dieu je ne t'ay riens escript de confort ou **[71.1]** d'amonestement, ne doit pas estre mis sus a ma negligence, mes a ta saigesce, de qui je me fie moult tousjours. Quar je ne cuidoie pas que celle en eust mestier a qui la grace de Dieu a donnee habundanment toutes choses qui sont neccessaires et convenables a ce que tu puisses, au[t]ant par parolles et par exemples, enseigner les foloians, conforter ceulx qui ont floibes cuers, et amonester les lasses. **[71.2]** Et ainsi tu as acoustumé a faire long a ja quant tu *sous* t'abeesse tenoies ja ta prieurté. Et se tu ce pourvoies ore par si grant diligence a tes filles, comme tu faisoies lors a tes sereurs, nous qu[id]erions que ce fust assez, si que nous cuiderions [que] nostre doctrine et nostre amonestement y fussent ore a oultraige. Et s'il est autrement avis a l'umilité de toy, et que tu aies neis es choses mestier qui apartiennent a Dieu de nostre mestrie et de noz escrips, **[71.3]** escri moy sur ce quelz choses que tu vieulx, pour ce que je te rescripve a ces choses si comme Nostre Sire le m'otriera.

Mes je rens graces a Dieu, qui a espiré et mis a *voz* cuers la curiosité de mes tres griez perilz, dont il vous a faites parsonnieres de mon torment, pour ce que la divine pitié me deffende par l'aide de voz oroisons et *accravante* li deable isnelment *sous* voz piez.* **[71.4]** Mes a ce, ma chiere sereur, jadiz ou siecle, et ore tres chiere en Jhesu Crist, me sui ge hastez de toy envoyer especialment le sautier que tu m'as curieusement requis; en quoy je te prie que tu sacrefies a Dieu plenteureus sacrefices de oroisons pour nos grans oultraiges que nous

avons fais par maintes fois, et pour cel enchaucement de mes perilz
qui chascun jour me queurent sus.

[72.1] Certes, combien grant lieu tiennent envers Dieu les
oroisons de bonnes gens, et mesmement de femmes pour ceulx que
elles on chiers, et des maries pour leurs maris, moult en treuve on de
tesmoings et de exemples. Et ce entent diligenment li Apostres, qui
nous amoneste continuelment orer. Nous lisons que Nostre Sires dist
a Moyses:[1] 'Lesse moy, si que ma forcenerie se courrouce'; et a
Jeriaume dist il:[2] 'Ne veuilles par prier pour ce pueple, et ne va pas
encontre moy'. [72.2] Dont par ses parolles Nostre Sire mesmes
recognoist apertement que les oroisons des sains mettent aussi
comme ung frain a l'ire de lui, par quoy elle soit refrenee encontre les
pecheurs, tant come leurs debtes le requierent, et que la priere d'eulx
flechisse lui, qui justice mainne a venjance aussi comme de son gré, et
le retieigne aussi comme maugré lui et aussi comme par maniere de
force. Certes, aussi est il dit au priant, ou a celui [qui] a a prier, et dit:
'Lesse moy'. [72.3] Nostre Sire commande que l'en ne prie pas pour
les felons, et li predomme prient la ou Nostre Sire leur deffent et
empestrent de lui ce que ilz requierent, et muent la sentence du Juge
courroucié. Et certes, ainsi est il aprés escript de Moïses:[3] 'Et est fais
Nostre Sires apaisiez du mal que il dist que il feroit a son pueple'.
Ailleurs est il escript de toutes les euvres Dieu:[4] 'Il dist, et faites sont'.
Mes en ce lieu est il bien remembree chose que du torment que li
pueples avoit deservi, il, point par la vertuz d'oroison, n'acomplit pas
ce que il avoit dit.

[72.4] Or entens donquez quelle est la vertuz d'oroison, c'est que
se nous prions ce que l'en nous commande, quant il prophetes
[empetra] en *priant* ce que Nostre Sire *lui* deffendi et le destourna de
ce que il lui avoit dit. Et a Nostre Seigneur mesmes dist ungs autres
prophetes:[5] 'Quant tu seras courrouciez, il te remembrera de
misericorde'. Or oient et entendent *ce li* prince terrien, que par
achoison de la [73.1] justice que il *ont* proposee et banie sont plus

1   Exodus 32.10.

2   Jeremiah 7.16.

3   Exodus 32.14.

4   Psalms 32.9 (Vulg.), 33.9 (Eng. Bible).

5   Habakkuk 3.2.

trouvez felons et endurciz* que droiturier, et ont honte(s) de resembler lasches et molx se ilz sont faiz piteus, et de resembler mençongiers se il m[u]ent lor ban, ou s'il ne acomplissent pas ce que ilz ont folement establi, et se il amendent parolles par choses. **[73.2]** Certes, je di par droit que l'en les devroit comparer a Jepte, que ce que il avoit folement voué plus folement acompli, quant il occist sa seule fille.[6] Mes qui veut estre fait membres de celui dont li prophetes dist:[7] 'Sire Dieux, je te chanterai misericorde' – '[misericorde]', si comme il est escript,[8] 'essauce le jugement' – entent ce que l'Escripture menasse aillours:[9] 'Jugement sans misericorde vendra contre celui qui ne fait pas misericorde'. **[73.3]** Ceste chose regarda li psalmiste diligenment, quant a la priere de la femme *Nebal*, le serement que il avoit fait de destruire son mari et sa meson, *cassa* par misericorde.[10] Il mist doncquez oroisons devant justice, et ce que li maris avoit forfait, la supplicacion de la femme l'effaça.

Et en ce, certes, *ma* seur, est exemples proposez a toy et *surté* donnee que *se le* oroison de ceste acquist tant envers homme, que tu soies enseigne[e] combien la teue doit estre hardie pour moy envers Dieu. **[73.4]** Quar Dieu, qui Nostre Pere est, aimme plus ses filles* que David n'amoit la femme suppliant. Et cil David, certes, estoit debonnaire et piteus, mes Dieux est mesmes pitié et misericorde; et celle qui prioit estoit femme seculiere et laie, et n'estoit pas couplee a Nostre Seigneur par la profeccion de sainte devocion. Et se tu ne suffis pas assez par toy a *empetrer*, li sains couvens de vierges et des veuves, qui est avec toy, empetrera ce que tu ne pourras mie empetrer. **[74.1]** Car, comme Verité die* a ses disciples:[11] 'La ou deux ou trois seront assemblé(e)s en mon nom, illec sui ge ou milieu d'eulx'. Et de rechief:[12] 'Se dui de vous sont accordez a la chose que il requierent, leur sera faite de par mon Pere'. Qui est cil qui ne voie combien vaut

[6]   Cf. Judges 11.30-40.

[7]   Psalms 100.1 (Vulg.), 101.1 (Eng. Bible).

[8]   James 2.13.

[9]   Ibid.

[10]   Cf. I Samuel 25.2–35.

[11]   Matthew 18.20.

[12]   Matthew 18.19.

envers Dieu la continuee oroison de sainte compaignie? Si, comme dist li Apostres,[13] 'Moult vaut la continuee oroison de predomme', quelle esperance doit on avoir en multitude de sainte conversacion? **[74.2]** Tu cogneus, tres chiere seur, de l'ommelie saint Gregoire .viij.,* com grant aide l'oroison des freres aporta hastivement au frere maugré lui en contredisant, que, come il fust ja menez a la fin, en com grant engoisse de peril la tres chetive ame de lui travailloit et par com grant deseperance et ennuy de vie il rapelloit les freres d'oroison, n'est pas trop a ta saigesce ce qui en est illec diligenment escript.[14]

[74.3] Et voudroie que ce esmeust a oroison par plus grant fiance et toy et le couvent de tes saintes sereurs, si que elle me gart vif a vous, que si com tesmoingne saint Pol:[15] 'Les femmes (les) recouvrerent neis leurs *mors* de resurreccion'. Car se tu cerches les livres du Viez Testament et du Nouvel, tu y troveras *tres* grans miracles fais et mesmement a seules femmes, c'est assavoir faiz d'elles ou pour elles. **[74.4]** Car li Vieulx Testament raconte que deux mors furent resuscitez aus prieres de leurs meres, c'est assavoir par Helye et par Helysee son disciple;[16] et l'Euvangile *contient* le(ur) resuscitement de trois mors seulement que Nostre Sire fist aus femmes, confermant moult la parolle que nous deismes cy dessus, c'est que 'les femmes recovrerent **[75.1]** leurs mors de resurreccion'. Car Nostre Sires, a la porte de la cité Naym, tendi a la veuve feme son filz resuscitez, esmeuz par pitié de la mere.[17] Et le ladre, son ami, resuscita il par la priere de ses seurs, c'est assavoir de Marie et de Marthe.[18] Et quant Nostre Sires fist ceste mesmes grace a la fille au prince de la synagogue, par la requeste de son pere,[19] 'recovrerent les femmes leurs mors de la resurreccion', **[75.2]** *quant* ceste, c'est assavoir la resuscitee, *resust* son propre corps de mort, si comme celle[s] receurent. Ces resurrecions ont esté faites si come de pou de deprians; mes la

---

13 James 5.16.

14 Cf. Gregory the Great, *Homiliae in Evangelia*, II.38.16 (PL 76, 1075–1312, at col. 1292).

15 Hebrews 11.35.

16 Cf. I Kings 17.17-24 and II Kings 4.18-37.

17 Cf. Luke 7.11-15.

18 Cf. John 11.1-45.

19 Cf. Mark 5.22-42.

moutipliee oroison empetrera legierement la grace de ma vie, car de tant comme abstinence et vostre continence sacree a Dieu lui est plus aggreable, de tant le trouvera elle plus debonnere. Et par aventure pluseurs de ceulx qui furent resuscitez ne furent pas en fo(u)y, si comme fut la veuve devant dite, a qui Nostre Sires suscita son filz sans priere; [75.3] au mains ne treuve l'en pas en escript que elle fust en foy. Mais ce ne *nous* lie pas ensemble seulement ent[e]rinité de foy, aïnçoys nous acompaigne profession d'une meïsme religion.

Mes ja soit ce ore que je lesse *le* saint couvent de *vostre* compaignie, en la devocion de pluseurs vierges et de pluseurs veuves servent a Nostre Seigneur, je vieing a toy seule, de qui je ne dout pas que la saintee ne vaille moult envers Dieu, [75.4] et que tu ne doies mesmement a moy ce que tu pues, et mesmement ore qui travaille(s) en peril de si grant adversité. Remembre toy, doncquez, touzjours en tes oroisons de celui qui est especialment tiens; et de tant vuillez par plus grant fiance en oroison comme tu cognois que tu es plus tenue par droit, et par ce plera plus et sera plus aggreable ton oroison [76.1] iceluy que tu dois prier. O𝔷, je t'en prie, par l'oreille de ton cuer, ce que tu as oy souvent par l'oreille du corps. Il est escript en Proverbes:[20] 'Fame diligent est coronne(e) a son mari'. Et de rechief:[21] 'Qui treuve bonne femme, il treuve bien, et espuisera joieuse vie de Nostre Seigneur'. Et de rechief:[22] 'Maisons et richesces sont donnees de par les parens, mes de par Nostre Seigneur est proprement donnee saige femme'. Et en Ecclesiastiques:[23] [76.2] 'Li maris qui a bonne femme est beneurez'; et un pou aprés:[24] 'Bonne partie est bonne femme'. Et selonc l'auctorité de l'Apostre:[25] 'Saintefiez est li [des]loial home par la loial femme'. De ceste chose, certes, monstra la grace de Dieu experiment especial, mesmement en nostre royaume de France, quant li roys Cloovis fut convertiz a la foy Jhesu Crist et tout li royaume se mist soubz les divines loys, [plus] par la priere de sa

[20] Proverbs 12.4.

[21] Proverbs 18.22.

[22] Proverbs 19.14.

[23] Ecclesiasticus 26.1.

[24] Ecclesiasticus 25.3.

[25] I Corinthians 7.14.

famme que par le preschement des sains,[26] **[76.3]** si que par les exemples mesmement des souverains li plus bas feussent esmeu a enchaucement de prieres. A cest enchaucement nous semont, certes, moult forment la parolle de Nostre Seigneur, qui dist:[27]* 'Toutesvoyes se levera plus l'a[n]grieté de lui et lui donra toutes *ses* neccessitez'. Et certainement de ceste engrieté d'oroison – car aussi la vueil je appeller – si come je ay dit dessus, amolia Moïses la roydeur de la divine justice, et mua la sentence.

[76.4] Bien as cogneu, ma tres chiere amie, com grant entalentement de charité nostre* couvent seut donner jadiz a m'oroison a ma presence; car chascun jour, en la fin de leurs eu(v)res toutes, il acoustuma offrir pour moy a Nostre Seigneur ceste especial oroison, que puis que li propre respons et li versez estoit dit et chantez, il adjoustoient prieres et collecte en ceste maniere:

Et estoit li respons: **[77.1]** *Non me derelinquas, ne discesseris a me, Domine.*[28]

Et li vers estoit: *In adiutorium meum semper intende, Domine.*[29] *Salvum me fac servum tuum, Deus meus, sperantem in te. Domine, exaudi oracionem meam, et clamor meus ad te veniat.*[30]

Oremus: Deus qui [per] servulum tuum ancillas tuas in nomine tuo dignatus es aggregare, **[77.2]** *te quesumus ut tam ipsi quam nobis in tua tribuas perseverenciam voluntatem. Per Dominum, etc., etc..*

Mes ore, quant je sui loing, de tant ai ge plus grant mestier de l'aide de voz oroisons, comme je sui contrains par l'angoisse de plus grant peril. Doncquez vous requier ge en suppliant et suppli en requerant que je mesmes, tant comme je sui ore loingtains, **[77.3]** esprouve combien vostre charité a esté vraye envers moy present;* c'est

---

[26] Related in Gregory of Tours, *History of the Franks*, II.29–31.

[27] Luke 11.8.

[28] Psalms 37.21 (Vulg.), 38.21 (Eng. Bible).

[29] Psalms 69.1 (Vulg.), 70.1 (Eng. Bible).

[30] Psalms 101.1 (Vulg.), 102.1 (Eng. Bible).

assavoir que en la fin de chascune de voz eu(v)res vous adjousterés ceste propre oroison:

Li respons soit: *Ne derelinquas [me], Domine, pater et dominator vite mee, ut non corruam in conspectu adversariorum meorum, ne gaudeat de me inimicus meus.*[31]

Li vers sera: **[77.4]** *Apprehende arma et scutum, et exurge in adiutorium michi, ne gaudeant. Salvum fac servum tuum, Deus meus, sperantem in te. Mitte ei, Domine, auxilium de sancto et de Syon tuere eum. Esto ei(s) turris fortitudinis a facie inimici. Domine, exaudi oracionem meam, et clamor meus ad te veniat. Benedicamus Domino. Deo gracias.*

[78.1] *Oremus: Deus qui per servulum tuum ancillulas tuas in nomine tuo dignatus es aggregare, quesumus ut eum ab omni adversitate protegas et auxiliis tuis incolumen raddas. Per Dominum, etc.*

Et se il avenoit que mon Sire me baillast es mains de mes anemis, c'est assavoir que il feussent plus fort ou que il m'occissent, ou que je muire par quelcunquez cas loing de vous, je vous pri quelcunquez lieu que *nostre* charoigne sera ensevelie ou jetee, vous le facez porter en *vostre* semetire, la ou voz filles, **[78.2]** mes vos seurs en Jhesu Crist, quant elles verront plus souvent *nostre* sepulcre, qu'elles en soient plus esmeues a prier Nostre Seigneur pour moy. Que je ne cuide pas que nul lieu soit plus seürs ne plus sauvables a l'ame dolente, desconfortee de l'erreur de ses pechiez, que celui qui est consacrez au vray *Paracliz*, c'est a dire proprement au confortement,* et qui est especialment ennobliz du nom de lui. **[78.3]** Ne si ne croy pas que nul lieus soit plus droituriers a sepulture comme ceans, qui est li lieus de femmes devotes a Jhesu Crist, qui de la sepulture de Jhesu Crist furent curieuses, et precieus oignemens lui midrent au devant,[32] et li suivirent et veillierent estudieuses entour son *sepulcre* en pleurant la mort de leur espous, si comme il est escript:[33] 'Fammes se seoient au sepucre lermoians et plorans Nostre Seigneur'. **[78.4]** Et furent illec

---

[31] Cf. Ecclesiasticus 23.3.

[32] Mark 16.1, Luke 23.55–24.1.

[33] Antiphon for the Benedictus in the Roman Breviary for Holy Saturday.

premierement confortees par l'aparicion de l'ange et par sa parolle,[34] et tantost deservirent il avoir les joies de sa resurrecion et a debailler lui en leurs main, quant il leur aparut deux fois.

Mes a la parfin, sur toutes choses je vous requier de ceste, que vous qui *traveilliez* ore pour la tres grant curiosité du peril de mon corps, meïsmement lors soiés curieuses de la sauveté de m'ame, et que vous monstrez aprés ma mort **[79.1]** – c'est assavoir par aucun especial et propre aide de voz oroisons – combien vous m'avez amé en ma vie. Dieu te doint vie et valeur, vivent et vaillent tes seurs. Vivés, mes que ce soit en Jhesu Crist, et vous pri que vous soiez remembrez de moy, etc.

---

[34] Matthew 28.2–7, Mark 16.4–7, Luke 24.4–8.

I V

HELOISE TO ABELARD

Or rescript la saige Helouys, et dit:

Au sien seul aprés Jhesu Crist, la siene seule en Jhesu Crist.

[79.2] Je me merveil, li mien seus, de ce que contre la coustume des espitrez, mes encontre la naturel ordre des choses, ou commancment de l'espitre par quoy tu m'envoyas salut, tu osas mettre (a) moy devant toy, femme devant homme, mariee devant son mari, chamberiere devant son segneur, nonnain devant moyne, diacre[sse] devant prestre, abeesse devant abbé. **[79.3]** Certes, droiz ordres et honestes est que cil qui escripvent a leur souverains ou a leur pareus, il mettent les noms de ceulx a qui il escripvent [avant; mes quant il escripvent] au plus bas, cil sont mis avant qui des choses ont la greigneur digneté.

De ce mesmes ne nous sommes pas merveillez pou, que tu, qui nous devoies aporter remede de confort, **[79.4]** nous as creu nostre desconfort, et les lermes esmeues que tu deusses apaissier. Car laquelle est ce de *nous* qui sans plorer pouist oïr ce que tu as mis vers la fin de *ton* espitre, quant tu dis: 'Se Dieu me bailloit es mains de *mes* anemis, c'est assavoir que il feussent plus fort et m'oceissent, etc.'? *O* li miens tres chiers, a quel couraige as tu ce empenssé, par quel bouche osas tu ce dire? **[80.1]** Ja Dieu tant n'oublie ses chamberieres que il les te gart remanans aprés toy! Ja Dieu cele vie ne *nous* doint que plus griez *nous* soit que toutes manieres de mors! Il convient que tu celebrez noz obiz et convient que tu commandes noz ames a Dieu, com assemblees les envoyes avant a lui, si que tu ne soies jamais troublez pour nulle curiosité de elles, **[80.2]** et que tu nous ensuivez de tant plus liez comme tu avras ja esté plus seürs de nostre sauveté.

Esper(i)gne, sire, espergne, je t'en pri, a ceulx dis par quoy tu faces noz chetivez estre tres chetives; et ce meïsmes que nous vivons, comment ce soit, ne nous tolez pas devant la mort. '*Au jour* soufist sa malice',[1] et cel jour envelopez en touz amertumes aportera assez de curiositez avecquez lui a touz ceulx que elle* trouvera. **[80.3]** Car Seneques dist:[2] 'Quel mestier est il de parler des maus et de perdre *sa vie* devant la mort?'

Tu nous as priez, li miens seus, que par quelcunquez cas tu fenisses ta vie loing de nous, que nous facions ton corps amener en nostre *semetire*, pour ce *que* tu acquierez plus grant fruit de noz oroisons par l'acoustumee memoire de toy. Mes certes, comme[nt] soupeçonnes tu que la remembrance de toy se puisse escoulourgier de nous? **[80.4]** Ou comment pourrons nous lors avoir temps de rendre a oroison, quant souveraine turbacion ne nous laira avoir point de repos, quant l'ame n'i retendra pas le sens de raison, ne la langue l'usaige de sa parolle? Car la pensee desvee, plus comme je le die ainsint iree contre Dieu mesmes que *paiee*, ne l'apesera pas tant par oroisons *comme elle* le couroucera par complaintes. **[81.1]** Nous chetivez avrons lors seulement lesir de plourer, non pas d'ourer, et plus nous devons haster de toy ensuivre que a toy ensevelir, comme nous doions mielx estre enseveliez avec toy que pooir de toy avoir ensevelir; que comme nous avrons en toy perdue nostre vie, puis que tu t'en partiras, nous ne pourrons pas vivre, et desirons que nous ne le puissons pas neis jusques la. **[81.2]** L'anoncion de ta mort nous est une mort; mes la verité de celle mort, que fera elle de nous, se elle nous avoit trouvees? Ja Dieu ne nous octroit que nous, remanans, tendiens ceste cit[anc]ce et que nous secourions par cele aide que nous attendions du tout a avoir de *toy*; *que* aler nous en devons avant toy, non pas toy suivre.

Espergne nous, je t'en prie, espergne au moins a la teue seule, en toy taisant de ces parolles par quoy tu tresperses nos ames aussi come par glaive de mort, **[81.3]** pour ce que ce qui nous vient devant la mort nous soit plus griez que la mort mesmes. Couraiges vaincuz par pleurs n'est pas en repos, ne pensees pourprinses par turbacions [ne pueent] *purement** servir a Dieu. Que tu ne vueilles pas empescher le service dyvin a qui tu nous as mesmement baillees. Toute(s) chose(s)

---

1 Matthew 6.24.

2 Cf. Seneca, *Epistle* XXIV.1.

qui n'est pas eschevable et t[r]es grans pleurs aportera avec soy quant elle vendra. **[81.4]** L'en doit desirrer qu'elle vieigne soudainement, pour ce qu'elle [ne] le tormente longuement devant a qui l'en ne puet secourre pour nulle pourveance. Et ce regarda bien li poetes, qui deprie Dieu en disant:[3] 'Soudainement avieigne quanque tu as empenssé a faire, et ne saiche(s) pas la pensee des hommes ce qui leur est a avenir; lesir *ait* li paourreus *d'esperer*, etc.'

[82.1] Or se complaint Heloys, si com je mou[stre]ray:

Mes se je t'avoye perdu, que me remaindroit il a *esperer*, ou quelle cause avroi[e] ge de remanoir en ceste vie ou nous ne sommes fors que [pelerin]*? Ne je n'i ay *nus* remede fors que toy seulement; encore nul autre [chose] en toy fors seulement que ce que tu *vis*. Car de toy me sont tuit autre delit entredit; neis de ta presence ne puis je pas user par toy, s[i qu]e je puisse aucune fois estre rendue a moy mesmes. **[82.2]** Ains, se je le pooie dire, Dieu crueulz a moy pour toutes choses! O felonnesse debonnereté! O malicieuse Fortune, qui a ja degasté en moy seule tous *ses* gavelos, si que elle n'en ait mes nulz dont elle se puisse forcener contre les autres! Elle a vuidee en moy sa *plaine* curee, si que li autre redoubtent ja en vain ses batailles; et s'il estoit encore remez aucun javelot, ne trouveroit elle pas en moy a faire plaie? **[82.3]** Une seule chose crieng entre tant de plaies, c'est que je ne fenisse mes tormens par mort; et comme elle ne cesse pas de moy occirre, toutesvoyes crient elle la mort que elle mesmes haste. O moy lasse, des chetives la tres chetive, des *maleurees* la tres maleureuse! Que de tant comme je, eslevee en toy sur toutes femmes, tings le plus haut degrez, [de tant] *ay je* de ce souffert en toy et en moy ensemble plus greveuse trebuchance, **[82.4]** car de tant comme le degré de montant est plus haut, de tant est plus grief le cas du cheant. La quelle des femmes des nobles ou puissante[s]* pot onquez Fortune mettre devant moy, ou faire pareille a moy? Et a la parfin, quelle femme abaissa elle oncquez et pot desconfire par douleur autant comme par moy? Quelle gloire me donna elle en toy!* Combien m'a elle esté desvee et oultrageuse en l'une et en l'autre partie, que elle n'i ot oncquez *mesure*, **[83.1]** ne es biens, ne es maus! Que pour ce que

3 Lucan, *Pharsalia* II.14.15.

elle me feist de toutes la plus chetive, elle m'avoit fait de toutes la plus beneuree, et pour ce que je pesasse combien grans choses je ay perdues; mes de tant me venist il plus grans pleurs, et de tant me venist aprés plus grans doleurs des choses perdues, come l'amor des choses eust esté plus grant avant et que souveraine tristesce de pleurs terminast les joies du souverain delit.

[83.2] Et pour ce que *de dam* saillist plus grant, tuit li droit de justice sont en nous ensemble *parverti.** Car en dementre que nous usions des joies d'amours et des deliz charnelz, et pour ce que je le *die* par plus exprés mot, quant nous entendions a fornicacion, la roideur de la divine justice nous espergna; mes puis que nous amendasmes les choses des deliz par choses droiturieres et louables, **[83.3]** et convertisimes la laideur de fornicacion pour l'onnour de mariaige, l'ire de Nostre Seigneur argüa desveement sa main sur nous, et Dieu qui longuement avant nous avoit souffert ensemble ordement ne nous y souffri pas estre nettement. Certes, cele payne que tu souffris fust assez a homme pris en toutes manieres d'avotire, **[83.4]** et ce que li autre deservent par avouture, tu encoureus et comparas par mariaige, par quoy tu ne me pues confort donner* et as fait suffisant amende de touz tes mesfais. Et ce que les femmes avoutres font a leurs houlliers, ta fenme le t'a fait, et non mie lors quant nous entendions aus anciens deliz, mes quant nous feusmes ja par ung pou de temps departiz et vivions plus chastement; **[84.1]** car tu estoies [p]resident a Paris aus escolles, et je conversoie par ton comandement avec les nonnains d'Argentueil. Puis doncquez que nous feusmes ainsi departiz l'un de l'autre, pour ce que tu entendisses [plus] estudieusement aus escolles, et je plus franchement et plus delivrement a oroison ou a la pensee de la sainte leçon, et que nous nous vivions de tant plus saintement comme plus chastement, **[84.2]** tu seus comperras en ton corps ce que nous deux avions forfait ensemble. Tu seuls fus en la paine; deux feusmes en coupe. Tu qui mains en devoies, emportas le tout. Car de tant comme tu avoies fait plus grant amende en toy humiliant pour moy et avoies *eslevé* ensemble moy et mon lignaige tout, de tant estoies tu rendus mains redevables de paine envers Dieu et envers iceulx traïteurs. **[84.3]** O moy chetive, qui fu engendree a estre cause de si grant felonnie!

Or argüe Heloys contre li mesmes:

O souveraine et acoustumee destruccion, par femmes sont les souverains hommes destruiz! Dont il [est] escript en Proverbes des femmes eschever:[4]

> Filz, or m'escoutes doncquez, et entens les parolles de ma bouche. Ne se traie pas la pensee es voies des femmes, ne ne soies pas deceu par *ses* sentiers; **[84.4]** car elle en a mains navrez et degetez, et tuit li tres fort sont occis par lui. *Ses* mesons sont la v[o]ie d'enfer, trespassans les entrailles de la mort.

Et en Ecclesiastes est il escript:[5]

> Je avoie* toutes choses en mon couraige, et ay trouvé femme plus amere que mort. Elle est li las des veneeurs, et son cuer et ses mains sont liens. **[85.1]** Homme qui plus plaist a Dieu luy fuyra, mes cil qui pecherres est sera pris par icelle.

La premiere femme jeta tantost l'omme de Paradiz en chetiveté,[6] et elle, qui lui avoit esté cree[e] de Nostre Seigneur en aide, lui fut convertie en souveraine mort. Icellui tres fort Nazarien de Dieu et par l'anoncement de l'angele conceu, Dalida seule le surmonta; **[85.2]** et puis que elle l'ot tray et baillé a *ses* anemis, et il lui en eurent les yeulx crevés, le contraint a ce sa douleur a la parfin, que il acravanta ensemble ses anemis et soy.[7] Salemon, li tres saige de touz, la siene que il avoit a lui couplee l'afola, et le contraint a si grant desverie, que lui que Nostre Sires avoit esleu a lui edefier son temple, et avoit a ce refusé David son pere, qui avoit esté droituriers, elle le geta en ydolatrie jusques a la fin de sa vie; et lessa le *coutivement* de Dieu que il preschoit et enseignoit par parolles et par escrips.[8] **[85.3]** Job, li tres saint, soustint au derrenier tres griez batailles a la femme, qui l'aguillonnoit a ce que il maudist Dieu.[9] Et li tres soutis temptierres avoit tres bien cogneu ce qu'il avoit plus souvent esprouvé, c'est

---

4 Proverbs 7.24–27.

5 Ecclesiastes 7.26–27.

6 See Genesis 3.6–24.

7 See Judges 13.3-6 and 16.6 ff.

8 I Kings 1–11, I Chronicles 29, and II Chronicles 9.

9 Job 2.9.

assavoir que la trebuschance des hommes estoit tres legiere en femmes; ou a la parfin neis, estandans jusques a la fin et [a] nous sa(nz) malice acoustumee, quant il ne nous pot confondre en fornicacion, [85.4] il nous essaia a confondre de mariaige; et malement usa de biens, cil a qui Dieu ne souffri pas malement user de mal.

Mes toutesvoyes ren ge graces a Dieu de ce que cil ne me trait pas en coupe de mon tort,* si comme les fames cy dessus nomme[e]s, mes toutesvoyes me convertit il en cause du fait de la forfaite malice. Mes ja soit ce que ignorance espurge mon couraige [86.1] et que je ne m'acordasse onquez a ceste felonnie, toutesvoyes ai ge faite avant tant contre Dieu qui ne me lesse pas du tout estre quite du fait de ceste felonnie. Car par ce que je servi avant longuement aus alechemens des deliz cha[r]niez, lors deservi ge ce par quoy je sui maintenant tormentee, et l(u)i fait ensuivant sont a bon droit painne de pechiez que j'avoye fait devant; et de mauvais commencement, mauvaise fin, doit on juger.

[86.2] Et voudroye mesmement que de ce pechié que je en poïsse faire digne penitence, si que au mains que je puisse faire par longue *contriccion* de penitence en aucune maniere recompensacion a icelle tiene paine de la plaie que l'en te fist; et ce que tu en une heure souffris en ton corps, [que] je le reçoive en toute ma vie en contriccion de penssee, si comme il est drois, et que je en ceste maniere face au mains satisfacion ou convenable amende a toy, se je ne le fais a Dieu. [86.3] Car se je *recognois* l'enfermeté de mon tres chetif couraige, je ne treuve pas par quelle penitance je puisse Dieu apaissier; car je (ay) le blasme touzjours et repreig Dieu de souveraine cruauté, dont il souffri que l'en te feist tort, et plus le courrouce par mon desdaing contraire a sa dispensacion que je ne l'apaise par satisfacion de penitence. [86.4] Et comment neis puet on dire que ce soit penitance de pechiez, combien que li tormens du corps soit grans, se la pensee retient encore cele mesmes volenté de pecher, et est oubliee et ardans des anciens desirriers? Certes, legiere chose est que chascun en confessant soy de ses pichez accuse [87.1] soy mesmes *ou tormente* son corps par satisfacion des hors; mes trop grief chose est a erachier son couraige des desiriers de tres grans deliz. Dont *a bon droit* saint Job, quant il ot dit:[10] 'Je lesseré contre moy [ma parolle]', c'est a dire, je *lascieray* ma

---

[10] Job 10.1.

langue et (c)ouveray ma bouche par confession en accusacion de mes pechiez, tantost i ajousta: **[87.2]** 'Je parleray a l'amertume de m'ame'. Ceste parolle espont saint Gregoire, et dist:[11]

> Maintes gens sont qui par vois aperte regiehissent leurs pechiez, mes toutesvoyes ne sevent il jemir en confession, et dient a joie les choses dont il deussent plourer. Dont cil qui dit *ses* pechiez en blasmant les, il li remaint a faire que il les die en amertume de s'ame, pour ce que l'amertume mesmes puisse tout dire* quanque la langue accuse par le jugement de la pensee.

[87.3] Mes combien ceste amertume de vraye penitance est petite, saint Embroisses, qui diligenment l'entent, dist:[12] 'Je ay plus legierement trouvé ceus qui garderent innocence que ceulx qui ont fait penitance.'

Car icil delit des amans que nous avons ensemble hantez m'ont esté si doulx que il ne me peuent desplaire, ne si ne le[s] puis neis a paine oublier. En quelcunquez lieu que je me tourne, il s'embatent touzjours en mes ieux avec les desirriers, ne ne m'espergent pas a *decevoir en dormant.** **[87.4]** Entre les sollempnitez mesmes des messes, la ou l'oroison doit estre plus pure, li ors delis de ceste fantosme achetive[nt] cy a eulx ma chetive ame que je entens plus a *ces* laidures que a oroison. Que comme je doie gemir de mes mesfais, je soupire plus des pertes; et non pas seulement les choses que nous feismes, li lieu et li temps ensemble **[88.1]** en quoy nous les feismes sont si fichees *avec* toy en nostre couraige, que je fais en eulx toutes ces choses avec toy; non neis en mon dormant ne m'en *repose je* pas. Et neis souvent sont aperceues les pensees de mon couraige par propre movement de mon corps, ne ne m'atrempe pas de parolles despourveues. **[88.2]** O vrayement moy chetive et tres digne de ceste complainte de l'ame gemissant:[13] 'Je, femme maleureuse,* qui me delivrera du corps de ceste mort?' Et voudroye vrayement que je y peüsse adjouster ce qui vient aprés:[14] 'La grace de Dieu, par Nostre Seigneur Jhesu Crist.'

---

[11] Gregory, *Moralia*, IX.43–44 (PG 75, 509–782, at col. 896C).

[12] Ambrose, *De poenitentia*, II.10 (PL 16, 1059–94, at 518–19).

[13] Romans 7.24.

[14] Romans 7.25.

Encore l'amoit elle come forcenee

[88.3] Li miens tres chiers amis, ceste grace [t]'est venue au devant, et *en* donnant a toy medicine contre ces aguillons par une plaie de ton corps, en a(s) gari maintes en l'ame; et en ce en quoy Dieu est cre(m)üs avoir esté plus contraires a toy, plus debonnaires y est trouvez, a la maniere du tres certain loial mire qui n'espergne pas a la *douleur* pour donner conseil a la santé. **[88.4]** Mes la bouteure de mon joenne aage et l'experience de tres joieus deliz embrasse[nt] moult ces aguilllons de char et ces ardeurs de luxure; et de tant come la nature *que il assaillent* est plus enferme, de tant me destraignent il plus par leur assaut. Cil me tiennent a chaaste qui n'aperçoivent pas ce que je suy ypocrites, et la netteté de la char tournent en vertuz, **[89.1]** come vertuz ne soit pas de corps mes de couraige. Aucune chose ai de loenge envers les hommes, mes je ne desers riens envers Dieu, qui est pourverres du cuers et des rains,[15] et voit ou lieu repost. Je sui *jugee* a religieuse(s) en ce temps ou quel ypocrisie n'a pas petite partie en religion; et de tres grans loenges y est esleu qui ne courrouce pas le jugement humain. **[89.2]** Et *ce* par aventure semble estre chose en aucune maniere loable et a Dieu en quelque maniere aggreable, se aucun se garde de faire esclande a eglise par exemple de oeuvre dehors, en quelcunquez entencion que ce soit, ne que li nom de Nostre Seigneur n'en soit blasmez envers les mescreans, ne li ordre de sa profession n'en soit pas diffamez envers les charneulz. **[89.3]** Mes certes, non pas seulement faire biens, mais soy tenir de maus, car *ce* vient de son don, ce doit l'en savoir. Mes pour neant va li ungs devant, se li autre ne vient aprés, si comme il est escript:[16] 'Destourne toy de mal, et fais bien.' Et pour neant fait [l'en] l'un ne l'autre, se ce n'est pour l'amour de Dieu.*

[89.4] Mes Dieu le scet que en tout l'estat de ma vie je redoute encore plus a courrocier toy que Dieu, et plus desire plaire a toy que a Dieu. Le commandement de toy me trait a l'abit de religion, non mie l'amour de Dieu. Regarde comme je mayne la plus maleureuse vie et la plus chetive de toutes, se je ay enduré si grans choses pour neant, dont je ne doie riens avoir de guerredon en l'autre siecle. **[90.1]**

---

15 Revelation 2.23.
16 Psalms 36.27.

Ma simulacion a longuement deceu toy, si comme mains autres, si que tu as tenue ypocrisie pour religion; et pour ce te baillas tu moult en noz oroisons. Tu requiers de moy ce que je attens de toy. Je te pri que tu ne cuides pas si grans choses de moy, que tu ne cesses de moy secorre par oroison. (je) Ne me cuide pas sain(t)e, que tu ne *soustrés* la grace de medecinement. **[90.2]** Ne croy pas que je ne soye besoigneuse, que tu [ne] me tardes a secourre en ma neccessité. Ne vueilles cuider que je soie forte, que tu ne me soustieignes moy chancelant avant que je chiee. A mainte gent a neu fausse loenge de eulx mesmes, et leur a(s) tolu l'aide dont ilz avoient mestier. Nostre Sire crie par Ysaie:[17] 'Li miens pueples, cil qui *te* saintefient, ilz *te* deçoyvent, et *dessevrent* la voye *de tes sentiers.*' Et par Ezechiel ...[18] **[90.3]** Et contre ce est il dist par Salemon:[19] 'Les parolles de saiges sont aussi comme aguillon, et comme *clos* ferus en parfont', c'est assavoir qui ne scevent pas tastonner les plaies, mes poindre.

Je te pri que tu te taises – (**Nota, oncquez femme ne parla plus saigement**) – de ma loenge, que tu n'*enqueures* la laide reprehencion de flaterie et le blasme de mençonge; **[90.4]** ou, se tu soupeçonnes en moy aucun bien, que vayne gloire ne l'emporte par ta loenge. Nulz homs saige de medecine ne jugera maladie par l'esgart de l'abit dehors. Nulle chose n'ont envers Dieu merite de riens qui sont egaument communes aus *refusés* comme aus esleus. Ce sont certes les choses qui sont [faites] par dehors, que nuls des sains ne le[s] font si estudieusement comme font les ypocrites. 'Mauvais est **[91.1]** li cuer de l'omme, et n'est pas encerchables; et qui le cognoistra?'[20] '*Ce* sont voies de homme qui semblent estre droites, mes les *derrenieres menent* a mort.'[21] Li jugement d'omme est foulx en ce qui est gardé tant seulement a l'espreuve de Dieu. Dont il [est] escript:[22] 'Ne loe pas *l'homme* en sa vie', pour ce que tu ne le loes lors en dementres que tu, en louant, le pues faire non loable. **[91.2]** Certes, ta loenge est en moy

---

17 Cf. Isaiah 3.12.

18 The missing quotation is from Ezekiel 13.18.

19 Ecclesiastes 12.11.

20 Jeremiah 17.9.

21 Proverbs 14.12 and 16.25.

22 Ecclesiasticus 11.30.

de tant plus perilleuse comme elle m'est plus aggreable, et de tant en sui ge plus prise et plus me delite en lui comme je m'estudie a *toy* plaire en toutes choses. Je te pri que tu aies paour de moy plus neis que tu n'i as fiance, si que je soie touzjours aidie par ta curiosité. Mes ore en dois tu plus creindre la ou de *l'incontinence* et de la dissolucion de moy nuls (ne) remedes ne me remaint en toy. **[91.3]** Je ne vueil pas que tu, *en* moy amonnestant a vertu et en moy esmovant a batailles, dies que 'vertu est parfaite en enfermeté',[23] et 'ne sera coronné fors que celui qui loialment avra bataillé'.[24] Je ne requier pas coronne de victoire; c'est assez a moy se je puis eschever perils. En quelcunquez anglet du ciel que Dieu me mette, il me fera assez. **[91.4]** La n'a envie de nully, car il suffira assez a chascun ce que il avra. Et pour ce que je adjouste a nostre conseil force de auctorité, *oons* saint Giriaume, [qui] dist:[25] 'Je recognois ma floibesse. Je ne vueil pas combatre par esperance de victoire, que je ne perde aucune fois victoire. Pour quoy *est il* mestier de lessier les choses certaines et d'ensuivre celles qui ne sont pas certaines?'

---

23   II Corinthians 12.9.

24   II Timothy 2.5.

25   Jerome, *Contra Vigilantium*, XVI (PL 23, 337–52, at col. 367B).

V

ABELARD TO HELOISE

[92.1] Ci aprés recommance a parler Abaielart a la saige Heloys:

A* l'espouse de Jhesu Crist, li sien sers.

En quatre choses, si comme il me remembre, *esquelz* est toute la somme de *ta derriene* espitre, *m'as** expresseement escript les movemens de ton courrous. Premierement, tu te plains de ce que contre la coustume des espitrez, mes neis contre la naturel ordre des choses contenues en *nostre* espitre que je t'ay envoye[e], **[92.2]** ay mis ou salut toy devant moy. La seconde complainte, de ce que comme je vous eusse deu aporter maindre remede de confort [ay creu ton desespoir], et ay esmeues les lermes que je devoie *apaissier*, c'est assavoir, quant je adjoustay ceste parolle que 'se Nostre Sire me baillast es mains de nos anemis et il m'occeissent, etc.'. **[92.3]** La tierce fu icelle vielle teue et *continuee* plainte que tu getas encontre Dieu, c'est assavoir de la maniere de nostre conversacion a Dieu et de la cruauté de cele traïson qui fut faite contre moy. A la parfin tu meis l'*accusacion* de toy mesmes contre la loenge que nous faisions de toy, et me prias moult que je ne te loasse jamais.

A toutes ces choses et a chascune par soy ay je pensé a rescripre, non pas tant pour l'excusacion de moy come pour la doctrine *ou* l'amonestement de toy; **[92.4]** c'est assavoir pour ce que tu *t'acordes* plus volentiers a mes requestes, de tant comme tu avras entendu que elles ont esté faites plus resonnablement, et que tu m'oyes plus legierement es teues, de tant que tu troveras que je doie *mains* estre repris es moyes, et que de tant me redoubtes plus a despire, come tu verras que je sui mains digne d'estre despis.

[93.1] Mes de cele ordre *bestorte*, que tu dis, de nostre salutacion, certes, ce a esté fait selonc ta sentence, se tu l'entens diligemment. Car tu mesmes a[s] ce jugé, et bien apert a touz, que quant l'en escript aus souverains, lors nons sont mis avant. Mais tu dois entendre que des lors fu[s] tu faite souveraine sur moy, que tu commenças a estre ma dame, c'est quant tu [fus] *faite* espouse de mon Sire, selonc celle parolle de saint Geriaume, qui escript a Eustochium ainsi:[1] **[93.2]** 'Pour ce que "ma dame Eustochium"', car "ma dame" doi ge appeller l'espouse de mon Sire, etc.'. Beneurés est li changes de telz noces, par quoy en avant femme d'un chetif home, soies ore eslevee es chambres du souverain roy; ne par privilege de ceste honneur n'est tu pas tant seulement dame a ton premier mari, mes a trestouz les sers de ce roy mesmes. **[93.3]** Or ne te merveille pas doncquez, se je, et a ma vie et a ma mort, me commant a voz oroisons especialment, comme certaine chose soit par droit commun que les espouses *peuent* plus vers leurs seigneurs en priant que leurs sers mesmes, et les dames plus que li sers.

Certes, en la figure de cestes est diligenment [d]escripte la royne et espouse du souverain roy, quant il est dit ou psialmne:[2] **[93.4]** 'La royne s'estut a tes destres, etc.', aussi comme se il deist apertement: ceste se ahert tres familierement jointe au costé de son espous, et vet ensemble o luy, et tuit cil autre *se tiennent* aussi comme de loing, ou les ensuivent. De la hautesce de ceste noble espouse, icelle Etyopienne que Moyses [espousa], se je le puis ainsi dire, dist ainsi, comme nous lisons es Cantiques:[3] **[94.1]** 'Je sui noire, mes je sui belle, (des) filles de Jherusalem; pour ce m'a li roys espousee et me mena dedens sa couce.' Et de rechief:[4] 'Ne vuillez pas regarder ce que je sui brune, car li soleil m'a descouloree'. *En* ces parolles, comme l'anme contemplative soit generalment descripte, qui est especialment appellee espouse de Jhesu Crist, toutesvoyes cil mesmes *vostre* habit par dehors dist plus expressement que ce appartient a *vous*. **[94.2]** Car cil mesmes aournement dehors de *voz* vestemens noirs ou vils, qui est semblance de plorable habit des bonnes veuves plaignans leurs maris mors que elles avoient amés, monstre, selonc l'Apostre,[5] que vous

---

1   Jerome, *Epistolae*, XXII.2 (PL 22, 395).
2   Psalms 44.10 (Vulg.), 45.9 (Eng. Bible).
3   Cantica Canticorum 1.4 (Song of Solomon, 1.5).
4   Cantica Canticorum 1.5 (1.6).
5   See I Timothy 5.3, 16.

estes en ce monde vrayement les veuves et les desconfortees, qui devez estre soustenues des biens de sainte eglise. **[94.3]** Et du pleur de ces veuves sur leurs maris occis remembre l'Escripture, et dist:[6] 'Femmes seans au sepulcre se complaignoient.'

Mes l'Ethiopienne (qui) estoit noire la char par dehors, et de tant comme il appartient aus choses dehors, elle apparoit plus laide de *ces* autres femmes; comme elle ne soit pas toutesvoyes despareillee a eulx es choses dedenz, mes neis plus belle en pluseurs choses et plus blanche, si comme es os et es dens. **[94.4]** Dont la blancheur neis de ses dens est loee, si comme il est escript:[7] 'Et ses dens sont plus blanches que lait.' Or est elle doncquez noire par dehors, mes elle est belle par dedens, que parce que elle est par corps tormentee en ceste vie par les espesses tribulacions des aversitez, [elle est noire] par dehors la char, selonc la parolle de l'Apostre qui dist (qui dist):[8] **[95.1]** 'Tuit cil qui veulent piteusement vivre en Jhesu Crist sueffrent tribulacion.' Car aussi come *prosperité* est signifie[e] par blanc, aussi est adversités par noir. Mes elle est blanche dedens, si comme es os, car l'ame de lui si resplendist en vertuz, si comme il est escript:[9] **[95.2]** 'Toute la gloire de cele fille du roy lui vient de ce qui est dedens.' Li os, qui sont avironnez de la char par dehors et sont li pilliers et la force de la char que il portent et soustiennent, [espreiment bien l'ame, qui vivifie et soustient] et esmuet et gouverne la char a qui elle se ahert, et lui amenistre toute valeur; et de *ceste* est la blancheur ou la beauté (est) et les vertuz dont elle est aournee. **[95.3]** Or est elle donquez noire par dehors, car en dementres qu'elle est encore en essil en ce pelerinaige, elle se tient vilz et despite en ceste vie, pour ce que elle soit eslevee a Jhesu Crist en celle qui est reposte, et que elle ait ja acquis son païs en Dieu. Mes li vray souleil l'a ainsi descoulouree, car l'amour du celestial espous *l'umilie* si ou [la] tormente par tribulacions ainsi, **[95.4]** pour ce que elle ne s'en orguillissist par prosperité. Ainsi l'a descoulouree, c'est a dire que il l'a fait[e] desemblable de ceulx qui *beent** aus choses terriennes et quierent la gloire du siecle, pour ce que

---

6   Antiphon for the Benedictus in the Roman Breviary for Holy Saturday, quoted also in 78.4.

7   Genesis 49.12.

8   II Timothy 3.12.

9   Psalms 44.14 (Vulg.), 45.13 (Eng. Bible).

elle soit vrayement faite li lys des valees par humilité, et non pas li lys des montaignes, c'est **[96.1]** (c'est) assavoir si comme *ces* foles vierges, qui s'en orguillissent en eulx mesmes de la netteté de leur char ou de l'abstinence dehors, et sescheent en la chaleur des temptacions.

Certes, bien les appelle filles de *Jherusalem*, car elle parolle a ceus qui sont plus *neant* parfait en foy, et dist:[10] 'Ne vuillez pas *merveiller*, etc.', **[96.2]** aussi comme se elle deist plus apertement: ce que je me humilie ainsi ou soustiens si forment les aversitez, ce ne vient pas de ma vertuz, mes de la grace a celui a qui je sers. Autrement seulent li herege ou li ypocrite, si comme il appartient a la face de l'omme, **[96.3]** humilier eulx mesmes trop forment des choses sans proufit, par l'esperance de terrienne gloire. Mes certes, moult se doit l'en merveiller de la vilté ou de la tribulacion que ilz soustiennent, comme ilz soient plus chetis de touz autres hommes, car il n'usent mie des biens de ceste presente vie, ne de cele qui est a venir. **[96.4]** Ce regarde moult diligenment l'espouse, quant elle dist: 'Ne vueillés pas merveiller pour quoy je face ce.' Mes de ceulx se doit l'en merveiller qui sont ardans par dedens sans proufit ou desir de terrienne louenge, se tolent les proufis terriens et sont chetif cy et en l'autre siecle.*

[97.1] (**Nota contre les ypocrites***)* Tele est la continence de[s] foles vierges, qui sont hors de la porte forcloses.[11]

Dont neis pour ce que ceste noire est belle, si come nous avons dit, elle dit bien que elle fut amenee en la couche du roy, c'est a dire ou secret et ou repous de contemplacion, et en icellui lit dont elle dist ailleurs:[12] 'Je ay quis en mon lit par nuit celui qui *m'anme* aime.' **[97.2]** Certes, la noirté aime mielx lieu repost que appert, et le secret que le commun; et la femme qui est telle desire mielx les secrez *lieus* de l'omme que les appers, et veult plus estre sentue ou lit que estre ve(n)ue a la table. Et souvent avient que la noire char des femmes, de tant comme elle est plus laide en regart, de tant est elle plus soeve en atouchement; et pour ce li deliz est plus aggreables et plus convenables es lieus secrez que es communs, et les maris, **[97.3]** pour ce que il se desirent avec elles, il les mainnent plus en leurs couches que en lieu commun. Et selonc ceste semblance, comme l'espirituelle

---

[10] Cf. note 4 above.

[11] See Matthew 25.1–13.

[12] Cantica Canticorum 3.1.

espouse eust bien dit avant: 'Je sui noire, mes je sui belle', tantost elle
i ajousta: 'pour ce (que) m'ama li roys et me mena en sa couche', en
rendant toutes ces choses sengles a chascune par soy; **[97.4]** c'est a
dire, pour ce que je estoie belle, m'ama il, et pour ce que je fu noire,
m'amena il a sa couche dedens; belle de vertuz par dedens, que li
espous aime, noire dehors par adversitez de tribulacions corporelz.

[Mes ceste noirté, c'est assavoir de tribulacions corporelz] errache
ligement les pensees des gens et les oste de l'amour des pensees
terriennes et les eslieve aus desirriers de la vie pardurable, et les trait
[98.1] souvent de l'anuieuse et honteuse vie du siecle aus secrez de
leur contemplacion; si comme il fut fait, selonc le dit Geriaume, en
celui Pol, qui fut commencement de nostre vie, c'est la vie de
moniaige.[13] Aussi li adjoustemens* de vilz vesteures requiert plus *lieu*
secret que commun – et pour ce sont les cotes mautaillees en religion
– et est tres grant garde de humilité et du plus secret lieu qui
convenables est a nostre profession. **[98.2]** Car sur toutes choses
precieux aournemens esmuet a venir en commun, et que nul ne le
desire fors pour vaine gloire et pour boban du siecle. Saint Gregoire
le preuve par ceste raison, car nuls ne se aourne en lieu respost, mes
la ou il puisse estre regardez.[14] Certes, ceste devant dite couche de
ceste espouse, c'est celle a quoy cil espous, selonc [l'Euvangile, invite]
celui qui prie, et dist:[15] **[98.3]** 'Quant tu *oreras, entre* [en] ta couche, et
prie ton Pere a huis clos'; aussi come se il deist: non mie es places ou
es lieus communs. Or appelle il doncquez couche le lieu secret des
humilitez, loing [des tumultes] et du regart du siecle, la ou l'en puisse
plus en pais et plus purement prier. Tel sont li lieu secret de moniaige.
La nous est il commandé clorre les huis, c'est a dire toutes les entrees,
[98.4] que la *purté* de oroison ne soit empeschee par nul cas, et que
nostre euls ne emblent nostre maleureuse ame.

Certes, encore soustenons nous griefment et de cest conseil, mes
de cest commandement, et de ce nostre habit mains despisseurs, que
quant il celebrent les *devins* service, ilz defferment leurs cuers *ou* leurs
cloistres et n'ont pas honte de eulx embatre es bien communs **[99.1]**

---

13 Jerome, *Vita Pauli primi eremitae*, V (PL 23, 18–30, at col. 17).

14 Gregory the Great, *Homilia in Evangelia*, II.40.16 on Luke 16.19–31 (PL
    76, 1075–1312, at col. 1305B).

15 Matthew 6.6.

regars des femes et des hommes; et lors mesmement quant ilz resplendissent aus festes solempnees de precieux aournemens, aussi comme li homme seculier a qui cist se monstrent. Par le jugement desquelz la feste est de tant eue plus celebrable comme elle est plus riche en l'aournement dehors et plus planteureuse en viandes. Mes certes, de leur(s) tres chetive avuglere, [qui] est contraire du tout a la religion du tres doulx Jhesu Crist, **[99.2]** de tant est [il] plus honneste chose du taire comme il seroit plus laide chose du parler. Il semblent du tout les Juifs, (je) ensuivent coustume (du parler) *pour* regle, et ont mis a n[e]ant le commandement de Dieu pour leurs posicions, et n'entendent pas a ce que l'en doit faire, mes [a] ce que l'en seut. Comme Nostre Sires ait dit, si come saint Augustin ne[is] le remembre:[16] 'Je suis Veritez; je ne sui pas coustume.'* **[99.3]** Aus oroisons de ceus, c'est assavoir (de) qui sont faites a huys ouvert, et qui *le* voura, si se commant. Mes vous, qui par le roy celestial estes menees en sa couche, et vous [qui] reposés entre ses braz, entendés toutes a lui tousjours a huis clos. De tant comme vous estez jointez a lui plus familierement, si comme dist li Apostres:[17] 'Cil qui se ahert a Dieu est ungs esperiz a lui', de tant nous fions nous plus que vous aiez plus pure et plus puissant oroison, **[99.4]** et pour ce requerons nous plus confortablement l'aide de voz oroisons. Et creons que de tant dois tu faire les tienes plus devotement pour moy, comme nous sommes ensemble conjoins par plus grant charité.

Mes certes, ce que je vous ay esmeus par la mencion du peril ou je travaille ou de *la* mort que je creing, ce a esté fait selonc ton amonnestement, mes neis a ton conjurement, **[100.1]** car la premiere espistre que tu m'as envoyee contient aussi en un lieu:*

Or te prions nous doncquez, par Nostre Seigneur Jhesu Crist qui te garde encore *a* soy mesmes en quelcunquez estat, que tu daignes fere certaines *ses* chamberieres et les teues souvent par tes lettres des perilz ou tu flotes encore, si que au mains nous qui seules te somes remises, tu nous aiez parçonnieres de doulour ou de joie. **[100.2]** Que cil qui ont pitié ou duel ou douleur lui seulent confort aporter;

---

[16]   Augustine, *De baptismo contra donatistas*, III.6 and VI.37 (PL 43, 107–244, at cols 143 and 210. Augustine is quoting from John 14.6 (see note).

[17]   I Corinthians 6.7.

et chascun fet, quant il est mis sur pluseurs, il en est plus legierement soustenus ou portez.

Pour quoy me reprens tu, doncquez, de ce que je vous ay faites parçonniere de m'angoisse a quoy tu m'as contraint? Et comment doncquez *vous* convient esjoïr en si grant desesperance de vie en quoy je sui tormentez, **[100.3]** ne ne vueillés pas estre compaignes de doulour, mes de joie tant seulement, ne ne vueilliez pas plorer avec les plorans, mes esjouir avec les esjouissans? Nulle plus grant difference n'est de vrays amis et de faus que ce que *cil* s'acompaignent a adversitez, et cist a prosperitez.

Repose toy, je t'en prie, de telz d(el)iz, et refraignes tes complainte[s], qui sont tres loing des entrailles de charité; **[100.4]** ou se tu te courrouces encore de ces choses, toutesvoyes convient il que je, [qui] sui mis en si grant article de peril et chascun jour en desesperance de ma vie, soie curieus(e) du salut de m'ame. Se tu m'aimes vrayement, (ne) n'ayes pas en hayne ceste pourveance; que neis, se tu eusses aucune esperance de la misericorde de Dieu envers moy, de tant desirras tu plus que je feusse delivré des chetivetez de ceste vie, **[101.1]** come tu les vois non soufrables ou plus griez a souffrir. Car tu es bien certaine que quicunquez me delivre de ceste vie, il me delivr[er]a des tres grans paines; lesquelles je les encourré aprés, ce n'est pas certain, mes de com grans je seray delivrez, ce n'est pas en doubte. **[101.2]** Toute chetive vie *a* joieuse issue, et tuit cil qui *vrayment ont pitié* et se duellent des angoisses des autres, il se desirrent que elles soient *finies*; et vrayment aiment, neis avec leurs dommaiges, *ceus que il* voient angoisseus, ne n'entendent pas tant a leurs proprez proufiz a ceus, comme aus proufiz de ceus. Ainsi la mere qui voit son filz longuement languissant: **[101.3]** elle desirre neis que il fenisse par mort la langueur que elle mesmes ne puet souffrir, et seuffre mielx estre veuve de lui que avoir le compaignon en chetiveté. Et quicunquez se delite moult en la presence de son ami, toutesvoyes veult il mielx estre loing de son estat beneuré(e) qu'en sa presence chetive, car il ne puet souffrir les chetivetez a quoy il ne puet secourre. Mes il ne t'est pas octroyé a avoir ma presence neis chetive, ne je ne voy pas, **[101.4]** se tu ne pourvoies en moy aucune chose de *tes* proufiz, pour quoy tu ne vueillez mielx moy vivre tres chetivement que plus beneureement morir. Et se tu desirres que noz chetivetez soient eslongees et estandues en tes proufiz, tu es mieus *prouvee et*

convaincue anemie comme amie. Et se tu refuses estre(s) tenue a tele,
je te prie que tu te reposes, si comme je t'ay dit, de ces complaintes.

[102.1] E loe ce que tu blasmez et refuses loenge, car en ce
mesmes te monstre[s] tu plus loable. Car il est escript:[18] 'Li justes
homs est au commencement accusierres de soy'; et:[19] 'Qui se humilie,
il se essauce.' Je voudroye qu'il fust ainsi en ton couraige, comme il
est en ton escript, et s'il est ainsi, vraye est humilité de toy, [ne] ne soit
pas evanoye par nos parolles. **[102.2]** Mes regarde, je t'en prie, que tu
ne quieres loenge par *quoy* mesmes que il semble que tu fuiz loenge,
et que tu ne refuses de bouche ce que tu desirres en cuer. Dont saint
Geriaume escript a la vierge Eustochium entre *ces* autres choses
ainsi:[20]

> Nous sommes meus par mal naturel. Nous nous accordons
> volentiers a noz flateurs, et ja soit ce que nous respoinions que nous
> ne sommes pas dignes, **[102.3]** et que plus noire rougeur s'espande
> par nos visaiges, toutesvoyes l'ame si s'esjoïst dedens a loenge de
> soy.

Cele decevable soutiveté descript Virgilles de la jolive Galathee, qui
en fuiant requeroit ce que elle vouloit, et par semblance de refus
esmouvoit plus l'amant en l'amour de soy. 'Et elle *s'enfuit* ou sauz,' ce
(ce) dist il, 'et couvoite que elle soit avant veue';[21] **[102.4]** c'est a dire
que elle *couvoite* qu'i la voie fuiant ainçois que elle se repongne, (ne) si
que elle acquiere plus la compaignie du jovencel par la fuie en quoy il
semble qu'elle la vueille refuser. Et ainsi en demantieres que nous
sommes veus foir les loenges des homes, nous les esmouvons plus
envers nous, et quant nous faignons que nous voulons **[103.1]**
respondre, si que nul ne cognoisse qu'il puisse riens louer en nous, de
tant embraçons nous plus les faus en nostre loenge; par ce semblons
nous estre digne plus de loenge. Et certes, ces choses disons nous
pour ce que elles avienent souvent, non pas pour ce que nous, qui de
l'umilité* ne doutons point, ne n'aions soupeçon de telz choses sus
toy; **[103.2]** ainsois neis te voulons atremper de ces parolles, pour ce

---

18 Proverbs 18.17.

19 Luke 19.14.

20 Jerome, *Epistolae*, XXII.24 (PL 22, 410).

21 Virgil, *Eclogues*, 3.65.

que il ne soit avis a ceus qui *mains* t'ont cogneue que *moy* [que], si comme dit Giriaume,[22] 'querez gloire en fuiant.' Certes, ja *ma* loenge ne t'enflera, ainz t'esmouvra a mielx faire, et de tant embraceras tu plus estudieusement les choses que je et autres ont loees, come tu t'efforces plus de plaire a moy. **[103.3]** Nostre loenge n'est pas tesmoigniez a toy de religion, a ce que tu en preingnes a toy (de) point d'orgueil; ne l'en doit loenge de nul home croire a ses amis, ne a ses anemis du blasme.

A la parfin nous remaint que nous veingnons a cele teue complainte par quoy – ce est assavoir de la maniere de nostre conversion – toy folement oses plus (folement toy) accuser que, si comme droit est, glorifier [Dieu]. **[103.4]** Je avoye creu que ceste amertume de ton couraige se fust evanoïe longtemps *a* ja par le conseil que la misericorde de Dieu nous a si apertement monstré, qui de tant come elle est plus perilleuse a toy en tourmentant ton corps et t'ame, de tant est elle plus piteable et plus tristre a moy. Que comme tu estudies **[104.1]** plaire a moy par toutes choses, si comme tu dis, au mains pour ceste seule chose – c'est pour ce que tu ne me tormentez, mes pour ce que tu me plaises souverainnement – lesse ceste complainte, avec qui tu ne me pues plaire, ne venir avec moy en pardurable beneurté. Soufferras tu que aille la sans toy, tu qui dis que neis *en feus** me vaudrois tu asuivre? **[104.2]** Ayme religion et requier, au mains pour ceste seule chose, c'est que de moy, qui me haste d'aler a Dieu, si comme tu croys, ne soies pas departie. Et de tant y devons nous plus volentiers venir comme la chose a quoy nous vendrons est plus beneuree, et que nostre compaignie en soit de tant plus aggreable comme elle sera plus beneuree. **[104.3]** Remembre toy de ce que tu as dit. Recorde ce que tu as escript, c'est assavoir en ceste maniere de nostre conversacion, et trouveras que en ce lieu ou l'en croit que Dieu me soit plus adversaires, en ce m'a il esté plus debonnaire, si comme ce est chose aperte. Au mains te plaise l'ordenance de lui en ceste chose une, **[104.4]** que elle est a moy *tres salvable*, mes neis a moy et a toy *ensemble*, *se force de douleur* veult reson recevoir. Ne dueilles pas de ce que tu soies cause de si grant bien, a quoy ne doubtes pas que Dieu ne te ait faite naistre mesmement. A ce que je aye ce souffert, ne le plaingnes pas, fors que quant li proufiz **[105.1]** des passions [de] ses

22 Jerome, *Epistolae*, XXII.27 (PL 22, 413).

martirs et de la mort Nostre Seigneur mesmes [t]'en courrouceront.
Ne le souffrises tu plus paisiblement et mains t'en courrosasses, se ce
ne fust par droit *avenu*? Certainement s'i fust ainsi, m'en avenist que
ce fust plus honteuse chose a moy et plus loable a mes anemis, comme
justice aquiert a euls loenge, et coupe de despit a moy, *ne* nuls
*n'*acuseroit ja ce qui a esté fait, ne ne seroit esmeus en pitié pour moy.

[105.2] Certes, pour ce que nous puissons en ceste maniere
assoager l'amertume de ceste doleur, nous mostrerons que ce nous
est avenu ainsi droiturierement comme proufitabelment, et que Dieu
se *venga* plus droiturierement de nous en nostre mariaige qu'il n'eust
fait en fornicacion. Tu as sceu que puis l'aliance de nostre mariaige,
quant tu conversoies a Argentueil en cloistre avec les nonnains,
[105.3] je ving ung jour priveement a toy veoir, et quelle chose ma
desatrempee luxure fist illec avec toy en une partie du moustier,*
comme n'eussions pas lieu ou nous nous peussions ailleurs destour-
ner. Et as cogneu, si comme je ay dit, dont nous deussions tres grant
honte avoir, que ce qui fut lors fait en lieu de si grant reverence,   et
qui estoit consacrez a la souveraine Vierge, [105.4] est digne de plus
grief venjance, ja soit ce que li torment creuscent* de noz autres
pechiez. Pour quoy raconteroi ge les fornicacions et les autres ordures
dignes de tres grant honte que nous feismes avant nostre mariaige?
Et pour quoy diroi ge a la parfin ma souveraine traïson, par quoy je le
tray si laidement [106.1] ton oncle, avec lequel en sa maison mesmes
je vivoye continuelment? *Qui est cil* qui ne juge que je aye esté tray a
droit par lui, que je mesmes avoie si vilement trahy avant? Cuides tu
que la courte doleur de cele plaie soufisse a l'alegence de si grans
forfais? Mes neis que si grant proufit fust deu a si grans maus? [106.2]
Quele plaie cuides tu qui puisse suffire a la divine justice en si grant
forfait, comme nous avons dit, du tres saint lieu de sa mere? Certes,
se je ne sui trop forment *deceu*, cele tres salvable plaie n'est pas
convertie en la venjance de ces choses, comme sont les choses que je
sueffre chascun jour sans cessier.

[106.3] Tu as neis cogneu, quant je t'envoyé grosse en mon païs,
vestue d'un saint habit, et fainsis que tu feusses nonnain, et par tele
faintise feis sans reverence honte a ta religion que tu as *ore*, et te
mocquas de lui. Or contrepoise neis doncquez comme convenable-
ment (de) la divine justice, mes la grace de Dieu, t'a creue ta volenté
a ceste religion, a qui ne doutas pas faire escharnissement. [106.4] Ele

veult que tu comperes en cest habit ce que tu as contre cest habit forfait, et que la verité mesmes de la chose donne remede a la mençonge de ta faintise, et ament la fauseté.

Mes se tu veuls joindre nostre proufit a la justice que Dieu a fait en nous, tu ne pourras pas tant appeller justice comme grace de Dieu ce que il fist alors en nous. Or entens, doncquez, ma tres douce amie, **[107.1]** par quelx rois de sa misericorde Nostre Sire nous a peschez de la parfondesce de ceste si perilleuse mer, et de com grant demourement de peril* il nous a trais neis maugré nous, qui estions au noier, si que il soit avis que chascun de nous puisse crier en cele vois qui dist:[23] 'Nostre Sires est curieus de moy.' Pensse et repense en com grans perilz nous avions mis nous mesmes, **[107. 2]** et de com grans perilz Nostre Sire nous a delivrez, et ramene(s) touzjours a souveraine action de graces com grans choses Nostre Sires a fait[es] a nostre ame; et conforte par exemple de nous touz ceus qui de la bonté Dieu se desvoient et desespoirent, si que il aperçoivent tuit et avertissent quel chose Nostre Sire fait a ceulx qui le supploient et requierent, quant si grant benefice sont donné a si *pecheeurs* et maugré eulx. **[107.3]** Aperçoif en nous le tres haut conseil de la divine pitié, et [com] convenablement Nostre Sires a *tourné* son jugement en nostre chastiement, et comme saigement il a bien usé de nos maus mesmes, et debonnerement a mis jus nostre felonnie, pour ce que il, par la droicturiere plaie d'une partie de mon corps, donnast medicine a nos .ij. ames. Fay comparaison du peril et de la maniere de la delivrance. **[107.4]** Compare(e) la langueur et la medicine. Regarde les causes des merites et merveille les fais de *sa* misericorde.

Tu as cogneu [a] com grans laidures ma desatrempee luxure avoit amenez noz corps, si que nulle reverence de honesteté, [ne] de Dieu, ne me traist du *touel* de ceste boe, non pas neis es **[108.1]** jours de la passion Nostre Seigneur, ou de quelzcunquez sollempnitez, combien que il feussent grans. Mes neis toy mesmes, qui ne vouloies pas et lutoies encontre, si comme tu pooies, et m'en desadmonestoies, qui par nature plus enferme estoies, [ai ge] traite plus souvent par menaces et par bateures a mon accort. **[108.2]** Car je estoie acouplez a toy par si grant ardeur de charnel delit que ces chetis et tres ors deliz, que nous av(i)ons neis honte de nommer, je les prisoie mielx que Dieu

---

[23] Psalms 39.18 (Vulg.), 40.17 (Eng. Bible).

et moy, et les metoie neis avant; si que il fust ja avis que la divine
debonnereté ne peust pas autrement avoir mis conseil en moy, fors
que par entredire moy *de* touz ces deliz, sans nulle esperance. **[108.3]**
Dont tres droicturierement souffri ceste doleur avec la souveraine
traïson de ton oncle. Pour ce que je ne creusse en ma folie* fu ge
amenuissez de cele partie de mon corps ou li regnes de luxure estoit,
et toute la cause de ceste couvoitise; et que cilz membres fust a droit
tormentez qui avoit en nous forfait le tout, et espurgast en souffrant
ce que il avoit pechié en delictant, **[108.4]** et que elle me circumcisist
ainssi en penssee comme en corps de ces ordures ou je m'estoie tout
plungiez aussi come en la boe. Et de tant me fist plus convenable aus
sainz autieux come nulles techez de charnelz ordures ne m'en
retraisissent. Et comme debonnerement neis elle vout que je
souffrisse en celui membre tant seulement, *dont* li estraignement
donnast **[109.1]** conseil a m'ame et n'en laidist pas mon corps, ne ne
m'empeechast nulle aministracion de offices; mes a toutes les choses
qui sont faites honnestement me *fist* de tant plus prest comme elle me
delivrast plus de la tres grant servitude de ce charnel couraige.

Quant donc la divine grace me *nettoia* de ces tres vilz membres
mielx que elle ne m'en estranga, qui pour l'usaige de souveraine
laidure sont appellez honteus, **[109.2]** [ne] ne soustiennent pas leur
propre nom, que fist elle a moy fors que tolir les ordes choses et vilz,
pour ce que je gardasse la purté de netteté? Certes, aucuns des saiges
hommes, avons nous dis,* desirrans ceste purté de netteté, (qui) se
geterent leurs mains encontre eulx mesmes, pour ce que il ostassent
du tout loing d'eulx les tourmens de ceste couvoitise. **[109. 3]** Et pour
cest agguillonnement neis de char oster trouvons nous que li Apostres
pria Nostre Seigneur, ne oncquez n'en fut oys.[24] En exemple nous en
est donnez cil philosophe des Crestiens, Origenes: pour ce qu'il
est(r)ainsist du tout *en soy* cest embrassement, il ne doubta geter ses
mains a soy mesmes, aussi come s'il entendist a la lettre que *cil*
feussent beneuré, vrayement beneuré, qui *chastrerent* eulx mesmes
pour *le regne* des cieulx;[25] **[109.4]** et creust que tiex acomplissent
vrayement ce que Nostre Sires commande des membres qui nous
men(t)ent ou en escandre ou en peril, c'est assavoir que nous les

24 II Corinthians 12.7-9.

25 Matthew 19.12.

trenchions et les getions loing de nous;[26] aussi come s'il menast icelle prophecie Ysaie plus a l'estoire qu'au mistere, **[110.1]** par quoy Nostre Sires met les chastrés devant ses autres Crestiens, et dist:[27] 'Li chastré, s'i ont gardé mes sabbas et ont esleu les choses que je vols, je leur donray lieu en ma maison et en mes murs, [et] *nom* meilleur de mes fils et de mes filles; je leur donray nom pardurable que ne *perira* pas.' Toutesvoyes encourust Origenes blasme non pas petit en courpe, quant il par [peine de son corps] quist remede *de son crime.* **[110.2]** Sans faille l'amour de Dieu il avoit, mes selonc [scien]ce *n'encourut* il pas la coupe de homicide, en getant sa main encontre soy mesmes? Certainement ce fut fait en lui de lui mesmes par l'amonestement du deable, ou par tres grant *erreur*, qui a esté fait en moy de ton oncle* par la misericorde de Dieu. **[110.3]** Je *escheve* courpe, je ne *l'enqueur* pas; je desert mort, et aquier vie; je sui appellez, et huchie(z) encontre; je m'efforssay de pechié, et suis trais a pardon maugré mien. Li Apostres *aoure*, et n'est pas oïs; il s'efforce de prier, et n'empestre pas. Vrayement 'Nostre Sires est curieus de moy.' Je iray doncquez et raconteray com grans choses Nostre Sire a fait[es] a m'ame.[28]

[110.4] Viens aussi, compaigne et sanz dessevrer, en une action de grace, et tu qui es faite parçonniere et de la courpe et de la grace. Car Nostre Sires n'a pas esté *neant* remembrrables de ton salut, qui te signifia mes avant mesmement a estre seue, aussi come par (et) saint devinement de son nom, quant t'ennobli de ce nom **[111.1]** Helouys, c'est a dire devine, qui vient de son propre nom, qui est Heloy. Ice[lui], di ge bien ordena en l'un de nous conseillier a nous .ij., que li deable *s'efforçoit* de destruire en l'un; que par ung pou de temps ainçois que ce m'avenist, il nous avoit est[r]aint ensemble par la loy du sacrement de mariaige, **[111.2]** come je *te* couvoitasse a retenir a moy a tousjours, qui te amoye oultre mesure, mes neis comme il traitast ja de nous convertir ambedeus ensemble a soy par ceste achoison. Car se tu ne feusses avant couplee a moy par mariaige, legierement quant je me parti du siecle tu te feusses ahers au siecle, ou par l'amonestement de tes parens ou par la delectacion des charnelz delis.

---

[26] Matthew 5.27–30 and 18.8–9.

[27] Isaiah 56.4–5.

[28] Psalms 65.16 (Vulg.), 66.16 (Eng. Bible).

[111.3] Or voy doncquez comment Nostre Sires a esté curieus de nous, aussi comme se il nous gardast a aucuns grans proufis, ou aussi comme s'il en eust desdaing, ou s'il *dueillist* se cil besant de science lettree, que il avoit baillié a l'un et a l'autre de nous, ne feussent despenduz a l'onnour de son nom, ou aussi comme se il redoutast de son tres dissolu petit serf ce qui est escript:[29] [111.4] 'Fames font desvoier et ranoier leur loy les sages', si comme il est certaine chose du tres saige Salemon.[30] Mes li besans de ta saigesce, com grans usures, raporte il chascun jour a nostre oeus, qui as ja enfanté a Nostre Seigneur maintes filles espirituelles, en dementres que [112.1] je suis brehaings du tout et me travaille en vain es filz de perdicion! Or comme ce fust escomeniable dommaige, comme ce fust plorable perte se tu, *entendans* aus ordures des deliz charnelz, enfantasses en doleur au monde pou de filz, qui orendroit enfantes a joie moutepliable lignee au ciel; ne tu ne feusses pas neis plus que femme, qui sourmontes orendroit les hommes, [112.2] et *qui* as tourneee la maleïçon d'Evee en la beniçon Marie! O comme honteusement icelles sacrees mains, qui reversent ore[ndroit les escriptures devines eussent deservi]* aus ordures des besoignes femenines! *Cil nous* a daingné lever hors des ordures de ces fiens, *des toilleïs** de ceste boe, et atraire a soy mesmes par une maniere de force, si comme il feri saint Pol, quant il [le] voult convertir.[31] [112.3] Et par cestui nostre exemple vaut il par aventure espoenter autre[s] saiges de [lettres], pour les retraire de presumpcion. Doncquez te prie ge, sereur, que ce ne te esmeuve pas, ne ne soies pas courrouciez ne tristre au Pere qui charnelment *nous* a *chastiés*, mes entens ce qui est escript:[32] 'Ceulx que Dieu ayme, il les chastie; mes il chastie touz les filz que il reçoit.' Et ailleurs est il escript:[33] 'Qui espergne la verge, il het son enfant.' [112.4] Ceste paine est tres passable, non mie pardurable, et de purgacion, non mie de dampnacion. Oy le prophete et te conforte:[34]

---

29 Ecclesiasticus 19.2.

30 I Kings 11.1 ff.

31 Acts 26.13–14.

32 Hebrews 12.6.

33 Proverbs 13.24.

34 Cf. Nahum 1.9.

'Nostre Sires ne jugera pas deux fois contre cellui, et ne lui livrera pas double tribulacion.' Entens *ce* souverain et ce tres grant amonestement de Verité:[35] 'Vous avrés vos ames en vostre pascience.' Dont Salemon dist:[36] '*Mieudres* est li homs [113.1] paciens que li fort, et cil qui est sires de son couraige que cil qui est vainquierres.'

Ne *t'esmuet* pas en lermes *ou* a compunction de doleur li seulz Filz de Dieu, li innocens, qui pour toy et pour touz autres [fu] des tres felons pris, destrés, tormentez, escharnis a face couverte, buffaiés, arocez de crachaz, couronnez d'espinez, et lors en la parfin penduz entre les larrons en icellui si honteus gibet, et occis de cele si horrible et escommeniable maniere de mort? [113.2] Suer, aies tousjours devant tes yeux et porte en ta pensee cestui qui est vray espous a toy et a toutes eglisses. Regarde Dieu lessant soy mesmes *crucifier* pour toy et portant la crois a soy mesmes. Soyes des femmes et du pueple qui le ploroient et plaignoient, si comme Lucas raconte par ces parolles:[37] 'Maintes tourbes de pueples le suivoit, et des femmes qui le plaignoient et ploroient.' [113.3] Et il, certes, se tourna debonnerement a eulx, et debonnerement leur dist avant la fin le destruiement qui est a venir a la venjance de sa mort, de coy certes, *s'il* estoient saiges, bien se pourroient garder:

> Filles de Jehrusalem,* dist il,[38] ne vueillez pas plorer sur moy, mes plorés sur vous mesmes et sur voz filz; car ne sçay quant le jour vendra et de quoy il [sera] dist: [113.4] Beneurees sont les brehaignes et li ventre qui n'engendrerent pas, et les mamelles qui n'alaictierent pas. Lors *commencieront* a dire aus montaignes: Cheés sur nous; et aus *hauteurs*: Couvrez *nous*; car se ces choses sont faites ou fust vert, que sera il fait ou sec?

Aiez compassion de ton espous souffrant pour toy, et compunction de lui qui fut crucifiez pour toy. Soyes tousjours a son sepulcre de ta penssee, et lermoies et pleures avec les [114.1] loiaulx femmes, des quelle[s] neis, si comme j'ay dit dessus, il est escript:[39] 'Femmes

---

35 Luke 21.19.

36 Proverbs 16.32.

37 Luke 23.27.

38 Luke 23.28–31.

39 See n. 6, above.

seoient au monument larmoiant, et ploroient leur Segneur.' Appareille avec eulx *oignemens* a la sepulture, mes meilleurs, c'est assavoir espiritueulx, non pas corporelx, que ces oignemens requerra cil qui n'avra receu les autres. **[114.2]** Aiez compunction de ces choses en tout le talent de devoccion. Certes, a ceste pointure de compassion amoneste il les loyaulx par Jheremie, et dist:[40] 'O vous tuit qui trespassez par la voie, entendez et veez se doleur est semblable si comme est ma doleur', c'est a dire, se l'en se doit sur nul pacient si doloir par compassion, c'est quant je seul sans courpe compere ce que li autres ont forfait. Cilz est la voie par quoy li loial trespassent de essil a leur païs, que neis la crois, **[114.3]** dont il cria ainsi, nous dreça eschielles a ce. Cilz est occis *pour* toy; offers y est pour toy li sieus Filz de Dieu, pour ce que il volt.

Sur cestui seul te duel en compacient, et aiez compassion en dolent, et acomplis ce qui est dessus dit des ames devotes par Zacharie le prophete:[41] 'Il plaindront', dist il, 'leur plaint, aussi comme sus le seul filz, et se *deudront* sur lui, si comme l'en se sceut doloir a la mort du premier filz.' **[114.4]** Regarde, suer, combien grans est li plainsts a ceulx qui ayment le roy a la mort de son premier et seul filz. Regarde de quel plaint la mesniee et [de] quel pleur toute la court soit degastee, et quant tu seras *venue* a l'espouse de ce seul filz, tu ne soustendras pas ses bra[i]s, qui ne sont pas souffrables. Suer, si *soit* tes plains, si soit tes brais, qui par beneuré mariaige te es couplee a ces[t] espous. **[115.1]** Cist t'a achetee, non mie de ses choses, mes de soy mesmes. Il t'a achetee et arousee de son propre sanc. Regarde com grant chose tu as en toy, et comme tu es precieuse. Certes li Apostres, qui bien entendoit icestui *son* pris, et [en] cest pris il mesmes apercevans com grans [chose] y soit pour *qui* cil pris est donnez, et ajoustans quelle recompensacion il rende a ceste grace, dist:[42] **[115.2]** 'Ja *n'aie* ge gloire fors en la crois de Nostre Seigneur Jhesu Crist, par ou li mondes est crucifiez a moy, et je au monde.' Tu es plus grant que li cieus; tu es plus grans que li mondes; car li fesierres du monde a donné soy mesmes em pris de toy. Dy, je t'en pri, quelz choses sont ve(n)ues en toy [par] cil, qui de riens n'a mestier, *pour quoy pour toy acquerir* il estrive

[40]   Lamentations 1.12.

[41]   Zechariah 12.10.

[42]   Galatians 6.14.

[en] bataille de si tres horrible mort?* Que quiert en toy fors que toy mesmes? **[115.3]** Vrays amis est cil qui desire toy mesmes, non mie tes choses. Vrays amis est cil, quant il avoit a mourir pour toy, disoit:[43] 'Nuls homs n'a plus grant amour de ceste, c'est que aucuns mette sa vie pour ses amis.' Cil t'amoit vrayement, non mie moy. M'amour, qui l'un et l'autre envelopoit en peschiez, devoit estre appellee covoitise charnel, non pas amour. Je acomplissoie en toy mes chetis delis, et c'estoit quantquez je amoye. **[115.4]** Tu dis que j'ay esté tourmentez *pour* toy, et par aventure c'est voirs; mes ce fu plus *par* toy, et encore fut ce maugré moy, non mie pour l'amour de toy, mes par la contraignance de moy, non mie a ton salut mes a ta doleur. Mes cil souffri pour *toy* sauvablement; cil souffri pour toy de son gré, qui par sa passion garist toute **[116.1]** langueur, et oste toute passion.

En celui, je t'en pri, non pas a moy, soit toute ta devocion, toute ta compassion , toute ta compunction. *Lamente* cest innocent, qui a souffert la felonnie et le tort de si grant cruauté, *non mie** la droituriere venjance de justice faite contre moy, mes neis la souveraine grace, si comme je ay dit, qui a esté faite a chascun de nous. **[116.2]** Car tu es desloiaus et felonnesse se tu a ton escient *es contrere* a la volenté de Dieu, mes neis a sa grace si grant. Plaing ton rappareilleur, non mie ton corrumpeur; ton racheteur, non mie ton lecheeur; ton Seigneur mort pour toy, non mie ton serf vivant, mes neis premierement ore vrayment delivré de mort. *Creing,* je t'em pri, que ce que Pompee dist a Cornille qui *ploroit* ne *te* soit reprouchié tres laidement:[44] **[116.3]** 'Le Grant vit* emprés les batailles, mes Fortune perist; t[u as] amé que tu plores.'

Je te pri que tu entendes ce, et (n)aies honte, se tu ne loes les tres honteuses laidures que tu as perdues. Prens doncquez, seur, prens doncquez, je te pri, en pacience les choses qui (sont) par misericorde nous sont avenues. C'est verge de pere, non mie glaive de persecuteur. Li peres fiert pour ce qu'i chastie, que li anemis ne fiere que il occie. **[116.4]** Il empeesche la mort par plaie; il ne nous occist point. Il y met le fer pour trenchier la maladie. Il navre le corps, et garist l'ame. Il le devoit occire; il le resuscite. Il trenche l'ordure pour le lessier net. Il *punit* une foiz, pour ce qu'il ne pu[n]isse tousjours. Li ungs sueffre de

43 John 15.13.

44 Lucan, *Pharsalia,* VIII.84-85.

la plaie, pour ce que li dui soient espergniez de mort. Deux estions *neis* en **[117.1]** courpe, ung en payne. Certes, ceste chose fu pardonnee par la pitié de Dieu a la nature de ton enfermeté, et par une maniere de droit; car de tant come tu estoies plus enferme naturelment par seze et plus fort par continences, mains en estoies redevable a paine.

Et rent graces a Nostre Seigneur qui ore t'a delivre[e] de paine et gardee a couronne. **[117.2]** Et comme il, *pour ce* que je *ne chiee*, m'ait une foiz refro[i]dié(e) par une passion de mon corps de toute l'ardeur de ceste charnel couvoitise, *en* laquelle je estoie touz ententis et pourpris par destrempee dissolucion, il (l)a gardé(e) a ta joennesce, a couronne de martire, maintes plus grans compassions de couraiges du continuel amonestement de char. **[117.3]** Et ja soit ce que il t'anuie (au)oïr ceste chose et que le me deffendes a dire, toutes voies la dit aperte verité. Car celui a qui remaint la bataille remaint la couronne; car 'nulz ne fut coronnez fors que celui qui loialment se sera combatuz.'[45] A moy ne remaint nulle coronne, car il ne me remaint nulle cause de bataille. Ma(r)tire de bataille deffaut a celui a qui *aguillonnemens* de charnel couvoitise est ostez.

[117.4] Toutesvoyes vieulx je que ce ne soit pas neens, ja soit ce que je n'en *reçoive* ja coronne(e), se je en eschieve aucune payne, et la doleur d'une tres passable et briez paine m'est tournee a pardon de maintes choses pardurables. Il est escript de tres chetis hommes de ceste vie,* mes des jumens:[46] 'Les jumens pourrirent en leur fiens.' Je me plaing certes [mains] que ma *merite* se soit amenuisee, quant je ne me *deffie* pas que la teue ne croisse, **[118.1]** car nous sommes une chose en Jhesu Crist, une char par la loy de mariaige. Je ne cuit pas que nule chose qui soit teue me soit estrange. Mes Jhesu Crist est tiens, car tu es devenue s'espouse; et ore me as tu, si comme je t'ay dit devant, serf, que tu connoiss[oi]es jadiz ton seigneur, plus toutesvoyes *ore* conjoint a toy par espirituel amour que subgiet par *paour*. **[118.2]** Dont nous nous fions plus de t'aide envers lui pour nous, que je acquiere par *t'oroison* ce que je ne puis *par* la moye propre; et mesmement ore, quant le continuel enchaucement de peril et de turbacion ne me laisse vivre ne entendre a oroison, ne resemble[r] celui tres beneuré chastré puissant en la maison Candace, la royne des Ethiopiens, **[118.3]** qui

---

45   II Timothy 2.5.

46   Joel 1.17.

estoit sus toutes les richesces de cele royne, et de si loing estoit *venus*
aourer en Jherusalem; a qui, si comme il s'en retornoit, fut par l'anges
envoyez Phelippes li apostres pour lui convertir a la foy, et ce avoit il
ja deservi par oroison ou par contin[u]ence de sainte leçon.[47] De quoy
pour ce que il ne s'en *retraisist* lors en la voy[e], **[118.4]** ja soit ce que
il feust tres riches *paiens*, fait lui fut par grant benefice de *devine*
dispenssacion que leus des Escriptures lui fust au devant, qui donnast
a l'Apostre tres convenable achoison de celui convertir. Mes pour ce
[que] quelcunquez chose n'empeeche nostre requeste, ou la retarde
de estre acomplie, je me sui hasté de fere et de l'envoier a toy cele
mesmes oroison en *quoy* tu supplies a Nostre Seigneur pour nous:

**[119.1] Ci commance l'oroison Abaielart que veult que Helouys
die:**

Dieu, qui des le commancement meïsmes de la creacion humaine,
quant feme as formee de la coste de l'omme, establiz les tres grans
sacremens de mariaige, et qui de grans honnours les noces essauças,
ou en nessant de femme espousee, ou en faisans miracles, et jadis
donnas ceste remede a la dissolucion et a *l'[in]continence* de ma floi-
blesce, **[119.2]** si comme il te pleut; ne despis pas de ta chamberiere
les prieres, lesquelles je soupli[ee] espant ou regart de ta majesté, pour
les oultraiges de moy mesmes et du mien chier ami. O tu, li tres
debonnaires pardonnierres, mes tu qui es debonneretez mesmes,
pardonne a tant et a si grant [torz], et [que] la grandeur de noz courpes
aperçoive par experiment l'umilité* de ta misericorde, qui n'est pas
racontable. **[119.3]** Pugnis nous a heure, que tu ne nous pugnisses a
tousjours. Prens encontre tes sers verge de chastiement, et non ung
glaive de forsenerie. Tourmente la char, si que tu gardes l'ame. Soies
purgierres, non mie vengierres; debonneres, plus que droiturier; pere
misericors, non mie durs Dieu. *Provés* nous, Sires, et nous temptez, si
comme le prophete prie de soy mesmes,[48] aussi comme se il deist
apertement: **[119.4]** Regarde premierement mes *forses*, et selonc eulx
atrempe les fais des temptacions. Et ce promet saint Pol aus *tiens*

---

47 See Acts 8.27–39.

48 See Psalms 25.2 (Vulg.), 26.2 (Eng. Bible).

loiaulx, et dist:[49] 'Certes, loiaulx *est* Dieu, qui ne soufferra pas que *vous soiez* temptez sus ce que vous poez, ainz fera neis couvent avant la temptacion, si que vous li puissez sostenir.' Sire, tu nous as conjoins et devisez quant il te pleut. **[120.1]** Sire, ce que tu as piteusement comancié, accompliz le ore tres piteusement, et nous, que tu as ou monde departis l'un de l'autre, joingnes a toy pardurablement ou ciel; tu qui es nostre esperance, nostre partie, nostre attente, nostre confort, Sire, qui es benois es siecles. Amen.

---

[49] I Corinthians 10.13.

VI

HELOISE TO ABELARD

Or parolle Helouys:

[120.2] *Au* sien especial[ment], la siene senglement.

Pour ce que tu ne me puisses reprandre par aventure en aucune chose de inobedience, le frain de ton commandement est amis aus parolles de ma desatrempee douleur, si que je me atrempe au mains en escripture des choses dont il ne m'est pas si grief comme non possible de moy pourveoir en parolle. **[120.3]** Car nulle chose n'est mains en nostre pooir que nostre couraige, et plus li sommes contrain(gnan)s et obeissans que nous ne li poons commander. Dont il avient que quant li talent de lui nous *agguillonnent*, nuls homs ne bouta oncquez si hors de soy *ses* sou(r)dans hurteïs que il ne saillirent legierement en fes, et que plus legierement n'isse[nt] hors par parolles, **[120.4]** qui sont li plus prest signe des passions du coraige – c'est des choses que nous souffrons en nos cuers – si comme il est escript:[1] 'De l'abondance du cuer parolle la bouche.' Je retreré doncquez ma main de l'escripture es choses dont je ne puis ma langue atremper de parolles, et voudroye que couraige de dolent fust aussi pres d'obeir come main d'escripvant.

[121.1] Toutesvoies pues tu donner aucun remede a ma doleur, se tu ne la me pues tolir du tout, car aussi comme li clos embatus en aucune chose est par autre clou boutez hors,[2] aussi est la premiere pensee forclose par la nouvelle, quant li couraiges entendans ailleurs est contrains lessier du tout ou entrelessier la memoire des premieres choses. Mes de tant proprent plus chascune pensee le coraige, et le

---

[1]   Matthew 12.34.

[2]   See Cicero, *Tusculanae disputationes*, IV.35–75.

trait hors des autres choses, **[121.2]** (que) come la chose que *l'en a pensee est cuidiee* plus honeste, et ce ou nous mettons nostre couraige nous semble plus neccessaire.

Nous doncquez, toutes chamberieres Jhesu Crist et *ses* filles en Jhesu Crist, supplie[e]s requerons ore deux choses de ta paternité, que nous veons moult neccessaires a nous: dont l'une est que tu nous veuilles enseigner dont commença l'ordre des nonnains et (de) quelle est l'auctorité de nostre profession; **[121.3]** et l'autre est que tu nous estab[l]isses en aucune regle et la nous envoye[s] escripte, qui soit propre aus femes et entierement decine l'estat et l'abit de nostre conversion, car nous ne veismes oncquez que nul des sains peres ait ce fait. Certes, par le deffaut et par l'obedience de ceste chose avient il ore que li hommes et les femmes sont egaument receuz es moustiers a la profession d'une mesme regle, **[121.4]** et ung mesmes fais d'establissemens de moniaige est bailliez egaument au(s) plus floibe(s) seze et au plus fort. Car entre les Latins tiennent ore les fames aussi com ung homme une regle de saint Benoist.* Si come certaine chose est qu'elle est escripte seulement aus hommes, aussi est il chose apparent, et par subgiez et par prelaz ensemble, que elle **[122.1]** peust estre acomplie tant seulement par les homes. Car come je lesse ore ces autres chapitres de la regle, *que* appartient il aus femmes ce qui est illec escript des colles, des braies et des [s]capulaires?³ A la parfin, que leur appartient il des tuniques ou des vesteures longues emprés leur chars, comme leurs purgacions mestruie[s] *refuient* (sans) ces choses du tout? **[122.2]** Et que leur appartient il *neis* ce qui est establi de l'abbé, que il die la leçon de l'Euvangile, et aprés ce que il commance *l'hymne*?⁴ Et quoy de establir la table a l'abbé loing des autres avec les pelerins et avec les hostes?⁵ E[s]t ce doncquez chose convenable a nostre religion, ou que elle ne *doingne* jamés hostel aus hommes ou que l'abbesse *menjuse* avec les hommes que elle avra a retenir? **[122.3]** O comme est legiere [a] la trebuchance des ames la cogitacion des hommes et des fammes ensemble, mesmement a table [ou] angoisse seigneurist et yvr[e]sce, et vins y est beus en douceur, 'en quoy est

---

³   Rule, chapter 55.

⁴   Rule, chapter 11.

⁵   Rule, chapter 56.

luxure'.⁶ Et saint Geriaume, eschevant ceste chose, bien la remembre quant il escript a sa mere et a sa suer, et dist:⁷ 'A paine il est,' dit il, 'gardee *chastee* entre les mengiers'. [Cil] poetes mesmes, maistres de luxures et de laideur, **[122.4]** determine et poursuit estudieusement ou livre qui est appellé l'*Art d'Amours* comme li mengiers mesmement donne grant achoison de fornicacion, et dist:⁸

> Et comme li vin ont *arousees* les beuvables *ailes du* dieu d'amours, il remaint parfaitement et est illec en estant, si pesant que il ne se puet *mover*. Lors viennent ris, lors prent li povres ses cornes, lors s'enfuient doleurs, cures et fronces de front. Il[lec] entraient souventez fois pucelles **[123.1]** les couraiges des jovenciaulx, et la deesse d'amours se mist es vins et es vainnes et li feus ou feu.

Et se les nonnains reçoivent a leur table seulement les femmes que elles ont receues en leur hostel, ne s'i atapist il point de peril? Certes, en fame traïr nulle maquerelle n'est si legiere comme maquerelle de femme; ne femme ne baille pas si prestement la laideur de sa corrumpue pensee a nul comme a femme. **[123.2]** Dont le devant dit Geriaume amoneste femmes de saint propoz que elles eschevent sur toutes choses les compaignies seculieres.⁹ A la parfin, se nous forcloons les homes de nostre hostellerie et *recevons* seulement les femmes, qui est qui bien ne voie comment nous courrouçons asprement les hommes de qui benefices ont besoing li moustier du sexe floibe et enferm, **[123.3]** mesmement se il leur est avis [que elles doignent pou ou neant] du tout a ceulx de qui elles reçoivent le plus?

Mes se la teneur de la devant dite regle ne puet estre acomplie par *nous*, je redout que cele parolle de Jaques l'apostre ne soit dite en nostre dampnacion:¹⁰ 'Quicunquez avra gardee toute la loy et faut en une chose, il est coupable de toutes'; c'est a dire de ce mesmes neis est establi coupables cil qui parfait maintes choses, que il ne les *acomplist* toutes; **[123.4]** et d'une seulle chose est il fait trespassierres de la loy de qui il n'est acomplissierres, se il n'en a esté consommez

---

6   Ephesians 5.18.
7   Jerome, *Epistolae* CXVII (PL 22, 957).
8   Ovid, *Ars amatoria*, I.233–34, 239–40 and 243–44.
9   Jerome, *Epistolae* XXII (PL 22, 403).
10 James 2.10.

et parfais touz les command[emens]. Et quant ceste chose espont
tantost diligenment li Apostres mesmes, il y adjousta:[11] 'Car cil qui
dist "tu ne feras pas fornicacion", dist il, "et n'ocirras pas"; et se tu ne
fes fornicacion et tu occis, **[124.1]** tu es fais trespassierres de la loy.'
Aussi comme se il deist apertement: pour ce est fait chascun
coupables du trespassement de chascun commandement, car Nostre
Sires mesmes, qui commande de l'un, aussi com[mand]e de l'autre; et
quelcunquez commandement de la loy soit corrumpus, cil est despis
qui commanda la loy a garder, non pas en l'un des commandemens
sans plus, mes en touz ensemble.

[124.2] Mes ja soit ce que je trespasse iceulx establissemens de la
regle que nous ne poons du tout garder, ou se nous le poons, ce n'est
pas sans peril, ou (n)acoustuma oncquez couvent de nonnains [issir]
pour seer les blez, ne pour faire les travaulx des champs?[12] Ou en quel
lieu esprouva il en ung an l'esprouvance, c'est l'estableté du couraige
des femes qui sont a recevoir, et au tiers an* les enformacions (et)
enseigna, quant la regle leur eust esté leue, si comme il est
commandé?[13] **[124.3]** De rechief, que est plus folle chose que d'entrer
en voie mesconeue qui n'a pas encore esté dite ne monstree? Quelle
presumpcion ou quel fol hardement est plus grans que eslire vie et
fere une profession quant tu ne la sez, ou fere veu que tu ne puisses
acomplir? **[124.4]** Mes que(lle) discrecion soit mere de toutes vertus,
et raison soit atremperresse de touz biens, qui est cil qui jugeroit a
vertuz et a bien ce que il voit descorder de bien et de vertu? Certes,
les vertus mesmes, si comme Geriaumes dit,[14] quant elles trespassent
maniere et *mesure*, convient il estre mises et **[125.1]** jugies entre les
vices. Mes qui est cil qui bien ne voye que c'est loi[n]g et hors de
toutes resons et discrecion, quant l'en veut fessiaus *charger*, se les
forses de ceulx a qui l'en charge ne sont avant bien esgardees, si que
la pourveance des hommes ensuive la pourveance de nature? **[125.2]**
Qui jugeroit que ung asne fust aussi dignes de si grans chargez comme
ungs olliffans? Qui est cil qui enjoigne aussi grans choses aus enffans
ou aus viellars comme aus hommes vertueus, aus vaincuz et aus

---

[11]   James 2.11.

[12]   Rule, chapter 48.

[13]   Rule, chapter 58.

[14]   Cf. Jerome, *Epistolae* CIII (PL 22, 1116).

floibles comme aus fors, et aus malades comme aus sains, et aus femelles comme aus masles, c'est assavoir au plus enferme(s) sexe comme au fort? **[125.3]** Pappe Gregoire, qui diligenment entendoit ou .xxiiij^e. chapitre de son ***Pastoural*** aussi des choses [a] amonester come a commander, fait cele division:[15] 'Autrement [sont] a amonester li homme et autrement les femmes, car a ceulx doit on enjoindre griez choses, et legieres a celles, si que grans choses facent ceulx hantés et aüsez, mes choses legieres convertissent celles en assoaigent.'

[125.4] Certes cilz, vers, qui escriptrent *celles* regles des moynes ne se turent pas seulement du tout des femmes, mes establirent choses que ilz savoient bien qui ne leur estoient en nulle maniere convenable. Dont il octroient assez proufitablement que la teste du torel et la teste de la genice ne doivent pas estre [chargiees] d'un mesmes *pois* de regle, car il ne convient pas estre egaus en travail ce que nature a fait desparaulx. Mes saint Benoist, qui bien estoit **[126.1]** remembrable de *ceste* [discrecion] comme plain d'*esperist* de toute droiture, atrempe si a sa regle toutes choses selonc la qualité des hommes ou des *temps* que elles, si comme *il* mesmes conclut en ung lieu, soient parfaites par mesures.[16]

Or conte Helouys la riulle saint Benoist:

[126.2] Or commance donquez premierement de l'abbé mesmes, et commande *que* il soit sur ses subgiez en telle maniere:[17]

> Que selonc la qualité et l'entendement de chascun il se conferme et se conjoigne a touz, que il ne seuffre pas tant seulement l'apeticement de son fou qui lui a esté bailliez, mes s'esjoysse en l'acroissement de son bon fou ... **[126.3]** et tousjours ait soupeçon de sa fragilité, et lui remembre que ly *roysiaus* est cas, non pas a tribler[18] ... Et doit deviser les temps et penser* a la discrecion de saint J[ac]ob, qui dit:[19] 'Se je *fais* plus mes fous traveiller en alant, ilz

15 Gregory the Great, *Regula pastoralis*, III.1 (PL 77, 13–128, at col. 51C).

16 Rule, chapter 48.

17 Rule, chapters 2 and 64.

18 Isaiah 42.3.

19 Cf. Genesis 33.13.

morront en ung jour tuit.' Or preigne donquez reson et ceus et autres tesmoings de discrecion, mere des *vertus*, et atrempe(z) si toutes choses que cilz soient fort qui les couvoitent et li foible ne *les* fuie[nt] pas.

[126.4] Certes, a ceste atrempance de dispensacion apartient l'indulgence et li pardons de enfans, des vieillars, et des foibles du tout, *et* la pourveance du lecteur ou des semeniers *en* la refeccion de la cuisine devant les autres, et ou couvent neis de la qualité et de la quantité de la viande ou du beuvraige selonc la diversité des hommes.[20] [127.1] Et chascune de ces choses est illec diligenment escript[e]: les temps neis *establiz* du joenne relasche il selonc la qualité du temps ou la quantité du travail, si comme *l'enfermetez* et la foiblesce de nature le requiert.[21] Or di, je t'en pri, quelz estas est et ou est [c]il qui ainssi atrempe toutes choses *a* la qualité des hommes et *des temps, si que* les choses establies puissent estre souffertes et portees de touz sans gondrillement et sans complainte? [127.2] Mes que pourveist il des femmes, se il leur establisi[s]t ensemble regle aussi comme aus hommes? Car se il est contraint a atremper en aucunes choses la roideur de la regle aus enfans et aus vieillars et aus floibles selonc floiblesce ou l'enfermeté de leur nature, [que pourveist il du foible sexe, dont est cogneu mesmement la foiblesce et l'enfermeté de leur nature]?

[127.3] Regarde(e) comme ce est loing de toute discrecion de reson que les femmes soient autant obligiees comme li home en la profession d'une mesmes regle, et que li foible soient aussi chargez comme li fort d'un mesmes corps.[22] Je croy que ce soit assez et souffire doit a nostre enfermeté, se ve[rt]u de continence et d'abstinence nous fait egaus et pareilles aus gouverneeurs des eglises et aus clers qui sont establiz es sacrés ordres, mesmement comme Verité die:[23] [127.4] 'Tout hom *sera* (et) parfait, s'il est aussi comme ses maistres.' [Il devroit neis estre tenu pour grant chose, se nous pouions estre egaus aus lais religieus],* car les choses que nous jugons a petites *es fors*, nous *les merveillons es* foibles; et si comme dist li

---

[20] Rule, chapters 35–41.

[21] Rule, chapter 36.

[22] Cf. Rule, chapter 48.

[23] Luke 6.40.

Apostres:[24] '*Vertuz* est parfaite [en] enfermeté.' Et que ne soit pas tenue pour petite chose la religion des gens layes, si comme fut Abraham, David, et Jacob, il nous remembre de Jehan Bouche d'Or, qui dist en l'***Espitre aus Ebriex***, ou **[128.1]** sermon septiesme:[25]

> Moult de choses sont en quoy ... nuls homs pourra traveiller pour enchanter cele beste. Quelles sont ces choses? Travaus, leçons, vegilles. Mes aucuns diroit: 'Que nous apartient ce a nous, qui ne sommes pas moynes?' 'Me(s) dis tu ces choses?', dit li Apostres,* quant il dist:[26] 'Veillans en toute pascience et en oroison'; quant il dist:[27] **[128.2]** 'Ne faites pas cure de char en charnelz couvoitises.' Car ce n'escripvoit il pas aus moynes, mes a ceus qui estoient a son temps.* Car li seculiers homs ne doit plus riens avoir que li moinnes, que tant seulement gesir avec sa femme. Car aussi a il pardon, es *autres* choses non pas; ainçois doivent faire egaument toutes choses si comme li moynes. **[128.3]** Car les beneuretez qui sont dites de Jhesu Crist ne sont pas dites tant seulement aus moynes ... autrement perira touz li mondes ... Et en estroit *enclot* les choses qui sont de vertuz. Et comment sont mariages honnorables, qui si grant *lien nous donnent?**

Certes, de ces parolles est il apertement cueilli que quicunquez adjoustera aus commandemens des Euvangilles la vertu de continence, **[128.4]** il acomplira la perfeccion de moniaige.

Et je voudroye que nostre religion peust jusques la monter que elle acomplist l'Euvangille et ne la sormontast pas, et que nous ne requesissions plus que estre crestiennes. De ce, certes, se je ne sui deceue, *jugierent* li sains peres qu'i n'establiroient pas a *nous* si comme aus hommes nulle **[129.1]** si general regle aussi come une novelle loy, ne ne *chargeroient* pas nostre enfermeté par grandeur *de veus*. Il entendoit celle parolle de l'Apostre:[28] 'Car loy fait ire, car la ou loy n'est pas n'a point de destorbier de loy.' Et de rechief:[29] 'Certes, loy

---

[24] II Corinthians 12.9.

[25] John Chrysostom, *Homiliae in Epistolis ad hebraeos*, IV.7 (PG 63, 9–236, at col. 289).

[26] Cf. Ephesians 6.18.

[27] Romans 13.14.

[28] Romans 4.15.

[29] Romans 5.20.

entra pour ce que pechié trebuchast.' Certes, cil mesmes tres grant p[r]echerres de continence, qui moult se deffioit de nostre enfermeté, aussi comme en contraignant les maindres *veuves* d'aler avant aus secondes noces, dist:[30] **[129.2]** 'Je vueil qu'elles se marient et que elles aient enfans, et soient meres de mesniees, et ne donnent pas achoison a l'anemi'. Saint Geriaume neis, regardans que ceste chose estoit tres *sauvable*, donne conseil *a Eustochium des veus* que les femmes *font* depourveues, et dist telz parolles:[31]

> Certes, se celles qui sont vierges ne sont pas toutesvoies sauvees pour leur *autres* pechiez, **[129.3]** que sera il fait a celles qui vendirent les membres Jhesu Crist, et le temple du Saint Esperit *muerent* en bordel? ... Il vausist miex et fust plus droituriere chose a homme que il se fust mis en mariaige, et fust alé les voies plaines, que se il tendist par les montaignes et cheist ou parfont d'enfer.

Et de *ces* folles *professions* donne conseil saint Augustin ou livre **De la Continence de** Veuveté, et escript a Julien en *ces* parolles:[32] **[129.4]** 'Celle qui n'a pas commancé, entende a soy pourpenser; celle qui a commencié, (a) entend(r)e a continuer et a perseverer. Nulle achoison ne soit donnee a l'aversier; nulle offrande ne soit soustraite a Jhesu Crist.' De ce neis li canons donans conseil a nostre enfermeté jugierent que femmes ne doivent pas estre ordenees a dyacres[ses] devant .xl. ans,* et que ce **[130.1]** soit diligenment fait par diligent probacion, ja soit ce que l'en ordene diacres de vint ans.

Et sont es moustiers chanoine qui sont appellés reguliers, et tiennent, si comme ilz dient, une regle de saint Augustin,* qui(lz) ne cuident pas en nulle maniere estre plus bas que moynnes, ja soit ce que nous *les* voions menger chars et user des robes linges. **[130.2]** Et se nostre enfermeté pooit consuivre en arrier la vertu de *ceulz*, devroit ce estre tenu pour pou de chose? Certes, que l'en nous doigne plus seurement et plus legierement indulgence et pardon de toutes viandes, Nature mesmes y a mise pourveance, que nostre sexe a garni de plus grant vertu de sobrieté et d'atrempance. Car certaine chose est que femmes pueent estre soustenues de plus espergnables despens et de mains de viandes que li homme, **[130.3]** et *phisique* nous tesmoigne

---

[30] I Timothy 5.14.

[31] Jerome, *Epistolae*, XXII (PL 22, 397–98).

[32] Augustine, *De bono viduitatis*, IX.12 (PL 40, 431–50, at col. 437).

que elles ne sont pas si legierement enyvrees. De ce fait neis me[n]cion Macrobes Theodosiens ou quart livre des **Saturniens** par telz parolles:[33]

> Femmes, *se* dist Aristotes,[34] sont a tart enyvrees, et li vieillart souvent. Femme est tres *moiste* de corps, ce monstre la *soueveté* et la resplendeur de son *cuir*. [130.4] Et ce enseignent mesmement les coustumees purgacions deschargens son corps de surhabundant humeur. Quant doncquez li vins beus est cheus en si large humeur et moiste, il pert sa force … et ne fiert pas legierement le siege du cervel; sa force est estainte.

De rechief:

> Corps femenin, destinés aus espesses purgacions, e[s]t confis de pluseurs *pertuis, si que* il soit ouvers au [131.1] trespasser et doigne voie a l'umeur decourant pour issir hors; par ces *partuis* s'en vet isnelment la vapeur du vin. Et encontre *ce li* viellart o[n]t le corps sec, et ce preuve l'apresté et l'oscurté de leur *cuer*.

Or prens doncquez garde [de] ces choses et combien toutes viandes et tout beuvraige peuent estre abandonné plus seurement et plus droiturierement a nostre nature et a nostre enfermeté, [131.2] de qui li cuer ne pueent estre grevé de glotonnie ne de yvresce, comme espergnance de viande nous deffende de l'une et (de) la qualité au corps femenin de l'autre, si comme il a esté dit ci devant. A nostre enfermeté doit suffire et estre tenu a grant chose se nous vivons continuelment* et sans proprieté, entendans aus offices divins, et aconsuivons et amons les gouverneurs des eglises ou les lais religieus, [131.3] en estre leur *pareilles* en maniere de vivre, ou au moins de ceulx qui sont appellez chanoine riullez et souverainement suivent, si comme ilz dient, la vie des apostres.

Au derrenier, grant pourveance est a ceus qui se obligent a Dieu par veu que il veuent mains et facent plus, si que il adjoustent tousjours par grace aucune chose aus debtes. [131.4] Car de ce dit Verité par soy mesmes:[35] 'Quant vous avrez fait toutes les choses qui vous sont commandees, et dites: nous sommes serf neant

---

33 Macrobius Theodosius, *Saturnalia*, 7.6.16–19; ed. J. Willis (Leipzig: Teubner, 1963).

34 *Locum non invenio.*

35 Luke 17.10.

proufitables; nous avons fait ce que nous deusmes.' Aussi come se elle deist apertement: *pour ce* sommes nous neent proufitable et devons estre tenu aussi comme pour neent et sans merites, car il nous soufist rendre tant seulement nos **[132.1]** detes, et n'avons riens adjousté de grace par dessus. Et de ces graces a ajouster par dessus Nostre Sires mesmes, parlans *en* par[ab]olles* dist:[36] 'Et se tu as rien donné par dessus, je le te rendray quant je seray revenus.' Certes, en cel temps, se maint fols feseeurs de profecions [de moniaige entendissent plus diligenment et aperceussent avant en quelle profession]* il jurassent, **[132.2]** et encharçassent estudieusement la teneur de leur riulle, ilz pechassent mains par ignorance et par negligence. Mes ore est pres que tuit courans egaument sanz discrecion a conversion de moniaige, desordeneement receu, plus desordeneement vivent, et par cele meïsme legiereté par quoy il font profession ou riulle mesconneu[e], il la depissent et establissent *coutumez* telles comme ilz veulent par loy.

[132.3] Doncques est il a pourveoir a nous que noz, femmes, ne soions si foles hardies que nous folement osons emprendre ces fais en quoy nous veons les hommes pres que touz cheoir dessoubz, mes neis deffaillir. Nous regardons [que] li mondes est ja ungs vieillars, et que li homme meïsmes, *et* ces autres choses du monde, ont perdue l'ancienne vigueur de nature. **[132.4]** Et selonc ce que Verité dit,[37] charité est refroidiee non mie tant de plusseurs, comme pres que de touz, si que il convient ja pour la qualité des hommes ou muer ou atremper les regles meïmes qui pour les hommes ont esté escriptes.

Dont saint Benoist mesmes, remembrables de ceste discrecion, recognoist que il a si atrempee la rigour de distrece de moniaige que la regle par lui descripte il ne l'apelle fors que ung establissement de **[133.1]** honnesteté et ung commencement de conversacion *en* comparaison de[s] premiers establissemens, et dist:[38]

> Certes, nous avons descripte ceste regle pour ce que nous, en gardant la ... demonstrons en aucune maniere que nous aions eu honnesteté de meurs ou commencement de conversacion. Mes les choses qui hastent homme d'aler a profeccion de conversacion sont

[36] Luke 10.35.

[37] See Matthew 24.12.

[38] Rule, chapter 73.

les doctrines des sains peres, **[133.2]** de qui la garde demaine homme a la hautesce de perfeccion.

De rechief:

> Tu doncquez, homme quicunquez, [qui] te hastes d'aler ou celestial païs, *parfais* a l'aide de Dieu ceste tres petite regle de commencement et lors a la parfin tu vendras a plus grans hautesces de doctrine et de vertus.

Et come *lisons* que li saint pere soloient acomplir ung sautier en ung jour, si comme saint Benoist mesmes dist,[39] **[133.3]** il atrempa si le chant des psiaumes aus pareceus que il soufist aus moynes par la sepmaine dire maindre nombre de psialmes que ne font li clerc.

Et *quelle* chose neis est si contraire a la religion et au repos de moniaige, comme celle qui souverainement donne nourrissement a luxure et esmuet tumultes, et efface en *nous* l'ymaige mesmes de Dieu, c'est reson, **[133.4]** pour quoy nous valons [mielx] que ces autres creatures? Certes, ce est *vins*, que si comme l'Escripture nous afferme, c'est dommaige sur toutes les choses qui appartiennent a vivre, et amoneste que l'en l'eschieve. Neis de quoy li grans *mestres* des saiges en fait mencion *es* Proverbes, et dist:[40]

> Luxurieuse chose est vins, et demonstreuse yvresce. **[134.1]** Quicunques en telz choses se delite, il ne sera pas saige ... A qui vendra dehais? Et au pere de qui? A qui tençons? A qui fosses? A qui plaies sans causes? A qui lermes des yeux? Ne sera ce a ceus qui demeurent en vin et s'estudient a vuider hanaps? Ne regarde pas le vin quant il blondoie, quant sa couleur resplendist ou verre. Il entre souef, mes au derrenier il mordra comme couluevre et espandra venin, **[134.2]** si comme *li rois* des serpens. Ti(l) ouil verront les estranges, et tes cuers parlera choses parverses. Et seras dormans si comme ou milieu de la me[r], et comme *gauffrenorres* en dormant qui a perdu son clou. Et diras: 'Batu m'ont, mes je ne m'en dolui pas; trainé m'ont, et je n'en senti rien. Quant je m'esveilleray, je trouveray de rechief les vins.'

[134.3] De rechief:[41]

---

[39] Rule, chapter 18.
[40] Proverbs 20.1, 23.29–35.
[41] Proverbs 31.4–5.

Ne vueilles pas au[s] roy[s] donner vins, car nulle chose n'est secree la ou yvresce est; et que par aventure il ne boivent et oublient les jugemens, et muent la cause du povre.

Et en Ecclesiastiques est il escript:[42] 'Vin et fames affolent et font desvoier neis les saiges, et reprennent les cenés.' Certes, Geriaume mesmes, escripvans a Nopacien, **[134.4]** et aussi comme griefment desdaignans de ce que li prestres de la loy (de ce quil) se tiennent de tout ce *qui puet* enyvrer, surmontent les nostres en ceste abstinence, dist:[43]

> Ne flaires pas le vin, que tu n'oies cele parolle au philosophe:[44] 'Ce n'est pas rendre baisier, [mes offrir a boire].' Et li Apostre neis dampne les prestres [qui] *vin* flairent, et la viez loy le deffent:[45] Cil qui servent ne boivent pas vin ne sidre. **[135.1]** Sidres est apelé en ebrieu tout beuvraige qui puet enyvrer, ou qu'i est confis a levain, ou de just de pommes, ou est *cuiz* en doulçour de miel et beuvraiges d'erbes, ou *se* fruis de *palmiers* sont esprains *en* liqueur, et sont cuit li blé et en est coulee toute la plus crasse yaue. Fuy aussi comme vin toute la chose qui *enivre* et parvertist l'estat de la pensee.

Vez cy que ce qui est deffendu aus delices des roys est du tout desneé aus prestres, **[135.2]** et est certaine chose qu'il est plus perilleuse chose que toutes viandes. Toutesvoyes saint Benoist mesmes, qui fut espirituelx homme, est contraint a donner indulgence par une maniere de dispenssacion aus moynes du present aage. 'Ja soit ce,' dist il,[46] que nous lisons que moyne ne doivent en nulle maniere boire vin, mes pour ce que par nul amonestement ne puet estre fait que li moyne de noz temps a ce ne se vueillent accorder, etc.', **[135.3]** lisent, se je ne sui deceue, ce qui est escript es ***Viez des Peres*** par telz parolles:[47]*

> Aucun raconterent a l'abbé Pasteur d'un moyne qui ne beuvoit pas vin, et il leur dist que vin n'affiert pas a moynes.

---

[42]   Ecclesiasticus 19.2.

[43]   Jerome, *Epistolae*, LII (PL 22, 536–37).

[44]   Unknown reference.

[45]   Cf. I Timothy 3.3 and Leviticus 10.9.

[46]   Rule, chapter 40.

[47]   *Verba seniorum vel de vitis patrum*, V.4.31 (PL 73, 855–987, at col. 868D).

De rechief, aprés aucune chose:[48]

> [Aucune foiz fu] faite *une* celebracion(s) de messes ou mont l'abbé Antoin[e], et trouverent illec ung vessel de vin. **[135.4]** Et le leva ung des vieillars le petit vessel, [le porta] a l'abbé *Sesoi* et li donna. Et il beut une fois. Et lui bailla la seconde fois, et li abbé le prinst et beut. Puis lui offri la tierce fois, mes il ne le prinst pas, et dist: 'Repose toy, frere; ne scez tu pas que Satenas y est?'

Et de rechief *de l'abbé Sesoy:*[49]

> Donquez dist Abraham, ses disciples: **[136.1]** *'Se il avient* au dymencle et au samedi [a l'eglise], et *l'en* boit .iiij. calices, n'est ce moult?' Et li viellars dist: 'Se Sathanas ne fust, ce ne fust pas moult.'

Or di, je t'en pri, ou furent oncquez de Dieu chars dampnees ou *deffendues* a moynes? Voy, je t'en pri, et entent par quel neccecité saint Benoist atrempe la regle en ce neis qui est plus perilleux a moynes, et que il savoit qu'i ne leur apartenoit pas, **[136.2]** c'est assavoir pour ce que l'abstinence du vin ne pouoit estre mise par nul amonestement a moynes de son temps. Je voudroie que par celle mesmes dispenssacion fust ausi fait en cest temps, c'est assavoir (l)es choses qui sont moyennes de bien et de mal et sont ditez sans differances ne bonnes ne males, fut fait telz atrempemens; **[136.3]** c'est que nulle *profeccion* ne requist ce qui ne puet estre icy tenu par nul amonestement, et que sans escendre toutes les moyennes choses [feussent] octroye[e]s; il sufisist que li pechié feussent seulement deffendu, et que on dispensast semblablement en viandes et en robes, si que la chose qui plus proufitablement pourroit estre achetee fust amenistree, **[136.4]** et que par toutes choses fust mis conseus a neccecité, n'onques a oultraige. Car l'en ne doit pas avoir moult grant planté de chose qui ne nous appareille pas a regne de Dieu. Certes, *ce* sont toutes les choses qui sont faites par dehors et sont egaument au[s] refusez communes si comme aus esleus, aussi aus ypocrites comme aus religieus. Car nulle chose ne deserve cy, ne si **[137.1]** grant difference ne fait entre Juifs et Crestiens comme la division des oeuvres dehors et *dedens,* mesmement comme seule charité face departement entre les filz de Dieu et les filz du deable. Et ceste

---

48 *Verba seniorum vel de vitis patrum,* V.4.36 (PL 73, 869CD).

49 *Verba seniorum vel de vitis patrum,* V.4.37 (PL 73, 869D).

appelle(nt) li Apostre acomplissement de loy et fin de commandement; dont il mesmes *appetissant* du tout ceste gloire des ouevres, pour ce que il mette avant et prise mielx justice de foy, parlant au Juif dis[t]:[50]

> [137.2] Donc, ou est ta gloriacion? Elle est forclose. Par quelle loy est ce? Par la loy des *sains*?* *Non, ains* par la loy de foy. Car nous croions que *l'omme* soit justefiez par foy sans oeuvrez de la loy.

De rechief:

> Se Abraham est justefiez [des oeuvres de la loy, il] a la gloire, mes c[e n']est envers Dieu. Car que dist l'Escripture? Abraham *creut* a Dieu et li tourne a justice.

[137.3] Et dist de rechief:

> A celui, ce dit, qui n'ueuvre pas, et croit en celui qui justifie le felon, foy lui est tournee a justice selonc le propos de la grace de Dieu.

Il mesmes, neis, qui abandonne aus Crestiens a menger toutes viandes, fait division entre ces choses et les choses qui justicent, [et] dit:[51]

> Viande et beuvraige n'est pas regne de Dieu, mes justice e(s)t pais et joie ou Saint Esperit … [137.4] Certes, toutes ces choses sont nettes, mes [mauvés a] homme est qui par coupe *menjue.* Bonne chose est que *l'en* ne menjue pas char et que l'en ne boive pas vin, ne nulle chose en quoy *tes* freres soit encourpés ou *escendrez* ou affloiboyez.

Certes, en ce liu n'est pas deffendu li menger de toutes viandes, mes li esclandes du menger, par quoy neis aucuns des *Juifs* convers estoient escandalizié, [138.1] quant il veoient que l'en mengoit les choses que la loy avoit deffendues. Dont Pierres neis li apostres, qui couvoitoit eschever ceste esclandre, en fut griefment reprins par lui et sauvablement chastiez, si comme saint Pol mesmes, escripvant [aus Galachiens le remembre,[52] et de rechief escripvant] aus Corinthiens dist:[53] 'Certes, viandes ne nous i commande(nt) pas ne ne rent loables

---

[50] Romans 3.27–28 and 4.2–3, 5.

[51] Romans 14.17, 20–21.

[52] Galatians 2.11–13.

[53] I Corinthians 8.8.

ne aggreables a Dieu'. **[138.2]** De rechief:[54] 'Mengiez tout ce qui est vendu en boucerie; (de) la terre et la plenté de lui e[s]t de Nostre Seigneur.' Et as Collooeuses dist il:[55] 'N(o)us homs doncquez ne *vous* juge en viande ou en beuvrage.' Et aprés aucunes parolles dist il:[56] 'Se vous estez avec Jhesu Crist mort des *elemens* de ce monde, pour quoy faites vous division comme vivant encore ou monde? **[138.3]** Que nous n'atouchons, ne ne mengons, ne ne baillons ces choses, qui sont toutes a mort par l'usaige mesmes selonc le commandement et les doctrines des hommes.' Il appelle les elemens de ce monde les premiers commancemens de la loy selonc les gardances charnelz, *en* la doctrine desquiex li mondes, ce est li pueples encore charniex, se hantoit et se haüsoit premierement ausi comme emprendre les commencemens de lettres. **[138.4]** Certes, de ces elemens, c'est a dire de gardance[s] charnelz, *et* Jhesu Crist et li sien sont mort, quant il n'en doivent riens; car il ne sont mie ja vivans en ce monde entre les charnelz, qui entendent aus figures et divisent et departent les unes viandes et les unes choses des autres, et disent aussi: n'atouchez **[139.1]** pas ces choses ne cestes, etc. Lesquelles choses atouchees ou mengiees ou bailliez, ce dit li Apostres, sont en la mort de l'ame par leur usaige mesmes, et toutesvoyes *usons* nous de ces choses mesmes a aucun proufit. Mes ces parolles dist il selonc le commandement et les doctrines des hommes – c'est des charnelz et qui charnelment entendent la loy – **[139.2]** plus que selonc le commandement et la doctrine de Jhesu Crist et des siens. Car come il envoiast les apostres prescher la ou se doivent plus garder de touz esclandes, il leur abandonna si le mengier de toutes viandes, que avec quelcunquez gens que il feussent receus a hostel, que ilz mengassent et beussent si comme li autre ce qu'ilz trouveroient entour eulz.[57]

[139.3] Certes, saint Pol mesmes *veoit* ja de loing par esperit ceulx qui de ceste discipline de Nostre Seigneur et de la seue se departiroient ou ceulx qui estoient a venir, desquelz il est escript a Thymotee, et dit:[58]

---

54 I Corinthians 10.25–26.

55 Colossians 2.16.

56 Colossians 2.20–22.

57 Cf. Luke 10.7.

58 I Timothy 4.1–6.

Certes, li Esperis me dist apertement que au derrenier temps se departiront aucuns de la loy, entendans aus esperis de erreur et aus doctrines de deables, et parleront mençonge et ypocrisie ... **[139.4]** et deffendront marier, et commanderont que l'en face abstinence des viandes que Dieu a criees a estre prises avec action de grace *aus* loiaus [et] a ceulx qui ont cogneue verité. Car toute creature de Dieu est bonne, et ne doit estre refusee ne getee nulle chose qui est prise avec action de grace, car elle est saintefiee par la parolle de Dieu et par oroison. **[140.1]** Tu, proposant ces choses a *tes* freres, seras bon me[ni]stres de Jhesu Crist, et norris de parolles et de foy et de bonne doctrine que tu as conceue.

A la parfin, qui est cil qui ne tieigne Jehan *et* ses disciples, qui se recognoissoient par tres grant abstinence, pour plus religieus que ne fust Jhesu Crist meïsmes et li sien disciple, se il *tent* li oeil du corps a la demonstrance de l'abstinence dehors? **[140.2]** [De quoy neis ces mesmes disciples de Jehan] gondrilloient encontre Jhesu Crist et les siens et demandoient a Nostre Seigneur et distrent:[59] 'Pour quoy jeunons nous et li Pharisien, et cil desciple ne jeunent pas souvent?' Ceste parolle entendans diligenment saint Augustin, et devisant quelle difference il a entre vertu et demonstrance de vertu, contrepoise entre la maniere des oeuvres qui sont faites par dehors que elle[s] ne adjoustent riens de merites, car il dit ou livre ***De Don de mariaige***:[60]

> **[140.3]** Continence non mie de corps* mes de l'ame est vertuz. [Vertuz] de couraiges sont aucune fois [monstrees ou corps, aucunes fois] se reponnent en   la foy, si come la vertus des martirs apparut en souffrant les passions.

Et de rechief:

> Certes, la estoit en Job (em)pacience que Nostre Sires avoit cogneue, et a *quoy* il mesmes portoit tesmoing; **[140.4]** mes elle mesmes apparut aus hommes par la preuve de la temptacion ... Mes pour ce que l'en entende plus apertement comment vertus soit en abit, ja soit ce que elle ne soit mie en oeuvre, je parolle de exemples de quoy nuls Crestiens communs ne *doute*: Nostre Sires Jhesu Crist, que il en verité selonc la char n'ait eu fain ou soif, et qu'il n'ait mengé ou beu, **[141.1]** nul de ceulx qui sont loial en son Euvangille n'en doute. Il [n]'estoit parens en lui vertu de continence

---

[59] Matthew 9.14.

[60] Augustine, *De bono conjugali*, XXI–XXII (PL 40, 373–96, at col. 390–91).

de viande et de beuvraige si grant comme en Jehan Baptiste? 'Car Jehan vint sans manger et sans boire, et *distrent*: Cilz est *devorierres* et beuvierres, [amis] de seculiers et de pecheurs'.[61]

De rechief a la parfin:

> Comme ilz eussent ces choses dites de Jehan et de lui, il dit aprés: **[141.2]** 'Sapience e[s]t justice[e] de ses filz',[62] qui voient que vertu de continence si doit tousjours estre en abit de couraige. Mes elle doit estre monstree en oeuvre selonc la convenableté des choses et des temps
>
> , si comme la vertu de pascience des sains martirs; par quoy si comme la merite [de pascience n'est pas despareilliee en Pierre qui avoit souffert, et en Jehan qui n'avoit pas souffert, aussi la merite] de continence en Jehan, **[141.3]** *qui oncques* n'avoit esprové nulles noces, et en Abraham, qui engendra enfans, n'est pas despareillie; car la chaasté de l'un et le mariaige de l'autre chevaucherent en Jhesu Crist selonc la division de tens, mes Jehan avoit continence en oeuvre et Habraham seulement en abit. Car en celui temps, quant la loy ensuivi les jours des patriarches, **[141.4]** elle maudist celui qui ne susciteroit semence en Israel, et qui ne pouoit ne la monstroit pas, mes toutesvoyes l'avoit il. Mes que la plenté du temps fust venue et que l'en dist:[63] 'Qui pourroit prandre, praigne', … et qui a, mett(r)e a oevre, et qui ouvrer ne voudra, ne mente pas que il ait.

De *ces* parolles est il clerement cueilli que vertus seules ont merites envers Dieu, et **[142.1]** touz [ceulx] qui sont pareil en vertu, combien que il soient divers en oeuvres, il *desservent* egaument de Jhesu Crist. Dont tuit cil qui sont voirement Crestien sont aussi tuit ententif entour l'omme dedenz, c'est l'ame, pour lui aour[n]er de vertuz et netoier de vices, qui sont de l'omme dehors, ce est a dire du corps [que] il n'ent[r]eprannent en nulle [ou] tres petite cure. **[142.2]** Dont nous lisons[64] que li apostre mesmes se portoient [comme bergiers] et aussi comme deshonestement en la compaignie de Nostre Seigneur, que ausi comme s'il eussent du tout oublié reverence et honesteté, quant il trespassoient parmy les blez, ilz n'avoient pas honte de

---

[61] Matthew 11.18-19.

[62] Matthew 11.19.

[63] Matthew 19.12.

[64] Matthew 12.1–3.

cerchier les espiz et du froter et de ceus menger en maniere d'enfans; **[142.3]** et neis quant il devoient prandre leur viandes n'estoient il pas trop curieus de laver leurs mains. Et come il par pluseurs fois fussent repris de vivre ordement, Nostre Sire, qui les excusoit, dit:[65] 'Menger sans ses mains laver ne conchie pas l'omme.' Illec adjousta il generalment et tantost que l'ame ne puet estre conchiee par nulle des oeuvres dehors, **[142.4]** mes seulement de celles qui viennent du cuer, qui *sont*, dit il,[66] 'les pensees, avoutires, homicides', etc. Car se li couraiges [n'est ja] corrumpus par mauvaises volentés, nulle chose que l'en face dehors en corps ne puet estre pechiez. Dont il dist certes bien que li avoutre et li homicide viennent du cuer, qui sont neis faiz sans atoucher le corps, selonc ce qui(l) est escript:[67] **[143.1]** 'Qui verra femme pour cognoistre la, il a ja fait avoutire en son cuer', et: 'Quicunquez *hait son frere* (ce), il est homicides.' Et ne sont pas neis fait quant on a les corps atouchiez ou bleciez, c'est assavoir quant aucun est ataïné par force ou quant li juges oceist, contraint par justice, celui qui a forfait. Car nulz homicides, si comme il est escript,[68] n'a part ou regne Jhesu Crist et de Dieu.

[143.2] Doncquez ne doit on pas contrepeser les choses qui sont faites, mes de quel couraige elles sont faites, se nous estudions a plaire a celui qui est pourverres du cuer et des rains, et *voit* en repost et 'juge les respotailles des hommes', Pol dist:[69] 'selonc mon Euvangile', c'est selonc la doctrine de ma predicacion. Une petite offrande d'une veuve fut mielx prisee et plus aggreable que les habondans offrendes de touz les riches hommes[70] envers celui a qui il est dit:[71] **[143.3]** 'Tu n'as pas mestier de mes biens'; a qui l'offrende plaist plus pour l'offrant que li offrant pour l'offrende, si comme il est escript:[72] 'Nostre Sires regarda a Abel et a ses dons', c'est assavoir, pour ce qu'il (n)esgardast avant la

---

[65] Matthew 15.20.

[66] Matthew 15.19.

[67] Matthew 5.28 and I John 3.15.

[68] Cf. I John 3.15.

[69] Romans 2.16.

[70] Cf. Mark 12.42-44.

[71] Psalms 15.2.

[72] Genesis 4.4.

devocion de l'offrant, pour ce que de lui eust aggreable de *don offert.*
Certes, devocion de couraige est de tant plus grant en Dieu comme li
couraiges est mains ententis aus choses dehors; **[143.4]** et de tant le
servons nous plus humblement et pensons plus de lui comme nous
avons mains de science es choses dehors, comment elles soient faites.
Dont li Aspostres, aprés le commun habandonnement des viandes,
dont, si comme nous avons dessus dit, il escript a Thymotee, ainsi du
hanteïs au travail du corps il adjousta et dist:[73] 'Hante toy **[144.1]**
meïsmes a pitié, car *hanteïs* de corps proufite moult pou(r), [mes] pitié
e[s]t pourfitables pour toutes choses, et la promission de la vie qui est
ore, et de cele qui est a venir'; car la piteuse devocion de penser en
Dieu [desert en ceste vie] les choses neccessaires, et en l'autre siecle
les choses pardurables. Et par ces enseignemens, en quoy nous
sommes enseignié autrement fors que de vivre et savoir la vie
crestienne, **[144.2]** et pourveoir a Nostre Pere avec Jacob refeccion
de bestes *domesches,* non pas prandre cure des sauvaches avec Ossau,[74]
et resembler les Juis es choses dehors? Et de ce dist li psalmistes:[75]
'Sire Dieu, ty veu sont en moy que je rendray loenges a toy.' [Et a ce]
pues tu ainsi joindre celle parolle du poete:[76] 'Ne requier pas hors de
toy.'

Maint et sans nombre sont li tesmoings de mestres, que les
seculiers que ecclesiastres, **[144.3]** par quoy [nous sommes enseignié
que l'en ne devroit pas avoir tres grant cure des choses qui sont faites
par dehors et sont appellees indifferentes, ne que] le oeuvres de la loy
et les liens de *sa* servitude que, si comme dist Pierres,[77] n'est mie
proufitables, devroit estre mielx prisee que la franchise de
l'Euvangille, et que li jous soef de Jhesu Crist et ses legiers fais. Certes,
[a] cel jouc soef et a ses fes legier nous semont Jhesu Crist par soy
mesmes, et dist:[78] **[144.4]** 'Venez, vous qui traveilliez et estez
chargiez,' etc. Dont li apostre devant dit reprant forment aucuns qui

---

73 I Timothy 4.7-8.

74 Cf. Genesis 27.6 ff.

75 Psalms 55.12.

76 Persius, *Satires,* I.7.

77 Cf. Acts 15.10.

78 Matthew 11.28.

ja estoient convertis a Jhesu Crist, mes il jugeoient que l'en devoit encore retenir les oeuvres de la loy, si comme il est escript es Fais des Apostres:[79] 'Homme frere, pour quoy *tentez* vous Dieu, pour mettre sur la teste des disciples jou que nous ne nostre pere ne peusmes porter? Mes par la grace de Nostre Seigneur Jhesu Crist *creons* estre **[145.1]** sauvez aussi comme eulx.' Et tu mesmes, qui ensuivis(tes) non pas seulement de Jhesu Crist mes de celui apostre mesmes, neis par discrecion aussi comme par nom, attrempe, je t'en pri, le commandement des oeuvres si comme il convient a enferme nature, et si que nous puissons moult entendre aus offices de la divine loenge. Certes, quant Nostre Sires, qui touz les sacrefices dehors avoit refusez, nous commanda une oestre, il dist:[80]

> **[145.2]** Se je ay fain, je ne le te diray pas, car li mondes et la ru[n]desce de la terre est moie et la plenté de lui. Mengeré ge, doncquez, les chars des thoriaus, ou beuvray le sanc de bouc? Sacrefi(c)e a Dieu sacrefice de loenge, et rens tes veus au Tres Haut, et m'apelle ou jour de tribulacion; et je te delivr[er]ay, et tu *m'onoreras*.

[145.3] Mes certes, nous ne disons pas [ce] pour ce que nous refusons le travail des oevres corporelz, mes pour ce que nous ne cuidons pas que grant chose soit d'elles qui servent au corps et empeschent la *celebracion* de divin service, mesmement comme il soit habandonné aus femmes devotes que elles soient retenues par les offices d'estrange procuracion, plus que de l'euvre de leur propre travail. **[145.4]** Dont Pol dist a Thimotee:[81] 'Se aucuns loiaulx *a veuves,* amenistre(z) a elles, et n'en soit pas eglise grevee, si que elle soufise a celles qui sont vrayes vueuves.' Mes il apelle vrayes veuves toutes celles qui se sont voue[e]s a Jhesu Crist, et a qui n'est pas tant seulement mari mort, mes li mondes neis leur est crucifiez et elles au monde. **[146.1]** Et cestes *droiturierement* convient il estre soustenues du bien de l'eglise, si comme des propres rentes de leurs maris. Dont Nostre Sire mesmes par sa provision bailla *a sa mere* l'apostre [pour

---

[79] Acts 15.7, 10–11.

[80] Psalms 49.12–15.

[81] I Timothy 5.16.

lui] procurer mielx que son propre mari;[82] et li apostre establirent .vii. diacre et menistre d'eglise, qui amenistrassent aus femmes devotes.[83]

[146.2] Et savons que li Apostre, escrivans aus Thesaloniensiens, ou[t] contraint si aucuns qui vivoient oiseusement et curieusement, que il leur commanda que 'quicunquez [ne] veut ovrer, ne menjuse pas';[84] et saint Benoist, pour eschever mesmement *oiseuse, enjoinst* les oeuvres des mains.[85] Mes se seoit donques oiseusement Marie, pour ce que elle oïst les parolles de Jhesu Crist, quant Marthe traveilloit pour lui et pour Nostre Seigneur, [146.3] et du repos de sa seur grondoit, comme se elle eust porté le fes de sa sereur seule et les chaleurs du jour?[86] Dont nous veons au jour d'uy souvent grondir ceulx qui traveillent es oeuvres dehors, quant il amenistrent les choses terriennes a ceulx qui sont ententis aus offices divins; et souvent se complaignent mains des choses que li felon prince et li tirant *leur* tollent [146.4] que de celles que il sont contraint a paier a ces pareceux et ces oyseux, si come il dient. Et toutesvoyes (et) les voient il non pas seulement oyr les parolles de Jhesu Crist, mes neis continuelment entendre a ces parolles lire et chanter; ne y n'entendent mie que ce n'est mie [grant] chose, si comme dit li Apostres,[87] se il *livrent* les choses corporelz a ceulx [de] qui entendent les espirituelx, ne que ce n'est [147.1] pas chose qui bien ne soit digne, que cil qui entendent aus choses terriennes servent a touz ceulx qui sont ententif aus espirituelles. Car certes, par le jugement de la loy est octroyé aus ministres de l'eglise ceste franchise de salvable oyseuse, que la ligniee de *Levi* ne preist point de terrien heritaige, pour ce que elle servist plus delivrement a Nostre Seigneur, mes receust du travail des autres les dismes et les offrandes.[88]

---

82 John 19.26.

83 Acts 6.1–6.

84 II Thessalonians 3.10.

85 Rule, chapter 48.

86 See Luke 10.38-42 and Matthew 20.12.

87 Cf. I Corinthians 9.11.

88 See Numbers 18.21.

[147.2] Certes, de la continence de jeunes – et si desirrent plus li Crestien celes des vices que celles des viandes – convient a pensser et establir ce qui nous est proufitable.

Et mesmement pourveoir des offices ecclesiastres et de l'ordonnance des *psiaumes*, si que toy au mains s'il te plaist en ce(s) [escuses] nostre(s) *enfermeté*, comme nous n'acomplissons pas par sepmaines le Psautier, savoir se il nous convient ces mesmes psiaumes recommancier. **[147.3]** Ceste ordonnance mesmes, comme saint Benoist l'eust devisee selonc son avis,[89] il par son amonestement le lessa en la volenté des autres, pour ce que se aucun avoit a amender, que il les ordonnast autrement; car il entendoit bien que la biauté de l'eglise estoit acreue par *le trespassement de temps, et ce qui* premierement avoi(en)t receu rude commancement acquist aprés aournement de maçonneïs et de edifice.

[147.4] Mes devant toutes choses voulons que tu defenices ce que nous devons faire de la leçon de l'Euvangile *es* vegilles de nuis, car perilleuse chose nous semble(nt) que prestre ne diacre soient entre nous receu en celui temps pour celui reciter. Car il convient que nous mesmement soions desevre[e]z de tout aprochement et **[148.1]** de tout regart de homes, et pour ce que nous puissons lors plus purement entendre a Dieu, et que nous soions lors neis plus seurs de temptacion.

Sire, il appartient ore a toy establir de nous, endementres que tu vis, ce que nous devons tenir a touzjours mes. Car tu seuls es emprés Dieu fondierres de ce lieu, tu es de par Dieu plantierres de nostre assemblee,[90] **[148.2]** tu avec Dieu soies establissierres de nostre religion. Nous avrons par aventure aprés toy autre commandement qui edefiera a mettre aucune chose sur l'estrange fondement. Et pour ce redoubtons nous que ce qui est a venir ne soit mains curieus de nous; et redoubtons a la parfin que s'i le vouloit aussi bien, que il ne le peust pas aussi bien faire. Parolle tu a nous, et nous t'ourons (a dieu). A Dieu te commant.

---

[89]　Rule, chapter 18.

[90]　I Corinthians 3.6; cf. Letter II, 62.4.

VII

ABELARD TO HELOISE

[148.3] Ci rescript Pierre Abaielart a Heloys de l'auctorité ou [de] la digneté des saintes nonnains de l'ordre:

A sa chiere seur, tu qui enquiers de la nessance de ta profession, c'est assavoir de la religion des nonnains ou elle prist commancement, je le te escripray, se je puis, a pou de parolles briefment a toy et a tes filles espirituelles.

Certes, li ordres de moynes et des nonnains prinst tres plainerement de Nostre Seigneur Jhesu Crist la forme de sa religion, ja soit ce **[149.1]** que *neis* devant l'incarnation de lui ait esté commencement de cest propos et es hommes et es femmes. Dont Geriaume neis escript a Eustochium:[1] 'Les filz,' dist il, 'des prophetes, que nous lisons moynes ou Viez Testament.' Li euvangeliste mesmes remembre[2] la ou une veuve estoit ou temple continuelment ententive au service divin, qui ensemble avec Symeon deservi recevoir ou temple Nostre Seigneur, et estre raemplie de la prophecie. **[149.2]** Jhesu Crist, doncquez, [fin] de justice et acomplissemens de touz biens, quant il vint en la planté du temps, pour ce que il parfeist les biens encommanciez, ou monstrast ceulx qui n'estoient pas cogneu, si comme il estoit venus rapeler et raimbre l'un et l'autre sexe, [aussi daigna il aüner l'un et l'autre sexe] des vrays moniaiges de son couvent, pour ce que d'elec fut donnee aus hommes et aus femmes l'auctorité de la vie qu'il ensuivoient. **[149.3]** Car illec lisons nous[3] que li couvens des saintes femmes estoit avec les apostres et les autres

---

[1] Jerome, *Epistolae*, CXXV.7 (PL 22, 1076).

[2] See Luke 2.25-38.

[3] See Luke 8.2-3.

disciples et avec la mere Jhesu Crist. Cestes avoient renoncié(z) au siecle et avoient renié toutes proprieté, pour ce que elles eussent [seulement] Jhesu Crist, si come il est escript:[4] 'Nostre Sires est partie de mon heritage.' Cestes acomplirent devotement ce que [tuit] li convers du siecle a la communité de ceste vie *ensuivent*, [149.4] selonc la riulle bailliee de par Nostre Seigneur:[5] '*Qui* n'en avra renoncié a toutes les choses que il a, il ne puet estre mes desciples.'

Mes comme devotement ces beneurees femmes et vrayes nonnains ensuivirent Jhesu Crist, et comme grant grace et grant honneur Jhesu Crist mesmes et li apostres donnerent aprés a la devocion (apres a la devocion) d'icelles, [150.1] diligemment le(s) contiennent les Saintes Histoires. Nous lisons en l'Euvangile[6] que li Pharisiens grondoit, qui avoit receu Nostre Sires en son hostel, et que Nostre Sires l'en reprist, et fut mielx prisez le service de la pecherresce que le service du Pharisien. Et lisons[7] que quant li (la) ladres fut ja resuscitez et mengoit avec les autres, que Marthe sa sereur amenistroit toute seule aus tables, [150.2] et Marie espandoit aus piez Nostre Seigneur une livre de planteureux oignement et les li terdoit de ses propres cheveux, et que la maison fut emplie de l'odeur (et) de cel habundant oignement, et que Judas en fut meu en couvoitise, et en orent neis li desciple desdaing du pris de cest oignement, de ce que il leur yert avis que il estoit gastez en vain. Que que donques Marthe s'efforsoit des viandes, [150.3] Marie ordonnoit des oignemens, [et] en *refesoit* par dedens celui que celle norrist lassé par dehors.

Ne l'escripture de l'Euvangile ne remembre pas que nuls fors seulement femmes amenistrassent a Nostre Seigneur, qui lui offroient et donnoient leurs propres avoirs en sa norriture de chascun jour et lui procuroient mesmement les neccessités de ceste vie.[8] Il se demonstroit tres humbles ministres a ses disciples en la table et a la laveure de leurs piez;[9] [150.4] mes nous ne lisons pas que il ait onquez

---

4   Psalms 15.5.

5   Cf. Luke 14.33.

6   See Luke 7.36–50.

7   See Matthew 26.6–13, Mark 14.3–9, and John 12.1–8.

8   See Luke 8.3.

9   See John 13.4–12; also Matthew 26.26–27, Mark 14.22–23, and Luke 22.17–19.

receu ce service de nul des [disciples ne des] autres hommes, mes seulement femmes lui firent en ces choses ou en autres l'office de humanité. Et si come nous avons cogneu en *l'un* le service de Marthe, aussi avons nous cogneu le service de Marie en l'autre, qui lui fut certes, en ce faisant, de tant plus devost[e] **[151.1]** come elle avoit esté devant plus pescherresse et plus blasmee. Nostre Sires parfist ce service de ce lavement par yaue mise en bacin, mes ceste lui fist par lermes de compunction de cuer par dedens, non mie par laver dehors. Nostre Sires si tert d'un li[n]ceul les piez lavez de ses disciples; ceste en lieu de linceul terdi de ses cheveux. Ensorquetout elle adjousta les norrissemens des oignemens, **[151.2]** que nous ne lisons pas que Nostre Sire les adjoustast. Qui est cil, neis, qui ne saiche comme *elle* osa hardiement fier de la grace Nostre Seigneur, que li arousa son chief de l'oignement espandu dessus?[10] Et trouvons que li oignement ne fut pas trait de la boiste, ainsois fut la boiste brisiee, pour ce que (ce) fut demonstrez (que) li grans desirriers de sa tres grant devocion; **[151.3]** car elle ne jugoit pas a garder oeuvre a nul autre usaige (et) dont elle avoit usé en si grant office.

Et en ce meïsmes monstre elle par ces mesmes fais cele onction que Daniel avoit dit devant qui estoit a avenir,[11] c'est assavoir puis que li Saint des Sains seroit enoins. Car vecy que femme ennoi[n]t le Saint des Sains, que elle mesmes crie par ses fais que il est cil que elle croit, et cil que li prophetes avoit avant signifié par ses parolles. **[151.4]** Di, je t'en pri, quelle est ceste debonnereté de Nostre Seigneur, ou quelle est la digneté des femmes pour quoy Nostre Sires ne donnast a nul son chief ne ses piez a oindre fors que aus femmes? Di, je t'en pri, quelle est ceste hautesce du sexe plus *enferm*, que cele mesmes femme enoignis(sen)t le souverain Jhesu Crist, qui de sa concepcion mesmes avoit esté enoings de touz **[152.1]** les oignemens du Saint Esperit, et que elle [feist] Crist, c'est a dire corporelment oignt, aussi comme se elle [le] consacrast de corporelz sacremens a roy et a prestre? Nous savons que la pierre fut premierement oignte du patriarche Jacob[12] en la figure de Nostre Seigneur, et de lors ne fu oncquez aprés souffert fors aus homes a celebrer les onctions des rois

---

10 See Matthew 26.7 and Mark 14.3.

11 See Daniel 9.24-27.

12 See Genesis 28.18-22.

ne des prebstres, ne nul autre sacrement de onction, ja soit ce que femmes osent maintez fois baptizier. **[152.2]** Jadis saintefia la pierre l'yaue, comme l'en saintefie ore le temple et l'autel de huille. Li hommes enpreiment les sacremens doncquez en figures, mes femme ouvra en verité mesmes, si comme Verité le tesmoigne, et dist:[13] 'Elle a ouvré bonne oeuvre en moy.' Jhesu Crist mesmes est enoint de femmes, li Crestien sont enoint des homes; li chiez mesmes est enoint de femmes, mes li membre sont enoint des homes. **[152.3]** Et bien est remembré que femme espandi, non pas degouta *l'oignement* sur le chief Jhesu Crist, selonc ce que de celui mesmes chante l'espouse ou livre de *Quantiques*:[14] 'Oignemens espandus est tes noms.' Certes, habundance de cest oignement signifia avant par signe le psialme qui dist:[15] 'Si comme li oignemens en chief, qui descent en la barbe, barbe d'Aaron, qui descent en l'orle de sa vesteure.'

[152.4] Nous lisons que David, si comme Geriaume le remembre en *Psialmes* vint e sisime, receut trois onctions, et Jhesu Crist trois, et li Crestien trois.[16] Car li pié et li chief de Nostre Seigneur receurent de femme oignement, et Joseph de Barimacye et Nichodemus, si comme Jehan raconte,[17] l'ensevelirent avec oignemens quant il fut mors. Aussi sont li Crestien saintefié par .iij. onctions, dont **[153.1]** l'une est faite en baptesme et l'autre en la confirmacion; la tierce est des malades. Or aperçoif donquez la digneté de femme, par qui Jhesu Crist vivant fut enoins deux foiz, c'est assavoir es piez et ou chief reçut les sacremens de roy et de prestre. Mes li oignemens de mirre et d'aloé, qui est adjoustez a garder le corps de mort, seingfient l'incorrupcion a avoir du corps Nostre Seigneur; **[153.2]** et ceste incorrupcion mesmes recevront en la resurrecion tuit cil qui sont esleu. Certes, le premier oignement de la femme demonstre la

---

[13] Mark 14.6.

[14] Cantica Canticorum 1.2 (Song of Solomon 1.3).

[15] Psalms 132.2.

[16] See Jerome, *Commentarioli in Psalmos*, 16 (PL Supplement, vol. 2, 29–35, at col. 46) and pseudo-Jerome, *Breviarium in Psalmos* (PL 25, 821–1278, at col. 928); cf. also Rufinus's Commentary on the Titulus of the Psalm (PL 21, 645–960, at col. 738). Abelard may have confused the Rufinus commentary with that of his contemporary, Jerome.

[17] See John 19.38–40.

singuliere digneté de Jhesu Crist, aussi de son regne comme de sa prestrie; mes l'onction du chief demonstre la digneté plus haute, et cele des piez la plus basse.

Vecy doncquez que il receut de femmes le sacrement de roy, **[153.3]** qui toutesvoyes refusa *le royaume* que li homme lui avoient offert, et quant i l'en vouldrent ravir pour lui fere roy, il s'en fouy. Fame appareilla le sacrement du roy celestial, non mie du terrien, mes de celui neis, te di ge bien, que de soy mesmes dist après:[18] 'Li miens royaume n'est pas de ce monde.' Li evesque se glorifie[nt] quant il, a joie les pueples, **[153.4]** *enoingnent* les rois terriens, quant il consacrent les prestres mortelz, aournés de *aubes* resplendisssans et devant et derrieres, et souvent beneissent ceulx que Nostre Sires maudist. Humble femme, sans muer son habit, sans appareiller son aournement, mes au desdaing des disciples (disciples), parfait en Jhesu Crist ces sacremens, non pas par l'office de seigneurie ne de prelacion , mes par la deserte de devoccion. **[154.1]** Or com grant fermeté de foy! Or com grant ardeur de charité, qui ne puet estre prisiee, *qui 'toutes* choses croit, toutes choses espoire, toutes choses soustient!'[19] Li Pharisiens en dist* de ce que les piez Nostre Seigneur sont enoins par une pecherresce; li disciples ont apertement desdaing de ce que femme osa ce mesmes faire du chief. La foy de la femme, qui se fie de la debonnereté de Nostre Seigneur, **[154.2]** persevere et dure fermement par touz lieus sans soy mouvoir, que les aides de la loenge Nostre Seigneur ne lui faillent ne en l'un office ne en l'autre. Et de ceste, comment Nostre Sires reçut ses oignemens et comment ou combien il les eust aggreables, il mesmes recognut quant il requist que l'en lui gardast et dist a Judas, que il mesmes en avoit eu desdaing:[20] **[154.3]** 'Lessie[z] lui, a [ce] que elle ceste chose gart *ou jour* de ma sepulture'; aussi comme se il deist: Ne me tollez mie en ma vie ce service de lui, et que on ne me tolle aussi en ceste chose le don de sa devocion en après ma mort.

Car certaine chose est que les p(rec)ieuses fames appareillierent precieux oignemens a la sepulture de Nostre Seigneur; car certes, a ceste chose mesmes s'efforçast ceste mains lors, **[154.4]** se elle eust

---

[18] John 18.36.

[19] I Corinthians 13.7.

[20] John 12.7.

ore souffert vergoigne par estre refusee. Et comme li desciple eussent desdaing de si grant presumpcion de femme et fremissent encontre la femme, si comme Marc raconte,[21] quant Nostre Sires les ot froissiez par tres debonnere responce, il leva ceste chose en si grant benefice que il juga que ce fust mis en l'Euvangile, et dist avant que ce fu[s]t preeschié ensemble avec l'*Euvangile* par toz lieus, **[155.1]** c'est assavoir en la memoire et en la loenge de la feme qui ce avoit fait, en coy non mie de petite presumpcion l'en fesoit argument. Nous ne lisons pas que nul des autres services de quelcunquez autres personnes fust oncquez par l'auctorité de Nostre Seigneur si loez ne si jugiez. Et il mesmes, metant l'aumosne de la povre veuve au dessus de toutes les offrandes du temple, **[155.2]** monstre diligenment combien la devocion des femmes lui soit aggreables.[22] Certes Pierre osa recognoistre que il et li autre apostre avoient deguerpi toutes choses pour l'amour de Jhesu Crist, [23] et Zachees, recevant le desir, si avenanment donna aus povres la moitié de *tout* son avoir, et s'il avoit riens eu de l'autry, il le restabli en quadruple.[24] **[155.3]** Et maint autres firent en Jhesu Crist ou pour Jhesu Crist greigneurs despens, et offrirent ou service divin choses moult precieuses, et en lessierent tout pour l'amour de Jhesu Crist, ne onquez toutesvoyes ne acquistrent si la loenge de Nostre Seigneur comme les femmes l'ont acquise.

[155.4] Et certes, la fin de la vie Nostre Seigneur monstre apertement com grant a esté touzjours envers lui la devocion des femmes; car quant li princes mesmes des apostres, qui si amoit et cremoit* Jhesu Crist s'en fouy, et tuit cil autre apostre s'en fouyrent esparpillié, elles parmaindrent sans paour; ne nulle desesperance ne les pot dessevrer de Jhesu Crist, ou en sa passion ou en sa mort, si que il semble que celle **[156.1]** parolle de l'Apostre soit especialment convenable a elles:[25] '*Qui* [est] cil qui nous desevr[er]a de la charité de Jhesu Crist? Sera ce tribulacion? Ou engoisse?', etc. Dont Macy, quant

---

21   Cf. Mark 14.4 and Matthew 26.8.

22   Cf. Mark 12.41-44 and Luke 21.1-4.

23   See Matthew 19.27.

24   See Luke 19.2-8.

25   Romans 8.35.

il ot raconté de soy et des autres ensemble, et dist:[26] 'Lors tuit si disciple le lessierent et s'en fouirent', il soupessonna aprés la perseverance des fames, qui a lui se tenoient de tant pres comme il leur estoit souffert, neis ou il estoit crucifiés: **[156.2]** 'Maintes femmes,' dist il,[27] 'estoient illecques de loing, qui avoient suivi Jhesu Crist de Galillee, amenistrans a lui', etc. Et a la parfin cil euvangilistres mesmes descript diligenment que elles se aherdoient a son sepulcre sans eulz mouvoir, et dist:[28] 'Certes, Marie Magdaleine et l'autre Marie estoient seant de coste son sepulcre.' **[156.3]** Et Marc, neis remembrans de ces femmes mesmes, dist:[29]

> Et la estoient femmes regardans de loing, entre les quelx estoit Marie Magdelene et Marie Jacobe *le* meneur et Joseph, et Salomé. Et quant il estoit en Galilee, elles le *suivoient* et amenistroient, et maintes autres qui avoient monté ensemble avec lui en Jerosolime.

[156.4] Certes Jehan, qui s'en estoit premiers fouys, raconte que il s'estoit [tenu] de jouste la crois avec le Crucifié, mes il met avant la perseverence des *fames*, aussi comme se il eust esté encoraigiez et rapellez par exemple de elles: 'De jouste la crois Jhesu Crist,' [dist] il,[30] 'estoient sa mere et sa sereur et Marie Cleophe et Marie Magdalene. Quant Jhesus vit donques **[157.1]** sa mere et le desciple qu'il *amoit,...*'.

Certes, ceste esableté de fames et le deffaut des disciples saint Job le prophetiza lonc temps par devant, et dist en la personne Nostre Seigneur:[31] 'Mes os se hardirent a ma pel et mes chars furent degastees, et mes levres tant seulement sont delessiees d'entour mes dens.' Car en l'os, qui soustient et porte la char et la pel, est la force du corps. **[157.2]** Ou corps, doncques, de Jhesu Crist, qui est eglise, li os de lui est apellez li estables fondement de la foy crestienne, ou cele ardeur de charité dont l'en chante que 'maintes yaues ne

[26] Matthew 26.56.

[27] Matthew 27.55.

[28] Matthew 27.61.

[29] Mark 15.40–41.

[30] John 19.25–26.

[31] Job 19.20.

porroient destaindre charité.'³² De quoy li Apostres nous dist:³³ 'Elle sueffre toutes choses, elle espoire toute[s] chose[s], et soustient [toutes choses]'. Mes la char est ou corps par dedens et la pel par dehors. Li apostres, doncquez, **[157.3]** entendans en preeschant la viande a l'ame par dedens, et les femmes, procurans les neccessitez du corps, sont comparees a la char et a la pel. Comme doncquez les chars feussent degastees, li os de Jhesu Crist s'enhardi a *la* pel. Car quant li apostre furent escandalizié en la passion de Nostre Seigneur et desesperez de sa mort, la devocion des saintes femmes remest ferme sans soy mouvoir, **[157.4]** ne oncques ne se departi de l'os Jhesu Crist; car elle reçut *l'estableté* de foy et de esperance ou de charité, en tant que oncquez ne se desjoindrent en pensee ou en corps, neis quant il fut mort. Et si sont [li homme] naturelment et en pensee et en corps plus fort que femmes, dont et a bon droit est signifié par **[158.1]** la char la nature de homme, par la *pel l'enfermeté* de femme.

Et li apostre aussi, a qui il appartient mordre *les cas et deffaus* des autres en *reprenant,* sont appellez les denz Nostre Seigneur;³⁴ a qui reme[s]trent tant seulement les levres, c'est a dire les parolles mielx que li fet, comme il qui ja estoient desesperez parlassent plus *de* Jhesu Crist que il n'ouvrassent quelque chose pour Jhesu Crist. **[158.2]** Certes, tel estoi[en]t cil desciple a qui il apparut et chastia leurs desesperance, quant il aloient au chastel Emaus et parloient entr'eus de toutes les choses qui estoient avenues.³⁵ A la parfin Pierre ou li autre desciple, quel chose *orent* il fors que les parolles lors, quant ce vint a la passion Nostre Seigneur, et Nostre Sire leur eust dist l'esclande qui estoit a avenir de sa Passion? **[158.3]** Et dist [Pierre]:³⁶ 'Et se touz *avront* esté escandalizié, je ne seray ja escandaliziés'; et de rechief dist il: 'Et s'il convient que je morusse avec toy, *ne* te renieré ja pas.' Aussi distrent il tuit li desciple, di je, mielx que il ne firent.* Cil premiers e(s)t li tres grant des apostres, qui avoit eue si grant estableté

³² Cantica Canticorum (Song of Solomon) 8.7.

³³ See n. 19, above.

³⁴ Cf. Gregory the Great, *Moralia*, XIV.50.57–58 (PL 75, 1068–69).

³⁵ Luke 24.13–31.

³⁶ Matthew 26.33, 35.

en parolle que il avoit dit a Nostre Seigneur:[37] **[158.4]** 'Je sui prest d'aler avec toy et en chartre et en mort' – et lors Nostre Sires avoit dit en [li] baillant especialment l'eglise:[38] 'Et tu, aucunes fois convertis, conferme [tes freres]' – ne redoubte pas a lui renier [a] une *vois* d'une chamberiere,[39] ne ce ne fist il mie une fois, ains le renie trois fois encore tout vif. Et tuit si desciple (ij.) et de lui tout vif se partent en fuiant, **[159.1]** de qui les femmes ne se departirent oncques neis a la mort, ou en pensee ou en corps; desquelz icelle beneuree pecherresse, qui le queroit neis mort et (el)le recognoissoit son Seigneur, et dist:[40] 'Il ont osté mon Seigneur du monuement'; et de rechief: 'Se tu l'as osté, di le moy ou tu l'as mis, et je l'en osteray.' Neis li pasteur s'enfuioient et les moutons, et les oailles demouroient sans trembler ...*

[159.2] Ore pour ce que nous avons demonstré la devocion des femmes, or poursuivons l'onnour que elles deservirent. Elles furent premierement confortees par l'avision de l'ange de la resurreccion Nostre Seigneur ja acomplie;[41] aprés elles vindrent et quistrent Nostre Seigneur. Et premierement Marie Magdalene,[42] qui plus yert ardant que nulles des autres, et dist aus autres que *elle ne savoit* ou le querir.* **[159.3]** Dont il est escript[43] que aprés l'avision de l'ange, que 'elles issirent du sepulcre ... courans anoncier aus disciples la resurreccion Nostre Seigneur. Et vecy que Jhesu leur vint au devant et les sauva. Et elles s'aprocherent de lui et tindrent ses piez et l'aourerent. Lors leur dist Jhesus: "*Alez* noncier a mes freres que il aillent en Galillee; la me trouveront il."' **[159.4]** Et de ce mesmes poursuit Lucas, et dist:[44] 'Marie Magdeleine y estoit et Jehan[ne] et Marie Jacobe et ces autres qui avec estoient, qui disoient aus apostres ces choses.' Et Marc

---

[37] Luke 22.33.

[38] Luke 22.32.

[39] Cf. Matthew 26.69-75, Mark 14.66-72, Luke 22 56-62 and John 18.17, 25-27.

[40] John 20.2, 15.

[41] See Matthew 28.2–6, Mark 16.5–6 and Luke 24.4–6.

[42] See both Mark 16.9 and John 20.14.

[43] Matthew 28.8-10.

[44] Luke 24.10.

mesmes ne se taist pas de ce que elles (ne) fussent de l'angele envoie[e]z premierement aus apostres alegier ces choses, c'est assavoir quant li angels **[160.1]** parla aus femmes. Dont il est escript:[45] 'Resuscitez est, il n'est pas cy. Mes alés dites a ses disciplez et a Pierre que il ira devant *vous* en Galilee.' Et Nostre Sires mesmes, apparans premierement a Marie Magdalene, lui dist:[46] 'Va a mes freres et leur di: Je m'en monte a mon Pere', etc. Et ainssi disons nous que ces saintes femmes furent establies aussi comme apostres, **[160.2]** et par dessus les apostres, quant elles furent envoie[e]s a eulx, ou de *Dieu* ou des angels, et leur anoncierent icelle souveraine joie de la resurreccion, que tuit attendoient, et que li apostres *entendissent* par elles ce que il preeschassent aprés par tout le monde. (Incipe)* Et remembra neis devant l'euvangilistre que quant Nostre Sires leur courut au devant aprés sa resurreccion, elles furent par lui sauvees, **[160.3]** pour ce que il monstrast par son *contrestour* et par sa sauvacion com grant amistié et com grant amour il avoit a elles. Car nous ne lisons pas que il deist oncques a nuls autres celle propre parolle de salut que li Latin appellent 'avete',[47] ainçois avoit avant deffendu a ses disciples que il saluassent nulli, quant il leur dist:[48] **[160.4]** 'Et ne saluez nul homme par voye'; aussi comme se il gardast jusques a ore ce privilege aus desv[o]ees femmes, et qu'i leur donnast lors par soy meïsmes, quant il ot receu la gloire de [im]mortalité. Et ainsi come *li* Fait des Apostres racontent,[49] que tantost aprés **[161.1]** la resurreccion Nostre Seigneur, si apostre retournerent du Mont d'Ilet en Jherusalem, et descrivrent diligenment la re[li]gion d'icellui *couvent*; la perseverence et l'estableté de la devocion des (des) saintes fammes n'i est pas delessie, quant illec est dit:[50] 'Cil *tuit* estoient perseverent d'un couraige en oroisons avec les femmes et Marie la mere Jhesu.'

[161.2] Mes or soit ce que nous lessons des fames communes,* qui premierement estoient converties a la foy [et] commencierent la

---

45   Mark 16.6–7.

46   John 20.17.

47   Matthew 28.9.

48   Luke 10.4.

49   See Acts 1.12.

50   Ibid. 14.

fourme de ceste re[li]gion, mes quant Nostre Sires vivoit encore en char et preeschoit, *regardons* aussi des veuves des Grejois, qui furent aprés receues des apostres; c'est assavoir par [com] grant diligence et par com grant cure elles furent traities par les (nostres) apostres, **[161.3]** quant li tres glorieux banierres de la crestienne *chevalerie*, Estiene, le premier martir, [fut establiz par les apostres mesmes] avec aucuns des autres (avec aucuns) espirituaulx hommes *a amenistrer* aus femmes. Dont il [est] escript en ces mesmes Fais des Apostres:[51]

> Come li nombre des disciples creust, *li* Grec commencierent a grondir contre les Hebrieus, pour ce que leurs veuves fussent depitie[es] en mestrie et en l'office de chascun jour. **[161.4]** Lors appellerent li .xij. apostre la multitude des disciples et li distrent 'Il n'est pas drois de lessier la parolle de Dieu et amenistre[r] aus tables. Regarde[z] doncquez, frere, de *vous* tous .vij. hommes de bon tesmoing, plains de Saint Esperit et de sapience, *que* nous establissions sus *ceste oeuvre*; et nous serons ententif et curieus a oroison **[162.1]** et *en*maistr[i]e de parolle.' Et plut la parolle la multitude et eslirent Estiene, plain de foy et de Saint Esperit, et Phelipe et Prochore et Licanor et Parmene et Nicholas de Ariote. Ceulx establirent il devant le regart des apostres, et il mistrent leurs mains sur eulx.

Par quoy la continence Estiene est moult louee, pour ce qu'il fut establis a l'aministracion et au service des femmes saintes. **[162.2]** Combien soit noble l'aministracion de cest office et aggreable a Dieu et aus apostres, ilz mesmes le tesmoignerent par leur propre oroison et par ce que il mistrent leurs mains, aussi comme si (leur) [a]jurassent ceulx que il establissoient en cest office que il feissent loialment, et que il lor *aidassent* par leur benoiçon et par leur oroison, si que il le poïssent. Et saint Pol mesmes, **[162.3]** aussi comme chalangans a soy et voulans ceste aministracion retenir a la plenitude – c'est a la planté – de son office, [dist]:[52] 'N'avons nous pas pooir de mener entour nous femme nostre sereur, [si comme li autre apostre]?' Aussi come se il deist apertement: Ne nous est il pas souffert que nous aions les couvens et l'asemblee des saintes femmes et mener en predicacion et en sermon avec nous, aussi comme aus autres apostres, **[162.4]** pour

---

[51] Acts 6.1–6.

[52] I Corinthians 9.5.

ce que elles leur amenistrassent leurs substances de leurs neccessitez en predicacion? Dont Augustins en l'*Uevre des moinnes* dist:[53]

> Loiaulx femmes et terriennes soustenances avoient avec eulx et leur amenistroient de leur substance, si que il n'eussent indigence ne souffrete des choses qui appartiennent a la soustenance de ceste vie. (Item)* Quicunquez ne cuident que li apostre **[163.1]** aient ainsi fait que femmes de sainte conversacion ne alassent avec par tous lieus ou il preeschoient l'Euvangile. Il ooient l'Euvangile [et] connessoient comment il fesoient ce par l'exemple de Nostre Seigneur mesmes. Car il est escript en l'Auvangile:[54] 'Et aprés, il faisoit son *aire* par les *cités* et par les chastiaus, *preeschant* le royaume de *Dieu*. Et .xij. estoient avec lui, et femmes aucunes qui estoient *curees* des ors esperis et des enfermetez, comme Marie, **[163.2]** qui est appellee Magdelaine, et Jehanne, femme Coze procureur Herode, et Susanne, et maintes [autres] qui amenistroient de leurs biens';

pour ce que il soit par ceste chose apparant que quant Nostre Seigneur aloit en sa predicacion, il estoit corporelment soustenus par l'aministracion des femmes, et se aherdoient a lui avec les apostres comme compaignes sans *dessevrer.*

[163.3] Aprés, puis que la re[li]gion de ceste profeccion ot esté moutepliee *es* femmes ensemble aussi comme es hommes, tantost ou commencement de l'eglise nessant, les femmes ore[nt] aussi egaument par eulx comme li home habitacle des premiers moustiers. Dont l'*Estoire Ecclesiastre* remembre la loenge du tres saige Juif Philo, qui ne dist pas tant seulement, *ainçois* escript moult honorablement de l'eglise Alixandre sous Marc, ou second livre ou .xvij^e. chapistre:[55]

> **[163.4]** 'En maintes parties,' dist il, 'ou monde terrestre *est* ceste maniere de hommes.' Et aprés aucunes choses dist: 'En cas est consacree mesons a oroison qui est apellee "oratoire", c'est [a dire,

---

53 Augustine, *De opere monachorum*, 4–5 (PL 40, 552–53).

54 Luke 8.1–3.

55 Eusebius, *Historia ecclesiastica*, II.17 (PG 20, 174 ff.). Abelard would have worked from the translation by Rufinus. The quotations from Philo belong to his *De vita contemplativa*, §§ 21, 25, 29, 32–33.

moustier]'. Et de rechief dist il aprés: 'Adonquez n'entendront il pas seulement les *hymnes* des soutiex anciens, ainçois les font il mesmes, si come **[164.1]** il pleust a Dieu, et les a a tousjours et par ame et par corps* assés honnestes et soeves.'* De rechief illec mesmes est il escript de Philo: 'De leurs convens neis escript, comme les femmes sont d'une part et les hommes d'autre; et en ces mesmes lieus, comment il facent leurs veilles, si comme nous les avons acoustumees a faire entre nous.'

[164.2] De la fut ceste chose prinse en la loenge de la crestienne philosophie, c'est de la hautesce de moniaige, qui a esté ravie et prinse non mie mains de femmes que de hommes, si comme l'*Estoire devisee en .iij. parties* le remembre. Car ainsi est il dit ou premier livre, en le .xjᵉ. chapitre:[56]

> **[164.3]** Certes, de ceste tres haute philosophie fut princes, si comme dient aucuns, Helyes et Jehan Baptiste. Philo neis li Pitagorien raconte[57] que en *ses* temps li nobles des Ebriex estudioient en philosophie communement en ung terrouer entour ung estanc, que l'en appelle Marie, en ung tertre. Et descript leurs habitacles et leurs viandes et leur conversacion, **[164.4]** itelle comme nous veeons que li moyne des Egiptiens ont ore. Il est escript que il ne goustent de nulles viandes devant que li soleil soit couchiez, et font tousjours abstinence de vin et de toutes les choses qui ont sang. Leur viande est pain et sel et herbe, et boyvent yaue. Fames habitent avec **[165.1]** eulx, vieilles vierges, qui de leur gré se tiennent de marier pour l'amour de philosophie.

Et de ce est cele parolle de Geriaume, ou *Livre des nobles homes*, ou chapitre .vijᵉ., quant il est descript de la loenge de Marc et de l'eglise, et dist:[58]

> Li premier anon(c)çoit Jhesu Crist en Alixandre, establi l'eglise de si grant doctrine et de continence (et) de vie, **[165.2]** que il contraignoit a l'exemple de soy tous ceulx qui ensuivoient Jhesu Crist. A la parfin Philo, tres saige *Juis*, veant *que* la premiere eglise de Alixandre suivoit encore la maniere des Juis, escript *un* livre de leur conversion, aussi comme en la loenge de sa gent. Et ainsi comme Lucas raconte que tuit cil qui estoient en Jherosolime creant

---

[56] Cassiodorus, *Historia ecclesiastica, vocata tripartita*, I.11 (PL 69, 897).

[57] Philo, *De vita contemplativa*, §§ 21–39.

[58] Jerome, *Liber de viris illustribus*, VIII (PL 23, 601–716, at col. 654).

avoient eu toutes choses communes,[59] **[165.3]** ainsi bailla cil a memoire ce que il veoit que l'en fesoit en Alixandre des fais* Marc, qui estoit maistres et enseigniez.[60]

De rechief il escript en le .xj[e]. chapitre:[61]

Philo, Juis alixandrins de la nascion, du lignaige des prestres, est pour ce mis par nous entre les escripvains ecclesiastres, car quant il escript de la premiere eglise que Marc l'euvangiliste establi en Alixandre, **[165.4]** il se tourna a la loenge de nos gens, et raconte que il n'estoient pas tant seulement illec, mes en maintes provinces; ainsi appelle leur habitacle moustiers. Dont il apert que l'eglise de ceus qui *crurent* premierement a Jhesu Crist fu [de] tele condicion comme cele que li moyne ensuivent ore, et couvoitent que nul n'ait **[166.1]** riens propre, nuls ne soit entr'eulx riches, nul n'i soit povres, et que li patremoine soit devisez aus besoigneus, et que l'en y tende a [o]roison et a psiaumes de doctrine, aussi comme a continence. Et teles paroles raconte Lucas[62] *que* cil furent qui premierement crurent en Jerosolime.

Mes se *nous* en tresto[rn]ons les estoires anciennes, **[166.2]** nous y trouverons que les femmes ne furent pas despart[i]es des hommes es choses qui appartiennent a Dieu ou a quelcunques singulaires de religion. Et racontent les Saintes Histoires que les femmes ne chanterent pas tant seulement ensemble si comme li homme les chans divins, mes elles mesmes firent. Car li premier chant de la delivrance du pueple Israel, **[166.3]** li homme ne *les* chanterent pas tant seulement a Nostre Seigneur, mes elles mesmes les chanterent avec. D'illec acquistrent elles tantost auctorité de celebrer en eglises les divins offices, car il est ainsi escript:[63] 'Donc prinst Marie *la prophete, soeur [Aaron], en sa main un tabour.* Et issirent toutes les femmes aprés li avec tabour, et chantoit avant et disoit: "Chantons a Nostre Seigneur, car glorieusement est eslevez"'.

[166.4] Ne Moyses n'est par certes illec remembrés prophetes, ne la n'est il pas dit que il chantast avant si comme Marie; ne la n'est il

---

59   Cf. Acts 2.44.

60   Philo, *De vita contemplativa*, §§14–22.

61   Jerome, *Liber de viris illustribus*, XI (PL 23, 658).

62   Cf. Acts 2.44–45, 4.32.

63   Exodus 15.20–21.

pas dist que li homme eussent thabour ne chançon si comme les femmes. Quant doncques Marie, qui est ramembree prophete, chantoit avant, il semble que elle dist en chantant, non pas *tant en ditant* **[167.1]** come en prophetizant. Et quant il escript que elle chantoit aus autres avant, par ce est il demonstré comment elles chantoient ordeneement ou accordablement. Et de ce que elles chanterent non pas tant seulement en voi(e)s, mes neis en tymbres et en concordances, ne demonstre pas seulement leur tres grant devocion, **[167. 2]** mes figurablement neis *esprime* diligenment la forme du chant espiritueulx* *es* assemble[es] de moniaige. A quoy neis li *psalmistes* nou[s] amonneste, qui dit:[64] 'Loez le en *tymbre* et en accordance'; ce est a dire en mortefiement de char et en cele concorde de charité dont il est escript:[65] 'Car de la multitude des creans estoit li cuers uns et l'ame une.' **[167.3]** Ne ce n'est pas neis sans *mistere* qui est illec dit que elles s'en yssirent a chanter,[66] car en ce sont signifié le[s] chant[s] de l'ame contemplative; que quant elle(s) se soupent es celestiaus choses, elle(s) aussi comme [lesse] les herberjages de *terriene* habitacion et rent a Nostre Seigneur par souveraine joie hympne de la douceur mesmes que elle a en soy de sa contemplacion. **[167.4]** Nous avons illec aussi les chans Delbore et de *Anne*, enorquetout de (qu)Judith la royne,* si comme en l'Euvangile [de] Marie la mere Nostre Seigneur.[67]

En quoy Anne, quant offri ou tabernacle Nostre Seigneur son petit Samuel,[68] elle donna au moustier auctorité de recevoir enfans; dont Ysidoire dist ou .xvᶜ. chapitre aus freres establiz en **[168.1]** l'abaye de Honoire:[69]

Quicunquez sera par ses propres parens envoiez et donnés au moustier, saiche que il demour[er]a illec pardurablement. Car Anne

---

64 Psalms 150.4.

65 Acts 4.32.

66 Cf. Exodus 15.20.

67 Judges 5.1–31, I Samuel 2.1–10, Judith 16.1–18 and Luke 1.46–55.

68 I Samuel 1.24–28.

69 This quotation has not been traced to any work of Isidore, but is attributed to him by Smaragdus, *Commentarius in Regula Sancti Benedicti*, 59 (PL 102, 691–932 at col. 905AB), in which the quotation is prefaced by 'Hinc Isidorus ait'.

offri a Dieu l'enfant Samuel, qui demoura ou servise du moustier de quoy il avoit use de sa mere, et *servist* la ou il estoit establis.

[168.2] Et est neis certaine chose que les filles Aaron ensemble avec leurs freres apartien[nen]t *tant* a saintuaire et a la partie qui est l'eritaige de Levi, que certes Nostre Sires en establi aussi a elles leur *noreture*, si comme il est escript ou Livre des Nombres, quant Nostre Sires dist ainsi [a] Aaron:[70] 'Je ay donné a toy et a tes filz et a tes filles en pardurable droit toutes les offrandes que li filz de Israel offrirent a Dieu.' [168.3] Par quoy *la* religion(s) des femmes ne semble pas estre *dessevree* de l'ordre des clercs, quant il est chose certaine que elles sont conjointes [a] ceus neis par nom, c'est asavoir comme nous appelons les femmes aussi dyacresse[s] come les hommes dyacres, si come se nous *cognoissons es* ungs et [es] autres la ligniee de Levi, que diacres et diacresses.* [168.4] Nous avons neis en celui livre mesmes icellui tres grant veu et la consecracion des Nazariens Nostre Seigneur, qui fut establiz aussi egaument aus femmes comme aus hommes, quant il dist aussi a Moyses:[71]

> Parle *aus filz* Israel, et lor diras: Hommes ou femmes qui avront fait veu, pour ce que il soient saintefié, et se voudront consacrer a Nostre Sire, facent abstinence de vin et de toutes choses qui peuent enyvrer. [169.1] I ne beuvront   pas aigreur de vin, ne de nul autre beuvraige, ne nule chose qui soit prainte de grappe; ne il ne mengeront pas grappes ne *grasses* ne seches, par touz les jours la ou il sont pour veu [consacré a Nostre Seigneur]; ne ne mengeront choses qui est de vigne, de la grape seche jusques au pepin, par tout le temps de leur dessevrance.

[169.2] Certes, [je cuit que de ceste religion furent] celes qui se couchoient a l'uis du tabernacle, quant Moïses se fist de leur miroers le vessel en quoy Aaron et si fil feussent lavez, si comme il est escript,[72] [...]* que il le fist des miroers aus femmes qui se gissent a l'uis du tabernacle. Diligenment est escripte l'ardeur de leur grant devocion, que quant li tabernacle estoit clos, elles s'aherdoient par dehors aus portes du tabernacle et celebroient les eschaugourtes des *saintes* v(i)eilles, [169.3] et demouroient neis la nuit en oroison, et ne

---

[70] Numbers 18.19.

[71] Numbers 6.2–5.

[72] Exodus 30.18-19.

cessoient pas du servise divin quant li homme dormoient. Mes pour ce que li tabernacles est remembrez estre clos est signifiee convenablement la vie des repentans: pour ce que il se tormentent plus durement des pleurs de penitance, il se dessevrent de ces autres. Et certes, ceste vie est especialment demonstree estre la vie de profession de moniaige, **[169.4]** de quoy c'est assavoir li *ordres* n'est pas autre chose appellez fors que une fourme de plus espernable penitence.

Certes, li tablernacles, (est) a l'uis de qui cestes (choses) se couchent, est a entendre figurablement cil de quoy li Apostres escript aus Ebriex, et dist:[73] 'Nous avons ung autel de quoy cil n'ont pas a mengier qui servent au tabernacle', **[170.1]** c'est a dire qu'il n'en sont pas dignes d'estre parçonnier, qui doinent diliteuse cure a leurs corps, en quoy il amenistrent aussi comme es heberges. Mes li huis du tabernacle, ce est la fin de la presente vie, quant l'ame est issue du corps et entre en la vie qui est la a venir. A cest huis se couchent ceulx qui sont curieus de l'issue de ceste vie et de l'entree de la vie qui est a venir, **[170.2]** et ordennent aussi en repentant ceste – [c]'est l'issue – que il deservent cele entree. Certes, de ceste yssue et de ceste entree de chascun jour a sainte eglise est icelle oroison du psalmiste, et dist:[74] 'Nostre Sires gart et t'entree et t'yssue'; car lors garde il ensemble nostre entree et nostre yssue, quant il nous, yssans de cy si espurgiez par penitance, maine tantost la dedens. **[170.3]** Certes, bien nomma avant l'entree que l'issue, c'est asavoir que il n'atendoit *tant* l'ordre come la digneté, come ceste yssue de mortalité soit en doulours, mes ceste entree de pardurable vie e[s]t souveraine joie. Mes li mireour de celles fammes sont les [oeuvres] fe(s)tes [par] dehors, par quoy est jugé [la] laideur ou la biauté de l'ame, si comme la qualité de la face humaine est juge[e] du miroer corporel. **[170.4]** De ces miroers de ces fammes est fais li vessiaus en quoy Aaron et si filz se lavent, quant les oeuvres des saintes femmes et si grant estableté en Dieu de nature enferme blasment desveement et esmuevent a l[er]mes de compunction la negligence des evesques et des provoires. Et se il portent la cure d'icelles, si come [il convient], icestes oeuvres d'iceste[s] *apparillent* avant aus pechiez de ceulx le pardon de quoy il soient lavé.

---

[73] Hebrews 13.10.

[74] Psalms 120.8.

Certainement de ces miroers **[171.1]** app[ar]elloit a soy saint Gregoire
vessel de compuncion, quant il, esmerveillant et en gemissant ou
martire des saintes femmes et de la nature enferme la victoire,
demandoit:[75]

> Que diront li estrange homme, comme deliteuses pucelles
> soustiennent si grans choses pour Jhesu Crist, et comme la flebe
> nature vainque par si grant estrif que nous l'avons veu plus souvent
> resplendir de double *courone*, ce est a savoir de virginité et de martire?

[171.2] Certes, a icestes veuves femmes, si come il a esté dit, qui
se gisoient a l'uis du tabernacle, qui ja comme Narariens de Nostre
Seigneur lui avoient consacree leur veuveté, ne dout je pas que cele
beneuree Anne n'apartiengne, qui deservi recevoir ensemble avec
saint Symeon le singulier Nazarien de Nostre Seigneur – c'est Nostre
Seigneur Jhesu Crist; **[171.3]** et, pour ce que elle fust faite plus que
prophete, lui *neis* cognoistre par le Saint Esperit en icelle mesmes
heure que Symeon le cognut, et lui present demonstrer et
communement preeschier. Certes, li euvangilistes, poursuivant plus
diligenment loenge de ceste, dist:[76]

> Et la estoit Anne la prophete, fille Phanuel, de la ligniee Asser.
> **[171.4]** Ceste avoit eu mains jours, et vesqui avec son mari .vij. ans
> en virginité. Et ceste estoit veuve jusques a octante et .iiij. ans, et ne
> se departoit pas du temple, et servoit en jeunes et en oroison par
> nuit et par jour. Et ceste, survenant en cele heure mesmes, se faisoit
> confesse a Nostre Seigneur, si parloit a touz ceulx qui attendoient
> sa redempcion de Jherusalem.

[172.1] Note toutes les choses qui sont dites, et *aperçoif* combien li
euvang[i]listres ait esté estudians et la loenge de ceste veuve, et de com
grans loenges il ait eslevé la noblesce de lui. Certes, il espre[i]nt
diligenment la grace de prophecie que ceste souloit avoir, et son pere
et sa ligniee, aprés les .vij. ans que elle avoit soustenus avec son
mari *d'iluec* le temps de sa veuveté, **[172.2]** en quoy elle s'estoit bailliee
a Nostre Seigneur, et la contin[u]ence de lui ou temple, et la hantance
de ses jeunes et de ses oroisons, et la confession de sa loenge par quoy
elle rendoit graces a Nostre Seigneur, et la comune predicacion que

---

[75] Cf. Gregory, *Homeliae in Evangelio*, 11 (PL 76, 1116A).
[76] Luke 2.36–38.

elle faisoit du Sauveour promis. Et certes, li euvangilistres avoit ja loé par dessus, de justice nom pas de prophecie, Symeon,[77] **[172.3]** ne *ne* remembra pas qu'il eust en lui si grant vertu de continence ou de abstinence, ne ne remembra pas qu'il eust esté curieus de service devin, ne n'ajousta pas oncques riens de predicacion que il feist aus autres.

Certes, de ceste profession sont icelles veuves dont li Apostre, escripvant a Thymotee, dit:[78] 'Les veuves honnores, qui vrayes veuves sont'; **[172.4]** de rechief: 'Mes cele qui est vrayement veuve desconfortee ait esperance en Dieu, et se tiengne continuelment en priere et en oroisons par nuit et par jour ... Et si commande que elles ne puissent estre reprinses'; et [de rechief]: 'Se aucuns leeus a veuves, amenistre leur et les serve, et n'en soit pas sainte eglise grevee, si que il souffise a *celles* qui vrayes veuves sont'. Mes il appelle(nt) [vrayes] **[173.1]** veuves celles qui *ne* deshonesterent *pas* leur veuveté par secondes noces, ou celes qui, perseverans ainsi, se consacrerent a Nostre Seigneur plus par devocion que par neccessitez; et appelle desconfortees celes qui renoncent en cele maniere a toutes choses, que elles ne retiengnent nul aide de terrien solas, ou qui n'ont pas qui praigne cure d'elles. **[173.2]** Et cestes certes commande il estre honorees, et juge que elles soient soustenues des biens de sainte eglise, si comme des propres rentes de leur espous Jhesu Crist.

Et de cestes, neis, descript il diligenment que on les doit eslire a l'office de diacrerie, et dit:[79]

> Veuve soit esleue qui n'ait pas mains de .lx. ans, et ait esté fame d'un seul home et ait bon tesmoignaige; **[173.3]** se elle a filz norris, [se elle fut hebergerresse], se elle lava les piez des sains, se elle secourust ceulx qui souffroient tribulacion, se elle aconsuivi toute bonne oeuvre. Mes eschivez les plus joennes veuves.

Et ce espont saint Geriaume:[80] 'Eschive les a eslever en l'office de diacrerie, pour ce que mal exemple ne soit donné pour bon', **[173.4]**

---

[77] See Luke 2.25–35.

[78] I Timothy 5.3, 5, 7, 16.

[79] I Timothy 5.9–11.

[80] This quotation belongs to a series of expositions on the Epistles of St Paul which are no longer attributed to Jerome, but to Pelagius; see A. Souter, 'The Commentary of Pelagius on the Epistles of St Paul: the

c'est assavoir, se les joennes estoient a ce esleues, qui sont plus enclinez a temptacion et plus legieres par nature, et que elles qui ne sont pas saiges ne pourveables par experiance de lonc aage ne dongnent mauvés exemple, n'en esmuevent* a celes a qui elles l'avoient deu donner bon de tres grant maniere. Certes, il est plus mauvais exemple es joennes veuves, car li Apostres l'avoit ja aprins par certains experimens [174.1] *pour* [le] recognoist[re] apertement, et donne ensorquetout conseil encontre ce, car comme il eust dit avant: 'Eschieve les plus joennes veuves', il mist tantost la cause de ceste chose et la medecine de conseil, et dist:[81]

> Car comme elles aient esté luxurieuses, elles se veulent marier en Jhesu Crist, et ont dampnacion, car elles aneentirent la premiere foy. [174.2] Et aprennent ensemble estre oyseuses [et] avironner les mesons, et nom pas seulement oyseuses mes neis jangleuses, et *curieuses*, parlant des choses qui ne sont pas convenables. Je vueil doncques que les joennes se marient et aient enfans, et soient meres familieres, et ne dongnent nule achoison a l'aversaire par grace de maldit, car aucunes sont ja *converties* arrierres au deable.

[174.3] Certes saint Gregoire, suivant ceste *pourveance* de l'Apostre, c'est assavoir des diacresses a eslire, [escript] a Maxime, evesque de Ciracusse, par *ces* parolles:[82] 'Nous deffendons tres deve[e]ment jonnes abeesses. Ne sueffre doncquez pas en ta fraternité a nul evesque [voiller] fors que veuves *de seisante ans*, de qui la vie et les meurs aient ce requis.' [174.4] Mes certes, celles que nous disons ore abeesses, il les appelloient anciennement diacresses, comme amenistrans ou officiales mielx que meres. Car diacres vaut autant en exposicion et est autant a dire comme menistres, *et* jugoient que les diacres devoient mielx estre nommez de amenistracion que de prelacion ou de digneté, selonc ce que Nostre Sires meïsmes [175.1]

problem of its restoration', *Proceeding of the British Academy*, 2 (1905–06), 409-39; and 'The Character and History of Pelagius' *Commentary on the Epistles of St Paul*, *Proceeding of the British Academy*, 7 (1915–16), 261–96. Souter later published the text of these Commentaries in *Texts and Studies*, IX (Cambridge, 1922 and 1926), and this quotation is to be found in Part 2, p. 495. The attribution of the commentaries to Pelagius goes back to Augustine.

[81] I Timothy 5.11-15.

[82] Gregory the Great, *Epistolae*, IV.11 (PL 77, 44–1328, at col. 679–81).

l'establi par exemples et par parolles, et dist:[83] 'Cil qui est li plus grant de vous e[s]t (de) vos menistres'; de rechief:[84] 'N'est pas graindre cil qui gist que cil qui amenistre(nt)?'; et ailleurs:[85] 'Si come li filz de *l'homme* ne vint pas pour estre amenistrez mes amenistrer', c'est a dire ne vint pas estre servis mes servir. **[175.2]** Dont Geriaume mesmes, de l'auctorité Nostre Seigneur, osa forment reprandre ce mesmes nom d'a(l)bé, de quoy il avoit ja cogneu que maint s'en glorifioient; que quant il espont *icelui leu ou* il [est] escript en l'espitre aus Calechiens de celui qui crioit 'Pater, *Abba,* Pater':[86]

> *Abba,* dist il.[87] *est* hebrieu, et senefie autant come 'pere' ... Et comme *abba* soit dis peres en la langue des Ebriex et des Siriens, **[175.3]** et Nostre Sires commande en l'Euvangile que nuls ne soit appellez peres fors que Diex,[88] je ne scay pas par quel congié nous appellons les autres es moustiers par ce non, ou comment nous accordons que nous mesmes y soions appellez. Et certes, ce commande cil qui avoit dit [que] l'en ne doit pas jurer;[89] et se nous ne jurons, nous n'apelons nul 'pere' fors Dieu. Se nous de pere (n)espondrons autrement, **[175.4]** et de jurer serons contrainst a entendre autrement.

Certes, de *ces* diacresses est il certaine chose *que* fu cele Phebe, que li Apostre loe diligenment aus Romans, et prie pour cele et dist:[90]

> Je vous commant certes Phebe, nostre sereur, qui est en l'office et en la mestrise de l'eglise qui est *a Cencres*; que vous la recevez dignement en Nostre Seigneur, et soiez a lui en quelcunquez besoigne que **[176.1]** elle avra mestier de vous. Car elle mesmes a esté en aide aus[si] *a mains* et a moy mesmes.

---

83 Matthew 23.11.

84 Cf. Luke 22.27.

85 Matthew 20.28.

86 Galatians 4.6.

87 Jerome, *Commentarii in Epistolis ad galatas*, II.4 (PL 26, 307–438, at col. 400AB).

88 Cf. Matthew 23.9.

89 Cf. Matthew 5.34.

90 Romans 16.1–2.

Et Cassiodorus et Claudius, qui ce leu esponnent, renonçoient que elle fust dyacresse de cele eglise. Et dist Cassiodorus:[91] 'Que celle fut diacresse de celle mere eglise segnifie ce que est hui fet continuelment aussi comme par cause de chevaliers [es] partie[s] des Grez, **[176.2]** de celes a qui li usaiges de baptizier n'est pas deneez.' 'Et cist lieus,' ce dist Claudius,[92] 'enseigne que les fames sont establies neis par li auctoritez de l'Apostre ou service de l'eglise, en quoy cele Phebe fut mise *en l'eglise* de Cencres, que li Apostres poursuit par grant loenge et par g rant commandacion.'

Et telles furent celles dont il est escript a Thymotee, **[176.3]** et les *acqueuist entre* les diacres mesmes, et establist la vie d'icelles par certaines informacions de mors. Car quant il ordene illec les grez des offices ecclesiastres et il est descendus des evesques aus diacres, il dist:[93]

> Aussi doivent estre li diacre chaste, ne ne soient pas double de langue, ne habandonnez a moult de vin, ne ne suivent pas le gaing, **[176.4]** et *aient* le mistere de foy en bonne conscience. Et cest soient premierement esprouvé, et aussi amenistrent, que il n'aient nul blasme. Et que les femmes soient aussi chastes, non mie medisans, et sobres et loialx en toutes choses. Li diacres soient maris d'une femme qui bien gouvernent leur filz et leurs mesons. **[177.1]** Car cil qui bien ont amenistré acquerront a eulx bon gré, et moult grant fiance en la foy qui est en Jhesu Crist.

Ce que il dit doncquez illec des diacres, qu'i ne *feussent* pas double de langue, et dist de diacresses qu'ellez ne feussent pas [medisans; ce que il dit illec des diacres qu'il ne feussent pas] habandonnez a moult de vin, il dist des diacresses que elles doivent estre sobres. **[177.2]** Et ces autres choses qui ensuivent illuec, il les comprent briefment yci, quant il dist que elles soient loiaulx en toutes choses. Et aussi come il deffent les evesques et les dyacres a estre bigames, aussi establi les diacresses femme d'un seul home, si comme nous avons remembré cy dessus:

---

[91] This quotation is probably from a lost commentary by Cassiodorus on Romans.

[92] This quotation has not been traced to a Claudius, and it may have been taken from Rufinus's translation of Origen's Commentary on Romans; cf. PG 14, 1278.

[93] I Timothy 3.8–13.

Veuve, dist il,[94] soit esleue qui n'ait pas mains de .lx. ans, et ait esté femme d'un seul home et elle ait tesmoing de bonne[s] oeuvres; **[177.3]** se elle norrist filz, [se elle fut] hebergerresse, se elle lava les piez des sains, se elle amenistra a ceulx qui souffroient tribulacion, se elle ensuivi toute bonne oeuvre. Mes eschive les plus joennes veuv(r)es.

Certes, en ceste *descripcion* des dyacresses et en leur enseignement est il legiere chose a assenser combien que li Apostres y ait esté [plus] diligent que es establissemens devant dis des evesques et des diacres: **[177.4]** que ce que *il* dist que elle eust tesmoing en bonnes oeuvres, ou se elle reçut les povres en son hostel, de ce ne fist il oncques mencion es dyacres. Et les choses que il adjousta aprés, *se* elle lava les piez des sains, se elle amenistra a ceulx qui souffroient tribulacion', ce fut teu es evesques et es diacres. Et dit [que li] evesque et li **[178.1]** diacre 'n'aient nul bl[asm]e'; mes cestes non(t) seulement [commande] que elles ne puissent estre(s) reprises, ainçois dist 'se elles ensuivent toute bonne oeuvre'.

Sagement neis pourvit de la meurté de leur aage, pour ce que elles aient auctorité en toutes choses, quant il di(en)t que elles n'aient pas mains de .lx. ans, pour ce que l'en ne les deporte pas tant seulement pour la reson de leur *viez*, **[178.2]** ainz porte la reverence a leur lonc [aage], qui a esté esprouvez en maintes choses. Dont Nostre Sires mesmes (dist), ja soit ce que il amast Jehan, toutesvoyes mist il Pietre, qui plus viex estoit, sur lui et sur les autres. Quel merveille, car tuit ont mains de desdaing que li plus vieulx soit mis au dessus de eulx que li plus joennes, **[178.3]** e(s)t plus volentiers obeissons nous aus plus vieulx que vie n'a pas seulement fait [premier], mais nature et ordre de temps. Dont Geriaume dist, au premier *Contre Jovinien*, quant il ot fait mencion de la prelacion Pierres:

> Ungs, dist il,[95] est esleus, pour ce que par le chief establi soit ostez achoison de descorde. Mes pour vray [ne] fut Jehan esleu, et reverence fut portee a l'aage, **[178.4]** car Pierres estoit plus viex; et que homs qui estoit encore jouvenciaus et a bien pres enfes ne fust neis au dessus des hommes de lonc aage; et que li bon Mestre, qui

[94] I Timothy 5.9–11.

[95] Jerome, *Adversus Jovinianum*, I.26 (PL 23, 258C).

avoit deu oster achoison de tençon, ne fust veus donner a ses
desciples cause de envie encontre le jouvencel que il avoit amé.

Or regardoit il diligenment cil abbés, que si comme il est escript en la
[179.1] *Vie des Peres*,[96] toli la seigneurie au plus joenne frere, qui
premiers estoit venus a la conversion, et la bailla au greigneur, par cele
chose une tant seulement, que cil avoit plus grant aage que li autres.
Car il redoubtoit que cil, ses freres neis charniex, n'eust desdaing se
plus joennes fust mis au dessus de lui. **[179.2]** Et bien lui remembroit
que li apostre avoi[en]t eu desdaing [de .ij.] de eulx mesmes,[97] comme
il leur fut avis que il eussent deserte une maniere de seigneurie par la
priere que la mere [fist envers] Jhesu Crist, mesmement comme li
ungs de ces .ij. fust plus joennes que li autres apostres, c'est assavoir
Jehan mesmes, de qui nous deismes ore.

[179.3] Et que li Apostres n'ait pas seulement moult curieusement
veillié es diacresses establir, mes neis combien il ait esté estudians
generalment envers les veuves de sainte profession, c'est(e) chose
apparant, pour ce que il oste toute achoison de temptacion. Car
comme il eust dit devant:[98]'Celles veuves honneure, qui sont vrayes
veuves', tantost y adjousta: **[179.4]** 'Mes se aucune veuve a filz ou
nepveuz, aprengne premierement a gouverner sa mesniee, et fere a
ses parens ce que il firent a lui.' Et aprés aucunes parolles dist il: 'Se
aucuns des sains *n'a cure*, et mesmement domesches, il n'i a point de
foy, et est pires que desloiaulx.' Certes, en *ces* parolles *porveoit* il
ensemble et [a] humanité d[e]ue et a religion proposé, qui li enfant ne
soient lessiez **[180.1]** souffreteus, et que pitié charnel envers les
besoigne[u]s trouble le saint propos de la veuve et la contraigne [a]
regarder arrieres, la *traie* neis aucunes fois [a] sacrilieges, et tende
aucune chose aus siens *que* elle barate du commun. Dont il est donné
conseil neccessaire que celles qui sont envelopees en la cure des
choses domesches, avant que elles, trespassent a vraye veuveté,
[180.2] se baillent du tout aus servises divins, rendent a leurs parens
ceste acoustumee maniere, c'est aussi comme elles ont esté nourries
par la cure de ceulx, que elle[s] pourveoi[en]t aussi a leurs successeurs
par cele mesmes loy. Et neis en acroissant la re[li]gion des veuves, les

---

[96] *Verba seniorum vel de vitis patrum*, V.10.113 (PL 73, 932D).

[97] Cf. Matthew 20.20–29 and Mark 10.35–45.

[98] I Timothy 5.3, 4, 8.

commande continuelment entendre aus prieres et aus oroisons par nuit et par jour. Il mesmes, qui moult yert curieus de leur neccessitez, dist il:[99] **[180.3]** 'Se aucuns leaus a(us) veuves, amenistre a elles, et ne soit pas l'eglise grevee, si que il souffise a celes qui vrayes veuves sont'; aussi comme se il deist apertement: se aucune veuve est qui telz *domesches* ait qui [de] leur biens *lui* puissent ses neccessitez amenistrer, qu'i la pourvoient de ce, si comme li commun despens de l'eglise puissent souffire a soustenir les autres. **[180.4]** Et certes, ceste sentence monstre apertement que se aucuns sont endurcis envers icestes veuves, il doivent estre contrainst de l'auctorité de l'Apostre, qui pourveans non pas seulement a la neccessité d'icelles [mes] mesmes a l'onnour, dist:[100] 'Les veuves honore, qui vrayes veuves sont.'

Teles cr[e]ons nous que celes furent dont **[181.1]** il appelle l'une sa mere et Jehan li euvang[i]listre apelle l'autre sa dame, pour la reverence de sainte profession. Pols, escripvant aus Romains, dist:[101] '*Saluez* mon esleu *Rufus* en Nostre Seigneur, et sa mere et la moye.' Et Jehan, en la seconde espitre que il escript, dit:[102] '[De son seigneur a sa dame esleue et a ses filz, etc.].' **[181.2]** Dont il neis requerans que elle l'amast adjousta aprés:[103] 'Et or te prie, ma damme, que nous nous entreamons.' Et saint Geriaume, usant de l'auctorité de cestui, quant il escript a Eustochium, vierge de nostre profession, n'ot pas honte d'appeller la sa dame; ainsois mist tantost la cause pour quoy il la devoit ainsi appeller, et dist:[104] **[181.3]** 'Ces choses pour ce, ma damme Eustochium, car je doi appeller ma dame l'espouse de mon Seigneur, etc.'. Et il neis emprés [en] icelle mesmes espitre, metant la seigneurie de ce saint propos sur toute gloire de terrienne beneurté, dist:

> Je ne vueil pas que tu ayes les compaignies des prodeffames seculieres, ne que tu approuches aus hostiex des nobles. **[181.4]** Je

---

[99] I Timothy 5.16.

[100] I Timothy 5.3.

[101] Romans 16.13.

[102] II John 1.1.

[103] II John 1.5.

[104] Jerome, *Epistolae*, XX ('Ad Eustochium') (PL 22, 395 and 403).

ne vueil pas que tu voies souvent ce que tu despisoies, et voulsis estre vierge. Se couvoitise de honnour des *sauvanz* con[co]urt a la femme l'empereur, pour quoy fais tu tort a ton mari? Tu, espouse de Dieu, pour quoy te hastez tu d'aler a la femme de l'omme? Aprens en ceste partie *saint* [182.1] orgueil. Saichez que tu [es] *mieudres* que elles.

Il neis escripvans a la vierge sacree a Dieu des vierges a Dieu consacrees combien grant debonnereté elles aient en ciel et en terre, ainsi commança et dist:[105]

> Sans les tesmoings neis des Escriptures sommes nous enseignié par la coustume de l'eglise combien grant beneurté sainte virginité ait es celestiaus choses; [182.2] car nous aprenons que *celles de qui* la consecracion est espirituelle (et) ont *especial* merite. Car comme chascune tourbe de creans prengnent egaus dons de grace et tuit se glorefient d'une mesmes beneïçon *des sacremens,* cestes ont aucunes choses propres par dessus les autres, quant elles sont eslevees du Saint Esperit de celui saint et net fou de eglises [182.3] comme sacrefices plus sains et plus purs pour les merites de leur volenté, et sont offertes a l'autel par le souverain prestre de Dieu.

De rechief:

> Virginité, doncquez, a ce que li autres n'ont pas, car elle y a grace peculiaire. Et, pour ce que je le di ainsi, elle s'e[s]joït du propre privilege de consecracion.

[182.4] Car il ne lest pas que consecracion de vierges, fors en peril de mort, soit celebree en autre temps que a la Tiphanie ou es Aubes de Pasques et es nativitez des apostres, ne que elles ne leurs voilles qui doivent estre mis sur leurs sains chiefs soient saintefieez fors du souverain prestre. Mes aus moines, ja soit ce que il [183.1] soient de cele mesmes profession et de celle ordre ou du sexe plus digne, et se il soient neis vierge, e[s]t *souffert* a recevoir chascun jour de leur abbé [beneïçon] et eulx [et] leurs propres vestemens, c'est a [dire] leurs coules. Li prestre aussi, et cil autre clerc de plus bas degré, tousjours *es* joennes de .iiij. temps* et li evesque chascun jour de dymenche puent estre ordenez. [183.2] Mes la consecracion des vierges, de tant plus precieuse(s) comme elle est mains souvent celebree, chalanga et

---

[105] *Virginitatis laus,* formerly attributed to Jerome: PL 30, 163–175, at col. 168.

reçut a soy la joie des plus nobles sollempnitez, c'est assavoir de la merveilleuse vertu des quelz sainte eglise s'esjoïst ensemble plus largement, si comme neis li psalmistes l'avoit dit avant:[106] 'Aprés celle seront amenees les vierges au roy'; et de rechief: 'Aportees seront en leesce et en joie; amene[e]z seront ou temple du roy'. **[183.3]** Et est escript que Macis li apostres et euvang[i]listes ensemble fist ou dicta la consecracion d'icestes, si comme l'en le *lit* en sa passion, la ou il est remembré que il mourut martirs pour la consecracion d'icelles [ou] pour la deffension de virginal propoz.[107] Mes li apostre ne nous lessierent oncquez *escripte* nulle beneïçon ne de clers ne de moines.

[183.4] Car la seule religion neis de cestes est seule ennobl[i]e du nom de sainteté [come] de ['sanctimonia', c'est a dire sainteté, elles sont dites] sanctimoniables, c'est a dire saintes nonnains. Car de tant comme li sexe des femmes est plus enfe[r]s et il plus aggreables a Dieu, et leur vertus plus parfaite, selonc le tesmoing de lui mesmes, par quoy quant il *amonesta* l'enfermeté de l'Apostre a la couronne de l'estrif, il [dist]:[108] 'Ma grace te souffist, **[184.1]** car vertuz est parfaite [en] enfermeté.' Il neis, parlans par celui Apostre mesmes des membres de *son cors*, qui est eglise, aussi comme s'il loast mesmement l'onnour des membres enfers, dist aprés en celle mesme espitre, c'est a Chorinthios la premiere:[109]

> Mes li membre du corps qui semblent plus estre enferm sont de moult plus li plus neccessaire, **[184.2]** et les (plus) membres que nous cuidons mains nobles ou plus *vius* de corps ont honesteté plus habundant ... Mes Dieu atrempe le corps en dou(b)tant honneur plus habundant a celui a qui deffaut en estoit, pour ce que descorde ne soit ou corps, et que li membre soient curieus entre les ungs pour les autres.

Mes quelz homs diroit que ces choses fussent oncques si enterinement acomplie(e)s par la dispensacion de la divine grace comme en l'enfermeté mesmes du sexe femenin, **[184.3]** que et courpe et nature avoit fait despisables? Regarde chascun degré en cestui sexe, nom pas seulement les vierges ou les veuves (ou les

---

106 Psalms 44.15–16.

107 Cf. *Acta S. Matthaei*, II, §19–21; *Acta Sanctorum*, sept. VI, 224.

108 II Corinthians 12.22–25.

109 I Corinthians 12.22-25.

veuves) et les maries, mes neis les abhominacions mesmes de sains,
et tu verras en eulx la grace Jhesu Crist plus large, si que selonc la
sentence de Nostre Seigneur et de l'Apostre:[110] 'Li tresderrenier
[seront li premier, et li premier li tresderrenier'; et]:[111] **[184.4]** 'Pour
ce que la ou le peché habunda, que grace y surhabunde.'

Car certes, se nous recordons des le commencement neis du
monde li benefices de la divine grace et les honours que Dieu a
donnees aus femmes, [nous troverons tantost que la creacion de
femme] est plus noble en une maniere de digneté; car elle fut criee en
Paradis et homs dehors, pour ce que les femmes soient amonestees
[185.1] comment Paradis est leur naturel païs, et comment il leur
conviengne plus ensuivre la chaste vie de Paradis. Dont Ambroise
dist, ou livre **De Paradis**:[112]

> '[Et Dieu prist l'homme que il avoit fait et le mist en Paradis]'.[113] Tu
> vois que cil qui estoit es[t] prins, et le mist en Paradis. Regarde que
> homs fut fait hors de Paradiz, et fame dedens Paradis. **[185.2]** Li
> homs [est trové] mieudres ou plus bas lieu, et elle est trove[e] plus
> basse [qui fut criee] ou meilleur lieu.

Nostre Sires neis restora avant *en* Marie [Eve], la nessance de tout mal,
que Adam rappareilla en Jhesu Crist; et si come de femme commença
[courpe, aussi de femme commença] grace, *et* reflori la noblesce de
virginité. **[185.3]** Et avant fut demonstree la fourme de [sainte]
proffession en Anne et en Marie, vierges et veuves, que l'exemple de
religion et de moniaige feussent proposé(e)s aus hommes en Jehan et
aus apostres.

Mes se nous regardons aprés Eve la vertu Delbore et de Judith et
de Hester, certainement nous ferons grant honte a la force du sexe
masculin, c'est a dire aus hommes. Car Delbore, vainquerresse* du
pueple Nostre Seigneur, **[185.4]** se combati quant li homme se
deffailloient [et] espessement out victoire, car li anemis furent vaincus
et li pueples Nostre Seigneur fut delivrés.[114] Et Judith desarmee, avec

---

[110] Cf. Matthew 20.16, 19.30; also Mark 10.31, Luke 13.10.

[111] Cf. Romans 5.20.

[112] Ambrose, *De paradiso*, IV (PL 14, 14, 275–314, at col. 300B).

[113] Cf. Genesis 2.15.

[114] Cf. Judges 4.4-24.

Abra sa chamberiere, envaï l'ost espoentables et coupa la teste a Holoferne de son propre glaive mesmes, et seule acraventa touz les anemis, et delivra son pueple desesperé.[115] Ester, en repost par l'amonestement de l'Esperit, contre le jugement de la loy, se *conjoinst* au **[186.1]** roy paien, et empescha le conseil du tres felon *Aman* et le cruel ban du roy, et tourna encontre aussi comme [en] ung moment de tens la sentence que li roys avoit delivree.[116] A grant vertu est tenu ce que David assailli [Golie] a la fonde et o la pierre vainqui.[117] Judith veuve s'en vet en l'ost des anemis batailler et sans fonde et sans pierre et sans nul aide de armeure;[118] **[186.2]** Ester par seule parolle *delivre* son pueple, et fut la sentence muee contre les anemis, et chaïrent ou las que il mesmes avoi[en]t tendu.[119] Dont la remembrance de ce noble fait deservi a avoir par chascun an sollempnel leesce entre les Juifs. Ce n'orent oncques nul fait de home, tant feussent noble.

[186.3] Qui est cil qui merveiller ne doie la no[n co]mparable estableté de la mere des sept filz, que li *tres* felons roys Anthiocus, si come raconte l'Istoire des Machabiex, prinst ensemble avec leur mere, et s'efforça en vain a contraindre les a menger char de porc encontre la loy?[120] Et cele, qui n'iert pas remembrable de nature de mere, **[186.4]** ne destrainte de amour humaine, ne riens n'avoit devant ses yex que Dieu seulement, par au[t]ant de martires comme elle envoya devant a *couronne* ses filz par ses sains *amonestemens* ot elle de victoire, et feni sa vie au derrenier par son martire propre. Et se nous desvelopons toute l'ordenance du Viez Testament, quel chose pourrons **[187.1]** nous comparer [a l'estableté de ceste femme]? Cil *desvés* tentierres de saint *Job*, qui regardoit la foiblesce de nature humaine encontre la mort, dist il au derrenier:[121] 'Pel pour pel, et toutes choses donra homs pour *s'ame*'; car nous redoubtons tant tuit naturelment l'angoisse de la mort que nous, pour la deffension d'un

---

[115] See the Book of Judith, especially chap. 13.

[116] Esther 1–8.

[117] See I Samuel 17.18–50.

[118] Judith 10.

[119] Esther 8–9.

[120] II Maccabees 7.

[121] Job 2.4.

membre, metons souvent l'autre encontre, et ne redoubtons nul dommaige pour ceste vie garder. **[187.2]** Mes (de) ceste souffri a perdre nom pas seulement *ses* choses, mes neis sa propre ame et les ames de ses filz, pour ce que elle n'encourust ung seul courrous de la loy. Or me di, je t'em pri, quel est cist trespassement a quoy elle estoit contrainte? Estoit elle contrainte a Dieu renier, ou aus ydoles aourer? Je te di que nule autre chose ne lui estoit requise fors que il ussassent de chars que la loy deffendoit.

[187.3] O vous, frere, et vous moyne, *vous* qui si deshonnestement contre nostre regle et contre nostre profession chascun jour beez aus chars, que direz vous a l'estableté de ceste fame, si que quant vous oez ces choses vous ne soiés pas confondus de honte? Saichez, frere, [que] ce que Nostre Sire reprouche aus mescreans de la royne des au[s]tres, **[187.4]** [et dist:[122] 'La royne des austres] se levera ou jugement avec ceste generacion et la condempnera', moult *vous* doit on donc plus forment reproucher [de] l'estableté de ceste femme, qui a fait trop plus grans choses, et vous par veu estez a[s]traint a la religion de vostre profession! Et de ceste la vertu **[188.1]** esprouvee par si grant estrif deservi a avoir cest privilege en eglise, que li martires de lui [ait] la solempnité [et] li chans des messes. *Ce* ne fu oncquez octroyé a nul des sains anciens, c'est assavoir de ceulx qui furent mort avant l'avenement de Nostre Seigneur, ja soit ce que l'en lise en l'Istoire des Machabiex que cil honorables vieillart Ellezarael, ung des plus grans [clers], fut ja couronnez de martire pour cele mesme cause.[123] **[188.2]** Mes pour ce, si comme nous avons dit devant, de tant comme li sexe (de) femenin est naturelment plus foibles et plus enfers, de tant est la vertu de lui plus aggreable a Dieu et plus digne de honnour. Pour ce ne deservi pas cist martires, a qui femme ne fut pas presente(e), avoir remembrance ne memoire en solempnité de feste; aussi com se l'en [ne l']ait pas pour grant chose se li sexes plus fors sueffre plus forment. **[188.3]** Dont l'Escripture, qui plus largement s'esleva en loenge de ceste femme, dist:[124]

> Certes, oultre mesure fut ceste [mere] merveillable et digne de bonne remembrance, qui regardoit ses .vij. fiz sous le temps d'un

---

[122] Matthew 12.42.

[123] Cf. II Maccabees 6.18–31.

[124] II Maccabees 7.20–21.

jour morir, et le souffroit a bon couraige pour l'esperance que elle avoit en Dieu. Et amonestoit forment chascun de eulx, raempli[e] de sapience et embatans couraige en pensee femenine.

[188.4] Et qui est cil qui jugier[oit que celle seule fille Jepte] ne doie estre prise en la loenge des vierges? Que pour ce que son pere ne fust coupables de brisier son veu, ja soit ce que i l'eust folement fait, et pour ce que li benefices de la divine grace ne fust arrestez du sacrefice [promis], *enhardi* contre sa propre gorge son *pere vainqueur*.[125] Di, [189.1] je t'en *pri*, que eust ceste fait en l'estrif des martirs, se elle fust contrainte des mescreans a sa loy *deguerpir* en Dieu *renianf*? Se l'en lui eust demandé de Jhesu Crist avec celui qui ore est princes des apostres, deist elle avec lui: 'Je ne le cognu oncques'?[126] Elle fut lessiee de son pere franche et delivre par deux mois. [189.2] Quant il furent passez, elle retourna a son pere pour estre occise, et se embatoit en la mort de son gré, et plus l'en atainoit que elle ne l'en doutoit. Ainsi compere le fol veu de son pere et le delivre et le raimst de mençonge, celle qui estoit tres grant amerresse de verité. Comment souffrist elle doncquez en soy et redoubtast ce pechié, quant elle ne le sueffre en son pere? [189.3] Com grant fut l'ardeur de ceste vierge, et envers son pere charnel et envers son pere celestial, qui par *sa mort* juga et ordena a delivrer cestui de meçonge, et garder a l'autre sa promesse! Dont a bon droit ceste si grant force de couraige de pucelle ce deservi par grant volenté a avoir que chascun an les filles de Israel s'en viennent ensemble, [189.4] et font aussi come par hympnes sollempnez establie(e)s *obiz* de ceste vierge, *et se complaignent* en compassion entre elles a piteux plains.

Mes pour ce que nous lessons toutes ces autres choses, quelle chose a esté plus neccessaire a nostre redempcion et au salut de tout le monde si comme sexes femenins, [190.1] qui nous enfanta le Sauveur mesmes? Certes, la singularité de ceste honneur celle fame qui premier osa *envaïr* saint Hillarion, qui de lui se merveilloit, li opposoit et disoit:[127] 'Pour quoy destournes tu tes yex? Pour quoy me fuis tu quant je te prie? Ne *me veuilles* pas regarder femme, mes chietive. Cist sexe engendra le Sauveur'. [190.2] *Quelle* gloire pourra

---

[125] See Judges 11.30–40.

[126] Luke 22.57.

[127] Jerome, *Vita S. Hilarionis*, XIII (PL 23, 29–54, at col. 34C).

estre comparee a celle que cist sexes a acquise(s) en la mere Nostre Seigneur? Certes, nostre Raembierres peust, se il vousist, prandre corps de homme, si comme il voust former la premiere femme du corps de l'omme;[128] mes il transporta ceste singuliere grace de son humilité a l'onnour du sexe plus enferm.**[190.3]** Et peust nestre de plus digne partie du corps de *fame* que cil autre homme, qui nessent par celle mesme tres vil partie par ou il sont *conceus*;[129] mes a la [non] comparable honnour du corps enferm, il consacra plus le membre engendrable [de lui] par son nessement que celui de l'ome par sa circumcision.

Mes pour ce que je lesse ore ceste singuliere honnour des vierges, **[190.4]** il me plaist tourner mon greffe a ces autres femmes, si comme nous avons proposé. Or entens doncquez comme grant grace fist li avenement de Jhesu Crist a Elyzabeth mariee, et com grant grace il fist a Anne la veuve.[130] Elizabeth tenoit encore mu, par la deffiance de sa mescreantise, Zacharie son mari, grant prestre de Nostre Seigneur, quant en l'avenement et en la **[191.1]** saluacion de Marie, Elizabeth mesmes, tantost raemplie du Saint Esperit, senti son enfant eleesçant en son ventre, et prununça premier la prophecie du *concevement* mesmes Marie *ja acompli*, et en fut plus que prophete. Car en la presence de la Vierge elle *nonça* tantost de la Vierge le concevement, et esmut la mere mesmes de Nostre Seigneur a loer sur ce Nostre Seigneur. **[191.2]** Certes, plus noblement semble estre [en] Elizabeth le don de prophecie de cognoistre tantost le(s) Filz Dieu conceu, que en Jehan de monstrer le lonc temps aprés nés.[131] Si comme nous disons doncquez *que* Marie Magdelaine fut apostresse des apostres, aussi ne devons nous pas doubter que ceste ne fust prophete des prophetes, ou sainte Anne mesmes, de qui nous avons dit dessus plus largement.

[191.3] Mes *se nous estendons* ceste grace de prophecie meïsmes jusques aus paiens, viegne entre nous Sebille *la* poete, et die quelz choses lui sont revelees de Jhesu Crist. Et [se] nous comparons a lui

---

[128] Cf. Augustine, *Sermo* LI.2 (PL 38, 333–54 at col. 334).

[129] Cf. Augustine, *De Genesi ad litteram*, XIX.16.30 (PL 34, 246–486, at col. 405).

[130] See Luke 1.5-55.

[131] See Matthew 3.1–12, Mark 1.7–8, and Luke 3.16–17.

tous les prophetes et Ysaie mesmes – que, si comme Geriaume afferme,[132] ne doit pas tant estre apelez prophetes comme euvangilistres – **[191.4]** nous verrons fames moult mielx valoir en ceste grace que hommes. Le tesmoing de ceste pronunça Augustins contre les cinq heresies, et dist:[133]

> *Oons* neis quel chose Sebille leur poete dist de lui: 'Autre', dist elle, 'Nostre Sires a cultiver donne aus loiaus hommes.' De rechief: 'Cognois tu mesmes que tes Sires est Filz de Dieu.' En ung autre **[192.1]** lieu apelle elle(s) le(s) Filz Dieu 'symbole', c'est conseille(l)eur ou conseil. Et li prophete dist:[134] 'Il appelleront son nom *merveilleux*, conseilleur.'

De ceste (de ceste) dist de rechief cist mesmes peres contraignans* Augustins, ou .xvij. livre de la *Cité de Dieu*.[135]

> En celui temps, dist il, dient aucuns que Sebille, que l'en appelle Herite, *divinoit*. **[192.2]** Et croient miex aucun que ce fust Sebille de Cuznee, et fist vers .xxvij. qui *ces* choses contiennent, si comme uns Latins respont: 'Signe de jugement, la terre amoistira de sue[u]r. Du *ciel* vendra li rois qui sera par les siecles, c'est assavoir presens en char pour juger par le monde.' **[192.3]** De ces vers les premieres lettres conjointes sonnent en grec *telx* parolles: Jhesu Crist, Filz de Dieu, Sauverres. Et raconte neis Lactances aucuns des divinemens Sebille:[136] 'Il vendra,' dist il, 'aprés [es mains] des *desleeus*. Il donront a Dieu *a mains* conchiees, et lui cracheront a ordes bouches crachas envenimez. Il donra son saint dos a leurs batemens et recevra les cox e se taira, **[192.4]** que nul ne le cognoisse quelconques, ne dont vient , pour ce que il parle *en* bas et soit couronnez de couronne espineuse. Et lui donront *a viande venin* et vin aigre *a* sa soif. En herberje li monsterront ceste table! Car tu mesmes, fole gent, n'entendis pas *ton* Dieu, loant*en penssees des mortiex, *ainz le couronnas* d'espinez et li mellas venin. Trenchiez **[193.1]** sera li voilles

---

132 Cf. Jerome's Prologue to his *Commentarius in Isaiam prophetam*, PL 24, 17–678, at col. 18); also his *Praefatio in Librum Isaiae*, PL 28, 771–74.

133 *Tractatus adversus quinque haereses*, formerly attributed to Augustine: PL 42, 1101–16, at col. 1103.

134 Isaiah 9.6.

135 Cf. Augustine, *De civitate Dei*, XVIII.23 (PL 41, 579–81). Abelard gives more a summary of Augustine's text than an exact quotation from it.

136 Lactantius, *Divinarum institutionum*, IV.18–19 (PL 6, 449–544, at col. 506–13).

du temple, et ou milieu du jour sera nuis trois heures. Et mourra par trois *jours* par dormir receu; et lors il retourner[a] d'enfer, [et] vendra *a* vie, *demonstrez* premier ou commencement de sa resurreccion.'

Certes, cel devinement de Sebille, se je ne sui deceu, avoit oy et entendu cil, **[193.2]** li tres grant des nos poetes, Virgilles, comme chantast avant *en la quarte eglogue* la merveilleuse nativité qui estoit a avenir prochainement sous Cesar, ou temps du conseil Appollion, d'un enfant qui seroit envoiés du ciel aus terres, qui osteroit neis les pechiez du monde et ordeneroit merveilleusement aussi comme ung novel siecle. **[193.3]** Et fut Virgilles amonestez, si comme il mesmes dist, par le devinement du dictié cumeon, c'est de Sebille qui est appelee Cumee. Car il dist en telle maniere, aussi comme amonestant chascun a fere joie et a chanter avec lui, ou a escripre de cestui si grant enfant qui estoit a nestre, en comparoison de cui il tient toutes autres matires a tres basses et a vilz, et dit:[137]

> **[193.4]** Sicilieines Muses, chantons ung pou plus grans choses. Petis arboissiaus et genestes humbles ne (se) delitent pas toute gent. Li derreniers aage du dictés cumean est ja venus. Li grans ordres du siecle nest en amertume. Ja reviengne la vierge; li regne satur[n]ien reviennent. Ja est en bas envoyé nouvelle ligniee du haut ciel, etc.

(de) Esgarde(r) chascun dis de Sebille, et come elle embrasse **[194.1]** enterinement et apertement la somme de la foy crestienne de Jhesu Crist: qui ne lessa oncquez en prophetizant ou en escripvant la divinité ne l'umanité de lui, [ne] l'un ne l'autre avenement ne l'un ne l'autre jugement de lui – li premiers jugement, certes, fut cil ou il fut jugiez a tort en sa passion, **[194.2]** mes li second est cel *ou* il vendra jugier le monde en sa majesté. Ne elle ne lessa pas le descendement de lui en enfer, ne la gloire de sa resurreccion, et surmonta nom pas seulement les prophetes, mes neis les euvangilistres, qui de cestui descendement (il) *n'escristrent* oncques riens.

[194.3] Qui est neis cil qui n'esmerveille celui parlement si privé, si familier et si lonc par quoy il seul daingna diligenment enseigner cele seule femme paienne et samaritainne, dont li apostres mesmes se esbahirent moult forment?[138] De ceste famme mescreant et reprinse

---

137 Virgil, *Eclogues*, 4.1–2, 4–7.

138 See John 4.7–27.

de la multitude de ses hommes volt il requerre a boivre, **[194.4]** ne nous n'avons pas cogneu qu'il eust oncquez puis de nul *autre* requis quelque chose de norrissement. La le servoient li apostre et lui offroient les viandes qu'il avoient achetees, et lui disoient:[139] 'Maistre, menjue', ne nous ne veons pas qu'il eust receus les viandes, ainsoys les mist au devant ces parolles aussi comme en excusacion: 'Je ay a menger viandes que vous ne [savez pas].' **[195.1]** I requiert bevraige de la feme, et elle s'escusoit de *cest benefice*, et li dist:[140] '*Et* tu, comme tu soies Juifs, comment requier[s] tu a boire de moy, qui [sui] femme samaritainne, car les Juis n'ont pas communicacion avec les Samaritains?' Et de rechief: 'Tu n'as pas en quoy tu puisses; le puis est parfont.' Il donques, qui n'a(s) cure des viandes des quelles li apostres lui offrent, **[195.2]** requiert beuvraige de la femme mescreant, et qui le lui *denie*.

Di, je t'en pri, quelle est ceste grace que il requiert au sexe enferme, ce est assavoir que cil qui a tous donne vie requiere yeaue de ceste femme? Quelle grace est ce, fors pour ce que il monstre apertement que la vertu des femmes lui est de tant plus aggreable **[195.3]** comme il est certaine chose que leur nature est plus enferme, et que de tant a il plus grant soif en desirant leur salu, come certaine chose est que la vertu de elles est plus merveilleuse? Dont quant il de(s) fame(s) requiert beuvraiges, il monstre que il veult que ceste seue soif soit estanchiee mesmement par le salut des femmes. **[195.4]** Et ce beuvraige neis appella il viande, quant il dist: 'Je ay a menger viande que vous ne savez pas.' Et ceste viande espont il aprés, et y adjousta:[141] 'Ma viande est que je face la volenté de mon Pere', c'est assavoir octroians que ceste volenté est aussi comme singuliere de son Pere, la ou (il) le salu(e) du sexe plus enfers est procurez. **[196.1]** Nous lisons neis que Nostre Sires ot familier parlement avec celui Nichodemus,[142] qui fut princes des Juifs, par quoy il enseigna de son salu celui venant a soy repostement, mes cil parlement l'aconsuivi [pou] fors seulement le fait. Et ceste Samaritainne fut lors raemplie de l'esperit de prophecie, par quoy elle recognut que Jhesu Crist estoit ja venu aus

---

[139] John 4.31–32.
[140] John 4.9, 11.
[141] John 4.34.
[142] See John 3.1–21.

Juis et vendroit aus paiens, **[196.2]** quant elle dist:[143] 'Je sçay que
Messies vient, qui est apellez Crist. Quant il sera doncquez venus, il
anoncera toutes choses.' Et maint de cele cité pour la parolle de la
femme coururent *a l'encontre* de Jhesu Crist et crurent en lui, et le
retindrent par .ij. jours avec eulx.[144] Et toutes voies dist ailleurs a ses
desciples:[145] **[196.3]** 'N'alez pas en la voie des paiens, ne n'entrez pas
es cités des Samaritains.' Et raconte ce mesmes Jehan ailleurs[146] que
aucuns des paiens, qui estoient montez en Jherosolime pour ce qu'il
aourassent ou jour de feste, noncierent a Jhesu Crist par Phelipe et
par Andrieu que il le voudroient veoir. Et toutes voies ne remembre
il pas que il fussent *receus*, **[196.4]** ne que si grant grace ou habundance
de Jhesu Crist fust octroiee a ceulx requerans comme a iceste
Samarienne qui ne la requeroit pas; par la quelle il appert que la
predicacion de Jhesu Crist comença aus paiens. Et ceste ne converti
il pas tant seulement, ainçoys acquist mains autres par lui.[147] Ne nous
ne lisons pas que li **[197.1]** trois roys, tantost enluminez par l'estoille
et convertis a Nostre Seigneur, eussent *trait* gens a lui par leur
amonestemens ne par leur doctrine, ainçoys vindrent seul. De quoy il
appert comme grant grace *la fame* a acquise de Jhesu Crist *es* paiens,
qui courut avant et anonça a la cité son avenement, et preescha les
choses que elle avoit oies, et gaigna mains de son pueple, si tost et si
pres.

[197.2] Or(o)es se nous desvelopons les pages du Viez Testament
et de l'escripture de l'Euvangille, nous *i verrons* que la divine grace a
donné mesmement aus femmes icelx benefices souverains des mors
resuscitez, ne que cist miracles fussent oncques fais fors a elles ou de
elles. Car nous lisons que premierement par Helye ou par Elysee, a la
priere des meres, **[197.3]** furent les filz resuscitez et rendus a elles.[148]
Et Nostre Sire resuscita a une veuve son filz, et la fille du prince de la

---

143 John 4.25.

144 John 4.39–40.

145 Matthew 10.5.

146 See John 12.20-36.

147 See John 4.41.

148 See I Kings 17.17–22 and II Kings 4.18–37.

signagogue, et resuscita le ladre par la priere de ses suers.[149] Ce benefice de grant miracle fist il mesmement aus femes. De la vint celle parolle que li Apostre escript aus Ebriex:[150] 'Les femmes *receurent* le[ur]s mors de resurreccion.' **[197.4]** Car neis la pucelle resuscitee reçut son corps mort, et *ces* autres femmes en leur confort receurent resuscitez les mors que il plaignoient. Dont il appert neis con grant grace il a tousjours monstré aus fammes, quant il les eleessa premierement et de leur resurreccion et de la resurreccion des mors. Au derrenier mesmes il neis les esleva moult par sa propre resurreccion, quant il apparut premierement a elles, **[198.1]** si comme il est dit devant. Et ce neis semble il que cil sexes ait deservi par *cest entalentement* de naturel compassion envers Nostre Seigneur au pueple qui le poursuivoit; car [comme Lucas remembre], comme cil homme le menassent a *crucifier*, leurs femes le suivoient et si le plaignoient et le ploroient. Et il se tourna vers elles, et aussi come rendans a eulx piteusement la courtoisie de ceste pitié, **[198.2]** ou mesmes article de sa passion, pour ce que elles le peussent eschever, leur dist le destruisement qui estoit a avenir: 'Filles,' dist il,[151] 'de Jherusalem, ne vueillés pas plorer sur moy, mes sur vous mesmes *plorez*, et sur voz filz. Car vecy que li jour vendront es quelz l'en dira: Beneurees sont les brehaignes et li ventre qui n'engendrerent pas.' **[198.3]** Et remembre neis Macis diligenment que la femme du tres felon juge avoit *avant* travellié loiaument a la delivrance de lui, et dist:[152] 'Tu et cist droituriers homs n'avez que fere ensemble; et si ay huy maintes choses souffertes pour lui par le regart.' Et quant il preeschoit neis lisons nous que une seule femme de toute [la] tourbe esleva sa vois et cria que beneurés estoit li ventres qui porté l'avoit, et les mamelles que il avoit susciees.[153] **[198.4]** Et de lui deservi elle a oïr chastiement et amendement de sa confession, ja soit ce que elle fust tres vraye, car

---

[149] See Luke 7.11–15, Mark 5.22–42, and John 11.1–45.

[150] Hebrews 11.35.

[151] Luke 23.28–29.

[152] Cf. Matthew 27.19.

[153] See Luke 11.27.

il lui respondi tantost:[154] 'Mes ceulx sont tres beneurés qui oient la parolle de Dieu et la gardent.'

Seul Jehan ot entre les apostres de Dieu cest privilege d'amour que il fust *appellés* amez, li amez de Nostre Seigneur. [Mes de Marthe et de Marie escript Jehan mesmes: 'Car Jhesu amoit Marthe et Marie sa suer le ladre.' Cist mesmes apostre qui, come nous avons dit dessus, par le privilege d'amour remembre que il estoit seul amez de Nostre Seigneur], ennobli les femmes de ce **[199.1]** privilege mesmes, ne oncques ne l'escrist a nul des autres apostres. Et comme il assemblast neis a ceste honneur leur frere avec elles, toutes voies mist il devant celui celles qu'i crut qui fussent mielx amees.

Or *nous* plaist a la parfin que nous revegnons aus femmes loiaulx ou crestiennes, et preescher en esbaïssant et esbahir en preeschant les regars de la divine misericorde, **[199.2]** neis a la vilté du degietement despiteus des putains communes. Car quelle chose fut plus vilz et plus degetee que Marie Magdalene et Marie l'Egipcienne, selonc l'estat de leur premiere vie?[155] Et toutes voies les esleva il aprés plus largement par la divine grace, ou [en] honneur ou en merite. Et demoura puis l'une toutesvoyes aussi come en une abbaye des apostres, **[199.3]** si comme nous avons remembré devant; et l'autre, si come il est escript dessus, se combati sur humaine vertu en l'estrif des hermites, pour ce que ou propos des ungs et des autres moynes la vertu des saintes femmes apere par dessus, et que il soit ainsi que ce que Nostre Sires dist aus mescreans:[156] 'Les putains iront devant vous ou regne de Dieu', doie estre reprouchié neis aus hommes loiaulx mesmes, **[199.4]** et que selonc la difference des sexes ou *de* vie, 'li tres derreniers soient fait li premier et li premier tres derrenier'.[157]

A la parfin, qui est cil qui ne saiche(nt) que femme ont embracié par si grant amour de chasteé l'amonestement Jhesu Crist et le conseil de l'Apostre, que pour l'enterineté de char et de penssee ensemble elles s'offrirent eulx mesmes en sacrefice a Dieu par martire; et **[200.1]** plus, double couronne vainquis, s'estudierent [a] ensuivre

---

[154] Luke 11.28.

[155] Cf. Mark 16.9, Luke 8.2 and 7.36–50; also *Verba seniorum vel de vitis patrum*, I, *Vita S. Mariae Aegyptiacae*, PL 73, 671–90.

[156] Matthew 21.31.

[157] Cf. Matthew 19.30 and 20.16.

l'Aingnel, qui est espous des vierges, en quelcunque lieu qu'il alast?[158] Et certes, [nous savons que] ceste perfeccion de vertu, a tart es hommes, e[s]t souvent es fames. Et de cestes neis lisons nous que aucunes o[re]nt si grant amour en ceste digneté de char que elles ne doubterent pas a geter contre elles mesmes leurs mains ou elles occirre, **[200.2]** pour ce que elles ne perdissent l'enterineté de char et de pensee que elles avoient vouees a Dieu, et pour ce que elles venissent vierges a l'espous des vierges; qui monstra neis que la devocion des saintes vierges lui estoit tant aggreables que il deffendi d'ardoir grant multitude du pueple paien, courant a l'aide sainte Agate, par son voille qui fut mis entr'eus *et le feu* espoventable [de] la mo[n]taingne esboulant qui est apellee *Ethna*, et les delivra de l'embrasement et du corps et de l'ame.[159] **[200.3]** Nous n'avons pas cogneu que nule *coule* de moynes eust oncquez acquis si grant grace de benefice. Nous lisons sans faille que li fluns Jourdains fu devisez a l'atouchement du *mantel* Elye, et donna ensemble a lui et a Elysee voie par terre,[160] mes par le voille de ceste vierge fut sauvee en ame et en corps grant multitude de pueple qui mescreant estoit encore; et ainsy se convertirent et leur fut ouverte la voie des cieulx. **[200.4]** Certes, ainsi loe non mie pou(r) la digneté des saintes fames, que elles sont consacrees en *ces* parolles, quant elles dient:[161] 'Il m'en escharra* de son annel, etc.; je sui espoussee a lui, etc.'. Ce sont certainement les parolles sainte *Agnes* [esquelles les] humbles vierges, faisans leur profession, sont espousees a Jhesu Crist.

Et qui cognoistre voudroit la forme et la digneté de nostre* **[201.1]** religion et neis entre les paiens, et d'ilec amener exemples a nostre* amonestement, legierement trovera aucun establissement de cestui propos qui fut neis avant [en] eulx, sans ce qui(l) apartient a la teneur de la foy, et que mains en furent avant en eulz comme es Juifs, que l'eglise assembla et retint des ungs et des autres, mes elle les mua en

---

[158] Cf. Revelation 14.4.

[159] Cf. *Acta S. Agathae*, 4, in *Acta Sanctorum*, feb. I, 623.

[160] See II Kings 2.8-14.

[161] The first part of this quotation is to be found in the *Vita S. Agnetis*, 1 §3, *Acta Sanctorum*, ian. II, 351; the second part belongs to the response to the Seventh Lesson of the Feast of St Agnes for 21 January in the Roman Breviary, but sums up the rest of §3 of the *Vita*.

mielx. Car qui est cil qui ne saiche que l'eglise *a pris* [a] la signagogue toutes les ordres des clers, **[201.2]** de l'*uiscier* jusques a l'evesque, *et* l'usaige mesmes de la tonsure ecclesiaste, par quoy il sont fait clerc es jeunes des quatre temps, et les sacrefices de Pasques, et les aournemens neis des vestemens aus prestres, et neis pluseurs sacremens, ou [de] dediement ou des autres? Qui est, neis, qui ne saiche que elle a retenu par tres pourfitable dispensacion non mie seulement les degrez des dignetés seculier[e]s *es* rois et [es] autres princes, et pluseurs *decrez* de lois, **[201.3]** ou pluseurs enseignemens de la discipline et de philosophie *es* paiens convers, ainçois neis reçut elle de eulx aucuns degrez de dignetés ecclesiastres, ou la forme de continence, et la religion de corporel *netteté?* Car certaine chose est que li evesque et li arcevesque sont ore en l'estat ou lors estoient [li 'flamines' ou li 'archiflamines'; et] li temples, qui lors estoient establis au[s] deables, **[201.4]** furent aprés consacrez en Nostre Seigneur ou *ennoblis* des memoires des sains.

Et savons que l'onnesteté et la hautesce de virginité resplendi avant mesmement es paiens, come la *maleiçon* de la loy contrainsist les Juis aus noces, et que ceste vertu ou ceste netteté de char fut tant aggreable aus paiens [que grans couvens de femmes] se vo[o]ient en *chaste* vie en leur temples. Dont Jheriaume, en l'*Espitre* **[202.1]** *aus Galachiens*, ou tiers livre, qui dist:[162] 'Que avient il que vous *faciez*, en la condempnacion des quiex (des quiex) Juno a ses nonnains veuves d'un mari, et *Veste ses* nonnains vierges, et li autres ydole leur continens?' [Et il dit 'nonnains veuves d'un mari' et 'nonnains vierges', si comme les moynesses qui ont cogneu les hommes] et les moynesses [vierges]. **[202.2]** Et vient cist mos de 'moynes', qui sonne autant en grec comme en latin, et d'ilec est dist cist mos 'moynes', ce est a dire 'solitaires'.* Et cil Jheriaume mesmes, neis ou premier *Contre Jovinien*, puis que il ot amenez mains exemples de la chasteé ou de la continence des femmes paiennes, 'Je sçay,' dist il,[163] 'que je ay dit pluseurs choses ou castelougue des femmes pour quoy que les Crestiens qui despissent la foy de chasteé aprengnent au mains chasteé de paiens.' **[202.3]** Et il mesmes, aussi en ce mesmes livre par

[162] Jerome, *Commenataria in Epistolam ad galatas*, III.6 (PL 26, 439–554, at col. 462B).

[163] Jerome, *Adversus Jovinianum*, I.47 (PL 23, 288–89).

dessus, loa tant ceste vertu de continence que il semble que Nostre
Sires ait amé et loé et esprové ceste netteté de char en toutes gens, et
l'ait neis eslevee en pluseurs mescreans, ou par collacion de merites,
ou par demonstrance de miracles:

> *Que vous puis je*, [dist il],[164] raconter de Sebille Heritee, ou Sebille la
> Commune, ou les autres .viij. – car Vares croit que .x. Sebilles furent
> – aus quelz virginitez est banieres, et li loiers de la virginité est
> divinacion? **[202.4]** De rechief: Claudia, vierge de *Veste*, comme elle
> fut blasmee et devenue de soupeçon en fornicacion, elle amena par
> la çainture la nef que pluseurs milliers d'ommes ne avoient peu
> traire.

Et Thidorius, evesque de Cl[er]mont, en ***Propenticon*** parle ainsi en
son livre:[165] 'Tele ne fu pas ne Tanaque, ne (de) cele [que tu],
Tre[ci]pitun, [engendras], ne la consacree a la troienne *Veste*, qui mena
la nef par *chevel* vierge contre la roideur de **[203.1]** fleuve de Albe.'
Augustins, ou .xxij[e]. livre de la ***Cité de Dieu***, dist:[166]

> Se nous [en venons] ja a leurs miracles, que leurs deux ont fait, si
> come il oppossent a nos ma[r]tires, ne sont il pas doncquez
> trouvé(e)s et fere pour nous et du tout proufite[r] a nous? Car entre
> les grans miracles de leurs deux certainement cist [est] grans que
> Vario remembre[167] d'une des vierges de la deesse *Veste*, **[203.2]** que
> comme cele fust en peril de mort, pour fausse soupeçon de
> fornicacion, elle empli ung sael de l'yaue du Tymbre et le porta a
> ses juges sans degouter de l'une* partie de soy. Qui tint le fes de
> l'iaue, quant tant de pertuis y ravoit *ouverts*? Ne pourra pas ainsi
> Deux tout puissans tenir le pesant fes au corps terrien, que en ung
> mesme element habite corps vivifiez, la ou voudra li esperis
> vivifians?

[203.3] Ne ce n'est pas merveille se Dieu a eslevé par l'office des
deables chasteé, par ces miracles ou par autres, pour ce que li Crestien
soient a ceste vertu de tant encouraigié plus come il avront cogneu

---

[164] Jerome, *Adversus Jovinianum*, I.41 (PL 23, 283).

[165] Sidonius Appolinaris, *Carmina* 24, *Propenticon ad Libellum*, ll. 39–43 (PL 58,
639–748, at col. 746).

[166] Augustine, *De civitate Dei*, XXII.11 (PL 41, 773–74).

[167] Cf. Pliny the Elder, *Naturalis Historiae*, 28.2, and Valerius Maximus,
Factorum et Dictorum Memorabilium, 8.1.

que celle a esté plus essauciee *es* mescreans. Et savons que grace de prophecie fut donnee a la prelacion de Cayphas, non mie a sa personne,[168] et li faus apostres mesmes, **[203.4]** qui sont appellez '*pseudo*', replendirent pluseurs fois de miracles, qui(l) ne furent pas octroiés a leurs personnes, mes a leurs offices.[169] Quelle merveille est ce doncquez se Nostre Sires a octroyé ce non mie aus personnes des femmes paiennes, mes a la vertu de la continence [d'icelles], au mains au delivrer innocence de vierge ou de destruire l'engrieté de fausse accussacion? **[204.1]** Car certaine chose est que l'amour de continence est bonne neis aus mescreans, si comme la garde du couvenant de mariaiges envers toutes gens est don(c) de Dieu. Et pour ce ne doit ce pas sembler merveille se Dieu par les signes qui sont fais aus mescreans honneure(s) es mescreans se[s] *dons*, non mie l'erreur de leur mescreantise, mesmement quant par ceulx, **[204.2]** *si come* il a esté dit, est et innocence delivree et la malice des homes parvers abbeessiee. Et sont aussi li homme plus largement amonesté a ce bien, qui est ainssi acreus et levez, par quoy neis de tant pechent mains li mescreant comme il se departent plus des deliz charnelz. Et ceste chose neis avec pluseurs autres amaine convenablement saint Geriaume[170] encontre le *devant* dist **[204.3]** – li herege qui n'estoit pas continens – pour ce que il reçoive honte es choses des paiens, que il ne loe pas neis es Crestiens.

Qui est cil qui *denie que la poesté* des princes mescreans, ja soit ce neis qu'il en usent mauvaisement, ou l'amour de justice ou la debonnereté que il ont, en quoy il sont enseignié par la loy de nature, ou ces autres [choses] qui appartiennent aus princes, ne soient don de Dieu? **[204.4]** Qui est cil qui contredit la bonté de ces dons, pour ce que il soient mellez au[s] *maus*, mesmement comme saint Augustin afferme,[171] et reson aperte le tesmoigne, que li mal ne pueent estre fors en nature bonne? Qui est cil qui ne sache [ce] que la sentence du poete demonstre:[172] 'Li bon heent peche(u)r pour l'amour de vertu,

---

[168] Cf. John 11.49–52.

[169] Cf. Matthew 24.24 and Augustine, *De diversis quaestionibus*, 69 §3; PL 40, 11–100, at col. 92).

[170] See Jerome, *Adversus Jovinianum*, IV–VII (PL 23, 215–20).

[171] Augustine, *De civitate Dei*, XII.6 (PL 41, 353).

[172] Horace, *Epistles*, I.16, l. 52.

et li mal pour paour de painne'?* **[205.1]** Qui est cil qui plus ne loe qu'i ne nie (l)le miracle que Suetonius raconte de Vapasien,¹⁷³ qui n'est[oit] pas encore empoiriez, c'est assavoir de l'avugle et du clop qui furent curez par lui, pour ce que li prince veulent plus largement ensuivre la vertu de lui, *ou* ce neis que l'en list que saint Gregoire fist de *l'ame* Tralanius?¹⁷⁴ **[205.2]** Li homme ont bien apris a cuillir les marguerites en la boe, et escourre et devissier les grains des pailles. Et Dieu ne puet mescognoistre se[s] *dons* mellez ou conjoins a mescreantise, ne haïr nulles des choses qu'il a faites; que de tant comme elles resplendissent plus planteureusement par signes, de tant les monstre il plus estre sien[e]s, **[205.3]** ne ses choses qu'il a faites ne peuent estre conchie[e]s par la mauvestié des homes. Et quelle esperance li bien creant doivent avoir en celui qui tel se demonstre aus mescreans! Et com grant digneté ait acquise cele devoste chasté es temples entre les paiens, bien le demonstre la venjance de la corrupcion. Ceste venjance remembre Juvenaus en la quarte satire, **Contre Crespin**, et parolle ainssi de lui:¹⁷⁵ **[205.4]** 'Avec qui la prestresce juree gesoit, qui devoit entrer en terre par le sanc encore *vif*. Dont neis Augustins, en la **Cité de Dieu**, ou tiers livre, dist:¹⁷⁶

> Car neis li ancien Romain enfooient vives les prestresces de Veste degetee[s] par fornicacion; mes les autres femmes avoustres, ja soit ce qu'i les pugnissent par aucune condempnacion, et toutes **[206.1]** voies ne les tormentoient il mie par nulle mort. Ainsi (ainsi) *vanjoient* plus griefment en tant les divines couches qu'il cuidoient repostes, que les humainnes.

Mes envers nous la cure des princes crestiens a de tant pourveu [plus] largement a nostre* chasté de moniaige, comme il n'est pas doubte qu'elle ne soit (pas) plus sainte. Dont Justiniens Augustes dist:¹⁷⁷ **[206.2]** 'Je ne diray pas,' dist il, 'ravir, mes se aucun ose les saintes vierges neis atempter tant seulement par cause de mariaige,

---

¹⁷³ Suetonius, *De vita Caesarum*, VIII.7.

¹⁷⁴ Through Gregory's prayer Trajan's soul was taken to Heaven; cf. Paulus Diaconus, *S. Gregorii Magni vita,* 27 (PL 75, 41–608, at col. 56–57).

¹⁷⁵ Juvenal, *Satires*, IV.8–9.

¹⁷⁶ Augustine, *De civitate Dei*, III.5 (PL 41, 82).

¹⁷⁷ *Codex Justinianus*, I.3.5, ed. P. Krueger, in *Corpus iuris civilis* (Berlin: Weidmann, 1872), II, 19.

ferus soit de paine capital,' c'est a dire que l'en lui coupe la teste. Mes le jugement de la discipline ecclesiastre, qui quiert les remedes de penitance, non mie les tormens de mort, par com *destroite* sentence il vient au devant et destourbe noz* pechiez, n'est pas chose doubteuse. **[206.3]** Et de ce fut fait cil establissement du pape Innocent a Viterice, evesque de Ruam, ou .xiij^e. chapistre:^178 'Celes qui esperitalment se marient a Jhesu Crist et sont voillees de prestre, se elles se marient aprés communement, ou sont corrumpues, ne soient pas receues a faire penitance, se cil a qui elles estoient conjointes ne se soit [departis] de ceste vie.'**[206.4]** Mes celles qui ne furent converties de saint voille toutesvoyes se fe[i]ndront elles tousjours demourer ou virginal propos, ja soit ce que elles n'aient pas esté voillees. Cestes doivent fere penitance par aucun pou de temps, car leur promesse estoit tenue de Nostre Seigneur. Car se la couvenance de bonne foy ne **[207.1]** seust pas estre depainé entre les hommes par nulle reson, combien plus grant ne pourra pas estre despeciee ceste promesse que chastes encouvenancierent avec Dieu? Car [se] saint Pol l'apostre dist que celles qui s'estoient parties du propos de veueté ont condempnacion, 'pour ce que elles casserent leur premiere foy',^179 **[207.2]** de combien doivent mielx avoir les vierges condempnacion qui ne garderent pas la foy de leur premier propos? De ce dist cil notables Pelaiges a la fille Morisse:^180

> Plus pescherresse et plus blamable est *l'avostre* Jhesu Crist que celle qui est avoutre de son mari. Dont l'eglise de Romme establi de ce cas nouvellement en belle maniere si curieuse et si droituriere sentence, **[207.3]** que elle juga que cestes fussent [a paine dignes de penitance qui eussent] corrumpu par *conchiement** luxurieus le corps a Dieu saintefié.

---

178 Pope Innocent I, *Epistolae*, II.13; PL 20, 478–79; also in *Codex canonum ecclesiasticorum et constitutorum Sanctae Sedis Apostolicae*, 24; PL 56, 525–26.

. 179 I Timothy 5.12.

180 This quotation, which Abelard attributes to Pelagius, occurs in fact in a text known as *Virginitatis laus*, attributed in PL to various authors: Sulpicius Severus, in a letter to his sister, *De virginitate* (PL 20, 227–42, at col. 241C); Jerome, letter 13 (PL 30, 181A); and Athanasius, *Exhortatio ad sponsam Christi* (PL 103, 671–84, at col. 684B). P. Glorieux, *Pour revaloriser Migne: tables rectificatives* (Lille : Facultés catholiques, 1952), pp. 16, 55, nevertheless supports Abelard's attribution.

Mes se nous voulons encerchier com grant cure, com grant diligence li saint maistre, esmeu par les exemples de Nostre Seigneur et des apostres, ont tousjours demonstré aus devotes femmes, **[207.4]** nous trouverons que il, par souveraine ardeur, ont tousjours [embrassee] et norrirent la devocion des femmes, et ont enformee et acreue par moutepliable doctrine [ou] par estude de amonestement chascun jour la religion d'icelles. Mes ja soit ce que je lesse ces autres, soient amenés entre nous li principal maistre, c'est assavoir Origenes, Antoynnes,* **[208.1]** et Geriaumes. Desquielx certes li premiers, c'est assavoir le tres grant philosophe des Crestiens, Origenes, embrassa par si grant amour la religion des femes que il mesmes geta ses mains encontre soy, pour ce que nulle soupeçon ne [le] fortresist de la doctrine ou de l'amonestement des femmes. **[208.2]** *Qui* est cil neis qui ne saiche com grant habundance de *livres* devins a lessiez saint Geriaume a l'eglise, *a la priere* de Paule et de Eustochium? Esquiex quant il entre ces choses neis escript (il), a leur requeste ung sermon de l'Asumpcion de la Mere Nostre Seigneur, il recognoist ce mesmes et dist :[181] 'Mes pour ce que je, vaincus pour vostre tres grant amor, ne puis nier quanque vous m'enjoingnez, je esprouveray ce que vous m'amonestez.' **[208.3]** Mes nous savons que plusieurs de[s] tres grans maistres, haus en digneté et de ordre et et vie, escrivans souvent de loing a lui, requistrent de lui petis escris et ne les empetrerent pas. Dont nous avons neis ceste parolle de saint Augustin, ou second livre de *Rattractacions*:[182]

> Je ay escript neis .ij. livres[183] a prestre Geriaume, seant en Beleem: l'un de la *nessance de l'ame*, **[208.4]** l'autre de la sentence de Jacques l'Apostre ou il dist 'Quicunquez avra gardee toutes la loy, et avra failli en une chose, il est fait courpables de toutes',[184] et lui demandai conseil de l'un et de l'autre. Mes je ne solu pas la question que je proposé en celui premier; mes au derrenier ne *toi* je pas ce qu'il me (se quil me) sembla de so[l]uer l'autre, **[209.1]** mes savoir mon se il *ce* loast, de ce neis lui demanday conseil. Il respondi qu'il me looit

181 Jerome, *Epistolae*, IX (PL 30, 126C).

182 Augustine, *Retractationum*, II.71 (PL 32, 585–656, at col. 649).

183 Augustine, *Epistolae* CLXVI and CLXVII (PL 33, 61–1094, at cols 720–42).

184 James 2.10.

ma consultacion et dist qu'il n'i avoit pas lesir de respondre. Mes de tant comme il fust en cours en volz ces livres dehors mettre, pour ce que il n'i responsist par aventure aucune fois, et que cil livre ne feussent mis hors avec sa response. Mes quant il fut mors, je les mis hors.

[209.2] Vois cy [si] grant home qui par si grant temps atendi pou d'escris et petis *de* l'omme devant dit, et ne *les ot* pas; et toutes voyes avons certainement cogneu que cist homs, a la requeste des femmes [devant dites traveilloit] en dicter ou en translater tant de volumes et si grans, et que il monstra en ce moult plus grant (temps de) reverence aus femmes que a(s) l'euves[que]. [209.3] Et par aventure il embrase de tant leur vertu par plus grant estude, ne ne les endure a courroucer, comme il regarde que leur nature est plus foible. Dont l'amour de la charité de lui est souvent aperceue si grans envers ces femmes que il semble que il surmonte de aucune partie en leur *loenges* la voie de verité, aussi come se il esprouvast en soy mesmes ce que il remembre ailleurs:[185] ['Charité,' dist il, 'n'a pas de mesure']. [209.4] Car il, tantost ou commencement de la **Vie sainte Paule**, aussi comme desirrans que li auditeurs *lui* fust debonneres et ententis, dist:[186] '*Se tuit* li membre de mon corps estoient muez en languez, et ressonassent tuit *li* membre par vois humaine, ne diroie rien digne des vertus de sainte et honorable Paule.' Et descript maintes [210.1] honorables vies des sains peres et resplendissans de miracles, es quelz les choses qui la sont racontees sont moult plus merveillables. Toutesvoyes ne semble il pas qu'il eslevast oncques nul par si grant loenge come il loa ceste veuve. Il neis escripvans a Desmettreade vierge, ennobli le front de l'espitre qu'il envoia [210.2] [de tant de loenges d'icelle] qu'il en est ve(n)u cheoir en grans flateries:

> En(con)tre toutes les materes, dist il,[187] que je des m'enfance jusques a ces aages ai escriptes, *ou* par ma main ou par main de notoires, nulle chose n'ay escripte plus grieve de ceste oeuvre presente; que quant je escripvray a [De]metreade, vierge de Jhesu Crist, [210.3] qui par noblesce et par richesce est la premiere en la

---

[185] Jerome, *Epistolae* XLVI.1 (PL 22, 483).

[186] Jerome, *Epistolae* CVIII.1 (PL 22, 878).

[187] Jerome, *Epistolae* CXXX (PL 22, 1107).

cité de Romme, se je di toutes les choses convenables a *ses* vertus, l'en cuidera que je soie flaterres.

Certes, tres douce chose estoit au saint homme eslever la foible nature aus hautes estudes de vertus par quelcunquez art de parolles. Mes pour ce que oeuvre nous dongnent plus certains argumens que parolles, **[210.4]** il ama ces femmes par si grant charité *que la* grant sainteé de lui en enpraint a soy mesmes [teche] de sa propre renommee. Et ce neis, quant il escript a Asselle des faintis amis et qui de lui medisoient, remembre il entre ces autres choses, [et] dist:[188]

> Et ja soit ce que aucuns cuident que je soie mauvais et felons et accravantez de honteus pechiez, **[211.1]** toutesvoyes fais tu [bien], que tu de ta penssee cuides que neis li mauvés soient bon. Car perilleuse chose est de juger d'autrui serf, et quant l'en a dit des droiturieres choses que elles sont mauvaises, li pardon n'est pas legiers. Aucuns *me besoient* les mains et medisoient de moy par venimeuse bouche. Il se doloient es levres, et s'esjoïssoient en cuer. **[211.2]** Or dient que sentirent il doncques en moy, autrement fors ce qu'il appartient a Crestien? Nulle chose ne m'est opposee fors que mes sexes; et ce ne me fust oncques opposé(e)s fors quant Paule vint en Jherosolime.

De rechief:

> Avant que je cogneuse la maison sainte Paule, li estude de toute la cité s'accorderent a moy. Je estoie jugés digne d'estre apostoille par le jugement pres que de tous. **[211.3]** Mes puis que je la començay pour la merite de sa sainteé honorablement amer [et] recevoir, toutes vertus me lessierent tantost.

Et aprés aucunes parolles dist il: 'Saluez Paule et Eustochium, vueillent [ou non] moies en Jhesu Crist.' Nous lisons neis que Nostre Sire mesmes monstra si grant familiarité a la beneuree [putain], si que li Pharisiens, qui semons l'avoit, se deffioit ja du tout de lui, et disoit en soy mesmes:[189] **[211.4]** 'Se cist fust prophetes, certainement il sceust qui et quelle est ceste qui le touche.' etc. Quelle merveille est ce doncquez se si membre, *esmeu* par l'exemple de lui, ne foïssent pas *l'apeticement ou la destruccion*** de leur propre renommee? Et comme Origenes, si comme il a esté dit dessus, couvoitast a eschiver (de) ceste

---

[188] Jerome, *Epistolae* XLV.1–3, 7 (PL 22, 480–81, 484).

[189] Luke 7.39.

chose, il soustint et endura fere et porter **[212.1]** en soi a soy mesmes plus grief apeticement du corps.

Ne la merveilleuse charité des sains peres n'aparut pas seulement a la doctrine ou a l'amonestement des fammes, ainçois fut neis si ententive et si diligent tousjours en leur confort que, pour la doulour d'icelle[s] asoager, il semble que la merveilleuse charité qu'il orent vers elles leur ait promis ou promette maintes choses contraires a la foy, **[212.2]** si comme cele confortacion de saint Ambroise, que il de la mort l'empereur Valentin osa escripre a ses serors,[190] et offri le salu de celui qui estoit mort sans baptesme, mes oï avoit les parolles de la foy; laquelle chose semble estre moult descordant de la foy commune et de la verité de l'Euvangile. **[212.3]** Car il ne avoient pas mescogneu combien la vertu du sexe plus enferm a esté tousjours aggreables a Dieu; par quoy [comme] nous veons pluseurs vierges neis sans nombre ensuivre la mere Nostre Seigneur ou propos de ceste hautesce, nous cognoissons pou d'ommes qui aient acquise la grace de ceste vertu, par quoy il puissent ensuivr[e] l'Aignel quelque part que il alast. **[212.4]** Et pour l'amour neis de ceste vertu, comme maintes femmes aient getees leurs mains encontre elles mesmes, pour ce que elles gardassent l'enterineté de char que elles avoient vouee(s) a Dieu, ceste chose ne fut pas seulement sans *reprehencion* en elles, mes neis envers pluseurs gens ces mesmes martires de elles en ont deservi **[213.1]** tytres et loenges d'eglises. Les vierges neis espousees, se avant que elles soient meslees charnelment a leurs maris ont ordené a eslire moustier et refuser homme pour fere de Dieu leur espous, elles ont en ce fiance [et] puissance. Ce n'avons nous pas leu qu'il fust oncquez octroyé a nul home. **[213.2]** Dont pluseurs neis de celles ont esté embrasees de si grant amour de la chasteé de moniaige que elles, pour chasteé garder, ne prenoient pas seulement habit d'omme, contre l'establissement de la loy,[191] mes neis apparoient entre les moynes si hautes et de si *grans* vertus que elles deservoient estre faites abbés; si comme l'en list de sainte Eugine, **[213.3]** qui prinst habit de homme par le consentement et le commandement de saint(e) Elain(ne)

---

[190] Ambrose, *De obitu Valentiniani consolatio*, LI (PL 16, 1357–84, at col. 1374).

[191] See Deuteronomy 22.5.

evesque, et quant elle ot esté baptisiee de lui, elle fut acompaigniee ou college des moynes.[192]

Tres chiere sereur en Jhesu Crist, je cuit que je aye assez dit de *ces* choses a la premiere de tes derrenieres requestes, c'est assavoir de l'auctorité de vostre ordre, **[213.4]** ensorquetout de la *commendacion* de sa propre digne[té], pour ce que vous embraciez de tant plus estudieusement le propos de vostre profession, comme vous avrez plus largement cogneu la hautesce de lui. Aussi, pour ce que Dieu m'octroit que je parface aussi la seconde; et ce ay fait par vos oroisons et par vos merites. Et a Dieu te comant. Amen. Amen. Amen.

EXPLICIT

[214] Ci fenist le livre de maistre Pierre Abaielart et de ses espitres, et les espitres que Heloys lui renvoyoit, et la response que maistre Pierre lui faisoit encontre.

---

[192] See *Vita S. Eugeniae* in *De vitis patrum*, I (PL 73, col. 610–15).

APPENDIX

I

[217.1] La Confession de Abaelart a Heloys, jadis sa femme

Ma suer Heloys, jadiz ma chie[re] amie ou siecle, mai[n]tenant tres chiere en Jhesu Crist.

[Gloss] Logique m'a rendu hayneus au monde. Dient les parvers, des quelz la sapience est en perdicion, que je sui trop prest en logique, mais je devoye grandement en saint Pol. Et quant ilz preschent la subtilité de mon engin, il me soustraient la purté de ma foy crestienne; en quoy, comme il me semble, il vont plus par volenté que par raison. Je ne vueil pas, ma suer, ainsy estre philosophe, que je regibe a saint Pol; je ne vueil pas ainssi estre Aristote, que je soye exclus de Jhesu Crist; [217.2] 'Car soubz le ciel n'a autre nom ou quel il me convieigne estre sauvez.'[1] Je adoure Jhesu Crist seant ou regne a la dextre de Dieu le Pere; je l'embrasse par bras de foy, en char humaine prinse ou ventre de la Vierge, le quel fait en divinité choses glorieuses. Et a ce que peureuse cusançon et toutes doubtez soient desploiees de la beance *de ton couraige*, tien ce de moy, que j'ay fondé ma conscience sur icelle pierre sur la quelle Jhesu Crist a edifié son eglise;[2] de la quelle pierre je te monstreré le tiltre.

[217.3] Je croy ou Pere, ou Filz et ou Saint Esperit, un seul et vray Dieu naturelment, le quel par tel maniere appreuve [la] Trinité en personnez, a ce qu'il garde tousjours unité en substance. Je croy en Dieu le Filz, pareil par toutez choses a Dieu le Pere, c'est assavoir en pardurableté, en puissance, en volenté et en euvre. Je ne (v)oy pas Arrius l'erite* qui, par parvers engin et par esperit demoniaque, fait

---

1   Acts 4.12.

2   v. Matthew 16.18.

degrez en la Trinité, disans que Dieu le Pere est plus grans que Dieu
le Filz, **[217.4]** comme s'il eust oublié le commandement de la loy
qui(l) dit:[3] 'Tu ne monteras pas,' dit la loy, 'a mon autel par degrés';
cil monte par degrez qui met en la Trinité bas ou haut. Je tesmoigne
aussi que le Saint Esperit est pareil par toutez choses et d'une
substance que le Pere et au Filz. Je dampne Sabellius l'erite*, qui
maintenoit que le Pere et le Filz en la Trinité sunt une seule personne,
et dit que Dieu le Pere avoit souffert passion, de quoy lui et ses sivans
furent appellez 'Patripassiani'.

Je croy aussi que Dieu le Filz **[218.1]** fut fait Filz d'omme, et fut
une personne de deux, et en deux naturez; le quel souffrit et mourut,
et resuscita et monta ou ciel, et venra juger les viz et les mors. Aussi
afferme ge que touz pechiez sont pardonnez ou baptesme, et que
nous avons mestier de la Grace, par la quelle nous commenciens et
perseveriens [en] bien; et se nous faillons ou pechions, que nous
soions reformés par penitence. Et de la resurrecion de nostre char,
quel besoing est il que je die, **[218.2]** quant pour neant j'ay gloire
d'estre Crestien, se je ne croy que je ressusciteré?

Ceste donques est la foy en la quelle je siez, de la quelle je pran
ferme esperance. En celle je colloquez ne doubte point le bruit ou
tournoiement de peril,* je n'ay peur du chant de Serainez,* les quelles
donnent mort. Se contre moy court estourbeillon, je n'em crouleré ja;
se les vens soufflent, ja ne m'en mouveré, car je suys fondez sur ferme
pierre.

[Gloss] Les philosophez anciennement ne tenoient point les articles
de la foy que nous tenons, et pour tant que Abaelart allegoit les
philosophes, comme il appert en son livre de ***Theologie***, disoit on
que il estoit trop philosophe et que il ne luy chaloit des docteurs de
sainte eglise.

---

[3]   Exodus 20.26.

II

[218.3] S'ensuit la confession d'Abaelart general et especial contre aucune[s] articlez contre lui imposez:

A touz les filz de sainte eglise, Pierre, l'un d'eulx, mais le tres petit entr'eulx, salut.

Commun proverbe est qu'il n'est rien si bien dit que l'en ne le puisse empirer; et comme saint Jerome raconte:[1] 'Qui pluseurs livres escript, il *se* donne moult de jugez.' **[218.4]** Et comme je aye escript peu de choses ou nulles au regart *de l'uevre* des autres, je n'ay peu eschever *note* de reprehencion, quant toutes voyes es choses des quelles je suis accusé *griefment*, je n'i recognois culpe, comme Dieu scet; et se elle y estoit, si ne la veille pas deffendre arroganment. J'ay par aventure escript aucunes choses par errant, qui n'apartenoit pas, mais je appelle Dieu **[219.1]** tesmoing et jugez a mon ame que es choses des quelles je suis accusez, je n'ay riens presumé ou entreprins par orgueil ou par malice. J'ay dit en escolles a pluseurs moult de choses, ne ma doctrine n'ot onques riens repost. J'ay parlé en espert a l'edificacion de la foy ou des meurs ce qu'il m'a semblé de salut, et quecunquez chose que je aye escript, je l'ay volentiers exposé et baillé a touz, affin que je les eusse comme juges, nom pas comme *disciplez*. **[219.2]** Que se en aucun lieu j'ay exedé par moult parler, comme il est escript:[2] 'En moult de langaige ne puez *eschever* pechié', onques deffense obstinee ne me fist herite, qui suis tousjours appareillez a satisfaire de mes mesdiz corriger ou effacer; ou quel propos persevereré certainment jusques a la fin. Mais si comme m'apartient

---

1   An untraced reference.

2   Proverbs 10.19.

a corriger mes mesdiz, s'aucuns sunt, ainsi m'appartient il a rebouter arriere les crimez que l'en me met sur a tort. Car comme dit saint Augustin:[3] 'Cil est cruel qui neglige et despite sa renommee', et selon *Tulle*:[4] **[219.3]** 'Qui se taist, il semble que il confesse', il m'a semblé bon que je responde aus chapitrez contre moy escrips, celle raison gardee, c'est assavoir par la quelle saint Gregoire instruist et enseigne les Crestiens contre les languez des mesdisanz:[5]

> Il est assavoir, dit il, quar si come nous ne devons pas exiter ou exmouvoir par nostre estude les languez des mesdisanz, affin qu'i ne perissent, ainsy les devons nous souffrir constamment, se elles sont esmeuez par leur malice, affin que merite nous croisce; **[219. 4]** aucune foiz aussi les devons nous appaisier, que quant ilz *sement* aucuns maulz de nous, ilz ne corrumpient le cuers des innocens, qui nous pouoient oïr en bien.

Cognoisce donques la charité de mes freres crestiens que je, filz de l'eglise tel quel, reçoy et tien entierement avecques elle tout ce que elle reçoit et tient, que refuse tout ce qu'elle refuse; et je n'ay pas divisé ou parti l'unité de la foy, combien que je soie non pareil aus autres en qualitez de meurs ou de vertuz.

Ce que donques on m'a mis sus, ou par malice ou par erreur, que j'ay escript de Dieu **[220.1]** que 'Dieu le Pere est plaine puissance, le Filz aucune puissance, le Saint Esperit nulle puisssance',[6] je maudiz cestes paroles come non pas tant humainez que diabol[i]quez, comme il appartient tres justement, et condampne icelles ensemble avecquez leur aucteur. Les quelles se aucun les treuve en mes escripz, je me confesse comme non pas seulement herite, mais prince des herites.

Je maintien et confesse que tant le Filz en la Trinité come le Saint Esperit sont du tout en tout d'une mesme substance, **[220.2]** d'une volenté, d'une puissance; car entre ceulx qui sont d'une mesme substance ou essence ne puet estre diversité de volenté ou inequalité de puissance. Et quicunquez afferme que je aye escript que le Saint

---

3   Augustine, *Sermo* CCCLV.1 (PL 39, 1569).

4   Cicero, *De inventione rhetoricae*, I.32.

5   Gregory the Great, *Homiliarum in Ezechielem*, I.9.17 (PL 76, 785–1072, at col. 877).

6   See *Tractatus contra quaedam capitula errorum Abaelardi*, I.2 (PL 182, 1054–72 at col. 1056A).

Esperit n'est pas de la substance du Pere, ce a esté de tres grant malice ou tres grant ignorance.

Je maintien et confesse que le seul Filz de Dieu a prins char humaine, a ce qu'i nous delivrast de la servitute de pechié et de subjeccion du diable, et nous ouvrist par sa mort l'entree de la vie pardurable.

[220.3] Je afferme et croy que si comme Jhesu Crist est vray et seul Filz de Dieu, engendré avant le siegle de la substance de Dieu le Pere, ainsy croy je que le Saint Esperit est tierce personne en la Trinité, procedens tant du Pere comme du Filz.

Je di que la grace de Dieu est si neccessaire a touz, en tant que ne(st) la puissance ou faculté de nostre arbitraige ou volenté, ne sa franchise, ne soufist point a nostre salut acquerir sans icelle grace. **[220.4]** Car elle va devant a ce que nous vuillons, elle va aprés a ce que nous puissions, elle nous garde a ce que nous perseveriens.

Je croy que Dieu puet fere seulement icelle chose qui lui appartient, ou ce qui lui est convenable, et que il pourroit faire moult de choses qu'i ne fist onques. Et croy oultre que moult de choses faites par ignorance sunt [a] attribuer a culpe, mesmement quant il avient que nous ignorons par nostre negligence ce qu'il est neccessaire a savoir. De quoy dit le psalmiste David:[7] 'Il n'i a volu entendre, a ce qu'i **[221.1]** fist bien.'

Je confesse que Diex empesche souvant les maulz, car il ne va pas seulement au devant des faiz des mauvais, affin qu'i ne puissent acomplir ce qu'ilz veulent, mais mue ausy leur volentés, affin qu'ilz desistent ou cessent du tout du mal [qu'ilz] avoient pensé.

Je confesse et afferme que nous avons contrait d'Adam tant coulpe comme paine, ou quel Adam nous touz avons peché, **[221.2]** car le pechié d'icelui fut racine et naiscence de touz noz pechiez.

Item: Je confesse que ceulx qui crucifierent Jhesu Crist firent en ycelle crucifixion tres grief pechiez.

Moult de choses sont dites de Jhesu Crist que l'en doit prendre ou entendre non pas tant seulement au regart de lui comme chief, mais au regart du corps d'ycelui, le quel est l'eglise, se comme ycellui esperit de peur, qui(l) est commencement de sapience, 'la quelle peur parfaite

---

charité boute hors'.[8] **[221.3]** On ne doit pas croire que l'ame de Jhesu Crist, qui est tres parfaite charité, eust onques cest esperit de peur, le quel ont les membres de l'eglise si bas. Quel merveille, ycelle ame fut de si grant perfeccion et de si grant seurté par l'union de la seconde personne de la Trinité, en tant qu'il sceust qu'i ne pouoit aucunement faire chose par quoy encourust paine ou courrousast Dieu. Mais je recognois que chaste *peur*, qui(l) est pardurable, la quelle est proprement dite reverence de charité ou d'amour, est tant en l'ame de Jhesu Crist comme es anges et es hommes. **[221.4]** De quoy est qu'il est escript *d'iceulx* souverains *esperiz*:[9] 'Les dominacion[s] adourent, les puissances tranblent.'

Je confesse *que* la puiss[anc]e de lier et de absoudre est donnee a touz les successeurs des apostres comme a iceulx appoustres, et tant aus dignez comme au indignes, par le temps c'est assavoir que l'eglise les reçoit.

Je maintien et confesse que touz ceulx qui sont pareus en la dileccion de Dieu et de leur prochain sunt pareus en merite, ne ne perdent rien de leur merite **[222.1]** envers Dieu, ja soit ce que l'affeccion de leur bonne volenté soit empeschee en oeuvre par dehours. Car l'ange envoyé de Dieu, qui acomplist ce qu'il veult, ou l'ame de Jhesu Crist, *se elle* acompli par euvre ce qu'elle *vouloit*, ne sont pas meilleurs pourtant; mais demeure pareillement chascun bon, soit qu'i puist faire de fait ce qu'il veult ou nom, mais que il ait pareille volenté de bien faire, ne qu'a ly ne tiegne pas qu'il ne acomplisse sa bonne volenté.

Je confesse que Dieu le Pere est pareillement saige comme Dieu le Filz, ausy benin comme le Saint Esperit; car en nulle planté de bien, **[222.2]** en nulle gloire de dignité, ne puet estre difference entre les personnes de la Trinité.

Que l'advenement du Filz de Dieu en la fin du siecle puisse estre attribué a Dieu le Pere, Dieu scet que ce ne vint onques en ma pensee, ne en mes paroles.

Pareillement, que l'ame de Jhesu Crist ne descendist mie en enfer par soy mesme, mais par puissance, ce est du tout arrieres de mes parolles et de mon sens.

---

8   I John 4.18.

9   Cf. Romans 8.38.

Et le derrain chapitre, ou quel on me blasme que j'ay escript que oeuvre, ne volenté ne concupiscence, ne delectacion qui la muet, **[222.3]** n'est mie pechié, ne nous ne devons pas vouloir qu'elle soit *esteincte*, n'est pas moins arrieres de mes diz que de mes escrips.

Et les chapitres contre moy escrips *que nostre amy – c'estoit saint Benars –* a conclu contre moy par telle fin, que il deist: 'Ces chapitrez sont trouvés partie ou livre de **Theologie** de Maistre P., partie ou livre (de) **De Sentencez** d'icely, partie ou livre qui est appellez **Scito te ipsum**', a tres grant merveille ay ce receu, quant onques ne escripsy livre qui se appellast **De Sentencez**.* **[222.4]** Mais cecy a esté dit continuement contre moy par malice ou ignorance, come les autres chapitres.

Se aucune consolacion, donquez, est en Jhesu Crist, se aucune[s] sunt entraillez de pitié, je deprie vostre charité souveraine que verité, qui delivre et absolt moult ignocence de coulpe, ne la deleisse pas en ce venin [de] detraccion. Certez, il appartient a charité que nul ne face obprobre a son voisin, et interpreter et desclarer les choses qui sunt doubteusez en la meilleur partie, et aviser tousjours icelle sentence de la pitié divine:[10] 'Ne jugez pas, et vous ne serez pas jugez; ne condempnez nulli, et vous ne serés mie condempnez.'

---

[10] Luke 6.37.

III

[223.1] S'ensuit l'espitre de Pierre, abbé de Clugny, envoyee a Helois, lors abesse du Paraclit, translatee de latin en françoys, en la quelle recommande le dit la vie et la personne de la dite Heloys, et la vie et la mort de Maistre P. Abaelart, lors novellement trespassé a Saint Marcel delez Chalon sur la Sone:

Je me suis esjouiz, les lettres de ta charité receues, les quelles tu m'as envoye[e]s par mon filz Thibaut, et icelles ay ambresse[es] amiablement pour la grace de celle qui les a envoye[e]s. **[223.2]** Tantost vols rescripre ce que je avoye en mon couraige, mes je ne peu, pour les sorqueremens et empeschemens importuns et chargens des cusançons, aus quelez pluseurs foiz, mes pres que tousjours, suis contrains d'obeir. Toutesvoyes, a peine une journee retraicte des noises et tumultes, entrepriz en la fin ce que j'avoye conceu. Il me sembla qu'il estoit bon que je rendisse au moins paroles a ton affeccion et amour que tu as envers moy, **[223.3]** la quelle j'avoye aperceu[e] par les lettres que tu me envoyas lors et par avant, et que je monstrasse con grant lieu d'amour en Dieu je te gardasse en mon cuer.

Car en verité je n'encommence pas maintenant a toy amer premierement, la quelle j'ay ame[e], comme il me souvient, desja par moult de temps. Ne je n'avoye pas a paine encore passé les fins de adolescence, ne encore n'estoie pas hors des ans de jeunesce, quant je cognu le nom, **[223.4]** non pas encore certez de ta religion, mais la renommee de tes honestez et louables estudez. J'ouoye en celui temps de lors une femme, non pas delivree encore des laz ou liens du siecle, entendre souverainement a science de lettres et a estude de sapience, combien que seculiere, qui est chose qui peu souvent avient; la quelle ne pouoit ne par deliz, bourdes ou malicez du monde estre retraicte de ce proufitable propos de sciencez aprenre. Et comme a biem pres tout **[224.1]** le monde despite celx exercicez et hantemens par sa maudite parece, n'en ait le pié de sapience ou se puist arrester – je ne di pas tant seulement envers la condicion des femes, la quelle est toute separee de sapience, mes a paine envers les couaiges des hommes ce puet on trouver, tu, par ton estude que l'en doit moult louer, as vaincuez toutes femmes, et a paine surmonte[s] touz hommes. Et selon les paroles de l'Apostre, **[224.2]** '*si* tost qu'il a pleu a Celuy qui t'a mis hors du ventre ta mere a toy appeller par sa grace',[1] tu as changié en trop mielx le[s] estudez de ces sciences, et comme femme vrayment philosophe as esleu l'Euvangile pour [logique, **[Gloss 1]** pour] phisique l'Appostre, Jhesu Crist pour Platon **[Gloss 2]**, pour Archademie le cloistre. Tu as *sauvez* et receu des tresors d'Epgite [et] les pilleriez que avoient faites tes ennemis, aprés ce qu'ilz ont esté conbatuz [et] vaincuz. **[224.3]** Tu as chantey a Dieu avecques Marie **[Gloss 3]** un cantique de louenge, aprés ce que le roy Pharaon a esté vaincu,[2] et si as comme chanterresse bien ensegnee envoié jusques aus oreillez meïsme de la Deité un tympane de benoiste mortificacion, comme melodie de nouveaul chant, si comme pourtoit devant soy jadiz icelle Marie. Tu as desja par bon encommencement, et feras en perseverant **[225.1]** [par] la grace de Dieu le tout puissant, tu as folé la teste du vieil serpent (fole) qui touzjours guete les femmez, et le blesseras par telle maniere que jamais de la en avant il n'ose *siffler* contre toy. Tu monstreras merveillez l'orgueilleux, c'est a dire le diable, prince du monde; et celui qui par la voix de Dieu est appellez le roy des filz d'orgueil, selon les paroles meïsme de Dieu au benoist Job,[3] tu contraindras icellui prince a gemir longuement, toy et les encellez qui avec toy habitent.

[225.2] Et vrayment c'est singulier miracle, et a recommender sur toutes les merveilleuses oeuvrez, que celui du quel selon le prophete 'les cedrez ne furent onques plus haus ou paradiz de Dieu **[Gloss 4]**, et a la hautesse du quel les sapins ne peurent onques atte[i]ndre',[4] soit vaincu par creature de si fraille condicion comme est

---

1   Galatians 1.15.

2   Exodus 15.20-21.

3   Job 41.34.

4   Ezekiel 31.8.

femme, et que le tres fort archange soit surmonté par femme tres fraille. Et [de] ceste jeuste est engendré tres grant gloire a Dieu, et au contraire tres souveraine honte est donnee a l'anemy. **[225.3]** En cest *estrif* l'en lui pourroit bien moult reprouchier que ce a esté non pas seulement fole chose, mais sur toutez chousez moquerie, que il a tendu a soy comparer a la tres haute majesté divine, le quel n'a peu porter une brieve luite de floibesse de femme. Par la merite de laquelle victoire il seuffre et voit ou chief d'une chascune *vainqueresse* appareiller par le roy du ciel double coronne, a ce que de com plus a esté chascune de char plus fraille, de tant appere plus glorieuse en la pardurable remuneracion.

[225.4] Ces choses ycy, tres chiere sueur en Dieu, di ge non pas vraiement en toy flatant, mais par exhortacion, affin que tu advisez le grant bien ou tu as esté par aucuns temps, et soies plus couraigeuse a le cautement garder, et entendez par paroles [et par] exemples, selon la grace que tu as de Dieu, a icelles saintes pucelles qui servent Dieu avec toy, a ce qu'elles perseverent diligenment a ce mesme labeur. **[226.1]** Certes, tu es l'une des bestes que Jhezechiel le prophete vit, combien que tu soies femmez, qui dois ardoir non pas seulement comme *charbon*, mes ardoir et luire come lampe.[5] Tu es certez disciple de verité, mais yez, quant a l'office de celles qui te sont comises, maistresse d'umilité. Et plainement d'umilité, et de toute la discipline celestial, la maistrise t'est donnee **[Gloss 5]**, **[226.2]** pour quoy doiz avoir cusançon non pas seulement de toy, mais du tro(m)peaul qui t'es[t] commis a *garder*, et pour tout ce receveras plus grant loyer. Et certes la palme de victoire te demourra pour toutez, car comme tu scez tres bien, **[Gloss 6]** pour ce qu'elles averont vaincu par ton gouvernement le monde et l'ennemy, tant de coronnez et victoriez glorieuses t'appareille[ront] elles envers le roy et juge pardurable.

[226.3] Ne ce n'est pas chose nouvelle que les femmes aient gouvernement et principalité sur femmez; meïsme aucune foiz seulent batoiller, et esmuevent les hommes a bataillez. Car s'il est vray qu'i soit chose licite d'aprandre de son anemi, nous trouverons escript[6] que envers les paiens ou temps de la bataille de Troie la grant **[Gloss 7]** **[227.1]** Panthasillee, la royne d'Amazonie, batailla souvant

---

5 Ezekiel 1.14.

6 Ovid, *Metamorphoses*, IV.428.

avecquez ses Amazones, non pas homes mais femmez. Et ou pueple aussi de Dieu, Debbora la prophete anima et esmut Barach, le juge d'Israel, contre les paians, come il est escript.[7]Pour quoy donquez ne loyra il que les femes ne soient duchesses et menarresses de l'ost de Nostre Sire contre le fort ennemy armé, quant ycelle Panthasillee, de sa propre main, se combaty contre ses ennemis, la quelle chose semble estre non convenable, **[227.2]** et celle Debbora embrassa et arma et esmut les hommes meïsme a(u) bataille de Dieu? De quoy le roy **[Gloss 8]** Jabin vaincu, Sizara le duc tué, et le maudit ost destruit, ycelle chanta tantost un cantique, et comme devote l'ordena a estre entre les louengez de Dieu.[8] Aprés la victoire qui te sera donnee, et aus tiennes, de tes fors ennemis, sera par la grace de Dieu ton cantique trop plus glorieux; le quel tu resjoïe chanteras par telle maniere a ce que jamais en paradiz cy aprés tu ne cesses de t'esjoïr, tu ne cesses de chanter.**[Gloss 9]**

[227.3] Entre cy et la tu, encelle de Dieu, seras avecquez tes nonains du Paraclit en cest ost celestial ce que fut ycelle Debbora ou pueple des Juifs, et tousjours les temparacions vainqueras en ceste bataille si prouffitable sans cesser. Et pour ce que ce nom cy, Debbora, come tu scez, signifie en langaige d'ebret eé, ou beseinne, ou mouchette, aussi seras tu en ce Debbora, c'est a dire mouchette beseinne; car tu rendras miel non pas **[228.1]** a toy seule, quar quelcunquez bien tu as assemblé, tu, par exemple, par parolles et par quelque maniere que tu pourras, tu le rendras tout a tez famillieres seurs, ou a quelquez autres. Tu saoulleras en ce petit temps mortel et toy mesme, par douceur de saintez choses, c'est assavoir par contemplacion ou doctrine de la sainte Escripture, et tez bien eure[e]z seurs par predicacion, jusques a ce que *en celle journee de sauvemens*, la quelle promet le prophete, 'les montaignez degouteront douceur pardurable, et les vallees rendront lait et miel';[9] **[228.2]** car combien que ce soit di du temps de grace, c'est assavoir de l'incarnacion, neantmoins puet il estre entendu, et plus doucement, du temps de gloire.

---

[7] Judges 4.4ff.

[8] Judges 5.1ff.

[9] Joel 3.18.

Douce chose me seroit de parler avec toy longuement, pour ce que je delite de ta doctrine renommee, et trop plus suis allechez et attraiz pour ta religion, la quelle [ont] moult preschié pluseurs. Pleust a Dieu que tu feusses de nostre couvent de Clugny, a ce que celle joieuse prison de Marcigny te eust avecquez les autres pucellez de Jhesu Crist par franchise celestial. **[Gloss 10] [228.3]** Se ainsy feust, ne fust tresor de roy que je eusse plus chier de ta religion et science. De ce eusse joie, car le couvent d'icelles suers de Marcigny replendist plus clerement pour ta compaignie, et tu mesme eussez et reportassez d'elles grant proufit. Tu te merveilleroys comment la souveraine noblesse et l'orgueil du monde, *c'est* assavoir grans damez par avant au monde, se rettroit et se muet en ycelui monastere au pres de Nostre Sauveur. **[228.4]** Tu verroyes comment toute la superfluité du siecle se mue illecquez par merveilleuse sobrieté, et les ors vaisseaux – femmez pourpanse[e]z *a* lux et neusez par avant – se convertissent, [et] lieus jadiz du diable estre convertiz en templez tres nez. Tu verroyes les pucelles de Dieu estre souttraictes comme larrecin[eus]ement du monde et du deable, et dresser hautes paroiz de vertuz sur fondement de innocence, et *estandre* le sommet de leur eureus ediffice jusques aus **[229.1]** hautessez mesme du ciel. Tu te esjoïroies en voiant les pucelles [florir] par angelique virginité conjointez a tres cha[s]tez veves, et toutes ensemble attendre la gloire de celle benoiste resurreccion, et estre par benoiste esperance come enseveliez corporelment dedens la cloture d'icelui monastere. **[Gloss 11]** Toutes les quelles choses, combien que tu ayes, et par aventure plus grandes par le don de Dieu, et aussi tes compaignez, et combien que rien ne te faille qui appartiegne a l'estude de saintez choses, **[229.2]** par aventure toutevoye nostre estat seroit agrandi grandement, comme il me semble, par les grans prouffiz de tes graces.

Mais combien que la pourveance divine, gouvernerresse de tout le monde, ne nous ait pas ce octroyé de toy, toutesvoyes si nous [a] elle donné d'yceluy tien, d'ycely que l'en doit souvent, mais tousjours, nommer par honnour [sergent] et vrayement philosophe de Jhesu Crist, maistre Pierre Abaelart; le quel ycelle ordonnance divine a envoyé(e) a Clugny es derriens ans de sa vie, **[229.3]** de quoy sommez enrichi d'icellui et en icellui Abaelart plus chierement que d'or ne de pierre precieuse. Le quel com sainctement, humblement et devostement ait conversé avecquez nous, ne pourrions ce tesmoigner

en brief parolle. Car, se je ne suis deceu, je n'ay pas memoire que j'aye
veu homme semblable a luy en abit, maintien ou vie d'umilité, en tant
que saint Germain ne sembla oncquez plus humbles, ne saint Martin
plus povre,* a homme qui jugast droictement. **[229.4]** Et quant je
l'eusse fait oultre son gré prieur d'icelui grant couvent de Clugny, il
sambloit par son abit mal arreé et mal ordonné estre le maindre de
touz. Je me esmayoie souvent, en alent le premier en la compaignie
de nous freres, comme il est de coustume, je me esmayoie comment
homme de si grant et si renommé nom se pouoit ainsy despiter [et]
humilier, et comment ainsy se pouait avillier. Et pour ce que aucuns
sunt religieus, qui trop couvoitent que leur **[230.1]** habiz soit
sumpteurs et de grant pris, yceluy Abalart en ce estoit du tout eschars,
et estoit contens de quelque vesteure simple, ne lui chaloit quel; rien
outre ne demendoit. *Ce* mesme faisoit et gardoit et en viande, et en
boire, et en toute la cure de son corps, **[Gloss 12]** ne je ne di pas qu'il
deffendist ou dampnast superfluité seulement, mais toutez choses qui
n'estoient moult neccessaires reprovoit et dampnoit, tant en paroles
comme en euvre, tant en soy comme en autres. **[230.2]** Continuement
lisoit, diligement prioit, tousjours se taisoit, se ce n'estoit quant il avoit
collacion familiere entre les freres, ou quant il failloit publiquement
prescher en couvent. **[Gloss 13]** Souvant celebroit en offrant
sacrefice a Dieu de son poair, mais aprés ce que par mon labeur et
lettres je le rendi en la grace du Saint Pere, continuelment apaine
celebroit. **[230.3]** Quoy plus? Sa pensee, sa langue, son euvre,
tousjours pensoit, [enseignoit et disoit] choses de divinité, de
philosophie, ou de science (enseignoit et disoit).

Et tel avecquez nous estoit hommez simple et justes, doubtans
Dieu, et fuians le mal, et par tele conversacion par aucuns temps
consacrans a Dieu ses derriens jours. L'envoya[y] a Chalon, pour ce
qu'il estoit plus malade qu'il n'avoit acoustumé d'estre; et la
l'envoya[y] pour la delectacion du lieu, **[230.4]** qui a paine est le plus
convenable de toutez les parties de nostre païs de Bourgoigne, et luy
ordonnay lieu habile, pres de la cité a Saint Marcel, un priouré pres de
Chalon, *la Sone* tant seulement entredeux. Et illecquez certes lui,
renouvelans ses enciennes estudez, selon ce que la maladie le
souffroit, entendoit et vaccoit adez a livres, et selon ce que on lit du

grant saint Gregoire, il ne laissoit moment de temps passer **[231.1]** que touzjours il ne priast ou leust ou escripsit ou dictast.[10] **[Gloss 14]**

En ceulx exercicez de saintes euvres, Jhesu Crist le trouva, non pas dormant comme il treuve pluseurs, maiz veillent. Vrayement il le trouva veillant, et l'apella de la, non pas comme fole vierge,[11] mais come saige et discrete, aus nocez pardurables. Car ycellui avoit avecquez ly une lampe plaine d'uille, c'est assavoir conscience ramplie(e) de tesmoignaige de sainte vie. **[231.2]** Car quant il vint a paier la comune debte de mortelle creature, ycely, surpris de plus fort maladie, en brief rendit *l'esperit.* Et lors, certez, com saintement, com devostement, comment crestianement il ait fait confession, premierement de sa foy, aprés de ses pechés, par [com] grant affeccion et ouverture de cuer il ait prins la reffeccion de nostre pelerinage et de la vie pardurable, c'est assavoir le corps de Nostre Sauveur et Racheteur, et com crestiennement il ait et ycy et pardurablement commandé son corps et son ame, **[231.3]** de ce sunt tesmoings les religieux frerez de ce monastere, ou quel le corps saint Marcel martir gist. Par ceste fin maistre Pierre a finé ses jours, et lui qui avoit esté cognu par tout le monde, ou pres, et qui par tout estoit renommé par maistrise de singuliere science, courtoys, debonnaires et humbles, perseverans en la discipline d'ycely Jhesu Crist, qui dit:[12] 'Aprenés de moy, car je suis debonnaire et humble de cuer', trespassa a ly, come dignement devons croire.

[231.4] Cestui, doncquez, venerable et tres chiere sueur en Jhesu Crist, au quel tu t'ies joincte aprés mariaige par plus fort lien de charité divine – de com plus a esté meilleur; avecquez le quel et soubz le quel tu as servi Dieu longuement, cestui donquez a *trespassé de* Clugny ou lieu ou D[ieu] est, et combien qu'i soit ailleurs que a nostre abbaie, neant moins est il des nostres, et le te garde pour le te **[232]** rendre par la grace de Dieu ou jour de jugement. Ayez doncques memoire a Dieu d'icelui et de moy, s'i te plaist, et recommande diligenment aus saintez suers, qui avec toy servent Dieu, les freres de nostre congregacion et les suers qui par tout le monde de leur pouair servent celuy que tu sers.

---

[10] John the Deacon, *Vita S. Gregorii,* I.8 (PL 75, 59–242, at col. 65CD).

[11] Cf. Matthew 25.1ff.

[12] Matthew 11.29.

GLOSSES TO APPENDIX III

Gloss 1: Logique e[s]t science qui enseigne a recognoistre le (MS: ce cognoistre la) langaige vray du faus. Phisique est dite philo[so]phie naturelle, qui enseigne des generacions de toutez choses en ce monde, et enseigne les causes de tout ce qui se fait (MS: fuit) par nature, comme des vens, des negez, tonnerrez, pluyes, esclers, du solail et de la lune.

Gloss 2: (written at the foot of p. 223) Platon fut un temps (MS: tepms) saige philosophe, le quel traicta plus et approucha plus pres de nostre foy que nul des autres philosophes anciens; et pour tant fut appellé d'aucuns le divin philosophe. Il fut disciple de Socrates, et fu docteur et maistre d'Aristote. Il fut moult vertueux, car pour vivre chastement se trait hors des citez, et ses disciplez avec lui, et habitoit en lieu solitaire arierez des delicez come de femmez, de vins, de viandes, d'esbatemens qui sunt luxurieux. Il mist moult grant paine a endoctriner coment l'en gouverneroit le pueple. Cachademie fut une ville en povre et desert païs ou ala demourer Platon et ses disciplez, pour estre secretement et solitairement et chastement arierez (MS: amerez) du pueple, affin que(l) i plus purement estudiassent.

Gloss 3: Ceste Marie fut prophete, suer de Aron, la quelle aprés ce que le pueple d'Israel fut delivré d'Egipte, et que par miracle la mer se ouvrit et passerent parmy, et le roy Pharaon et les Egipciens cuiderent aler aprés pour les tuer, mais ilz furent noiez, et pour rendre grace a Dieu ycelle Marie, qui estoit du pueple d'Israel, prinst un instrument appellé tympane, et ly et les autres femmes chantoient ce cantique: *Cantemus Domino; gloriose enim honorificatus est*, etc. (cf. Exodus 14.21-15.21; Abelard refers to this event at 166.3).

Gloss 4: Ce est entendu de Lucifer, qui fut creé ange si noblez, mais il volt estre pareil a Dieu, et pour ce fut trebuschez en enfer et devint diable.

Gloss 5: Tulle dit que un gouverneur d'autres, quant il peche ou fait mal, il peche a ly et cez jubgez, quar en ce mal il prenent exemple. Et par ainsi s'il fait mal, il sera puny pour lui et pour les subgez; ainsi s'i fait bien, en quoy les autres prenent exemple, il a merite de ce qu'i fait et de ce que les autres font par son bon exemple.

Gloss 6: Palme est arbre de moult sauvaige façon, de la couleur de cypres sec; et se prenent les branches pres de la terre, comme font les fueilles de liz, et porte pour fruit dates. En signe enciennement en bailloit a un victorien une branche de palme a porter.

Gloss 7: Panthasilee fut une royne du païs appellee Amazonie, ou ne abitent que femmes, qui mennent bataillez comme a nous font les hommes. Et leur arrache on en leur jeunesse la dextre mamelle, pour mieulx jouster de lances. Quant elles vueullent concevoir, elles mandent l'ostel, et puis les renvoient. **[227]** Ceste royne ycy, Panthasillee, pour le temps que les Gregois menoient guerre aus Troians, vint en aide a ceulx de Troye et se (MS: ce) combaty moult fort et moult durement contre les plus fors Gregois, comme contre Achillez et les autres, etc.

Gloss 8: Jabin et Sizara persecutoient les enfens d'Israel. Debbora, qui estoit femme prophete et sainte, dist a Barach, juge d'Israel, qu'i se apprestat une journee et que en celle journee averoient victoire. Il respondit qu'il ne iroit pas se ce (MS: se) n'estoit avecquez elle(s). Elle le mena, et orent victoire.

Gloss 9: Cest[e] histoire de Debbora et de Jabin est recitee ou decret xxiij . q[uaestio] . v. y[ncipit] . *hinc notandum, in fine.*

Gloss 10: Marcigny est une abbaie de dames en Bourgoyne, subjecte a Clugny, en la quele il la souhaiteroit (MS: souhait doit) estre religieuse.

Gloss 11: Car un moyne ou nonnain sunt reputez en droit mors, pour ce qu'ilz ont renoncé au monde.

Gloss 12: Saint Benart dit que les gens d'esglise ne sunt que administrateurs de benefices, et que ilz ne doivent prandre ou retenir que leur neccessité, le remenant donner aus povres.

Gloss 13: Il fut en indignacion du pape, pour ce que l'en lui raportoit qu'il estoit herite et servoit mauvaise doctrine.

Gloss 14: Et pour ce dit l'Euvangile: 'Veillez, car vous ne savez a quelle heure Vostre Seigneur doit venir' (Matthew 24.42).

REJECTED READINGS

I: Historia Calamitatum

1.1 attaignens ou appaissans – dire – les **1.4** enseignement **2.4** lame – mais – diastique **3.1** de sa trompe **3.2** greinglieur – **3.3** .iij. – universitez **4.1** pas **4.2** autre **5.1** cestoit **5.2** avec **5.4** questeeurs – ses – faire – demander **6.1** ses **6.3** ces **6.4** empressent – li **7.1** que apres un jour **8.1** les **8.2** et taguillonneuse et p. **8.3** du – se **9.2** elle resort **9.3** denvie **9.4** trop grant par science – ou – rescripvai **10.1** navoit **10.2** ou **10.4** croy – croy – navoit qui **12.4** paresseur **13.4** lonche – estoit liesse **14.3** ce **14.4** quamosnes **15.3** ces **16.1** diffinicion **16.2** ilz **17.1** et cytoires – ou – esquelz **17.2** quant li riche – es – cuers – natendront **17.3** les suivirent – entendirent **17.4** entre leffice **18.1** en **18.2** sa **18.3** cyn **18.4** ensuivierres **19.1** cest pris – doubtez **21.1** trouverent **22.1** derungerioent – monstrez – neis mie **22.3** le reconnui **22.4** souffissable – se – .ij. freres **23.1** procession – continiez – de moy **23.3** suffisables **23.4** ung boys **24.1** perfeccion **24.2** ensuivi **24.3** aussi m. tout l'usaige **24.4** *Et l'Unité* – e. ideus **25.1** ne scut **25.2** agarteur **25.3** oie – aumosnestement **25.4** n. de taille **26.1** que **26.2** se esjouyssent **27.2** tout **27.3** iert – qui – couvirent **28.3** ces **28.4** grever **29.1** plus cruelx l. – e. a ses **29.2** desurans – jusques – elle **29.3** des quelz **29.4** ces – feussent **30.1** fait en – le **30.3** souffrir – des osez ou **30.4** ses **31.1** lachoison – se **31.2** sur **33.3** metoient – desiroient – aucum **33.4** aussi **34.1** le fait **34.2** m. et truant – non **34.3** escriptures – mestier **34.4** devinasse – devine **36.1** mon aage **36.4** le r. **37.3** fu de roches **38.2** en cui en escript **38.3** prengne – contieigne – hautesses **38.4** de habondonnemens – se **39.2** erustique **40.3** me nommay Paradiz (and on every further occasion in this letter and in subsequent ones 'Paradiz' in place of 'Paracliz') **41.1** contre **41.3** autex que – en **41.4** autres – et **42.1** aucum – en – lor – gardant **42.2** S. E. soit **42.3** ce – nos – lommaige **43.1** recognoissans **43.2** franchise des portes – souffrance **43.3** peussant – ou envieus – contre ung – sur iceste – diliersement **43.4** que de ma fondee **44.1** attendre **45.3** abitacle **45.4**

tiray **46.2** riens ta **46.3** d. mains **46.4** je ennoye **47.1** esiens – feisse **48.2** envers **48.3** secrez – oyes **49.1** vostre **49.2** sa presence – nait **49.3** se **49.4** faite **50.1** si **50.2** di^e **50.3** seulement – couple **50.4** p. vraye – leurs **51.1** maindres – fit **51.2** nous – encontre **51.4** f. et **52.1** – L. mesmes **52.2** f. tu es foy – s. ne **52.3** grande **53.1** d. ses – furent – establiz **53.2** senses **53.3** t. de leur **53.4** ses **54.1** ses **54.2** q. ne queroie **54.3** fortunoit **54.4** m. nonnains – ce **55.1** fors **55.3** len lui **56.1** doubtez **56.3** travaillai – esgarday **56.4** dit – a. que la – de qui – s. fausser soy **57.2** prandre – nous **57.3** soit **57.4** m. cuer – demourer – n. mainent **58.1** et se – A. en il – entendes **58.3** qui

II: Heloise to Abelard

59.1 nostre **59.2** expitable – ses **59.3** trouvas – le convenable – cathaleogie **59.4** venras – ses – ce – Paradiz **60.1** troys **60.3** ces chambierieres et le tieignent **61.1** vous font **61.2** vous **61.3** ces – des .ij. – les .ij. – ces **61.4** qui – apariles **62.1** cest – ce – seus et **62.3** affaire **62.4** d. sentier – continuee – donne **63.1** continues **63.2** aussi – et **63.3** estre certain que – toutes **63.4** pour – vous entremetez **64.1** m. pour la beaute **64.3** du – puet t. – puet e. **64.4** estre **65.2** en **65.3** appelay **66.2** et **66.3** seles **66.4** ci **67.2** s. li autre **67.3** me **67.4** baillay **68.2** cesvanoui – se **69.1** lasse – desirs **69.2** veue **69.3** s. ce que **69.4** mielx

III: Abelard to Heloise

71.2 sans **71.3** noz – accroissance – sont **72.4** oriant – leur – celui **73.1** oit **73.3** ne nia il – cessa – ta – sur ce – cele **73.4** empetrez **74.3** meurs – trois **74.4** ottient **75.1** recognurent **75.2** qui nont c. – refust **75.3** vous – la – nostre **76.1** or **76.3** ces   **78.1** vostre c. – nostre s. **78.2** vostre – paradiz **78.3** sepulture **78.4** traveillier

IV: Heloise to Abelard

79.1 Du **79.4** vous – son – leurs – que le miens **80.1** vous – vous **80.2** amour **80.3** perdre sanc – chetivete – nom **80.4** paine – continuelles **81.2** quoy qui a. **81.3** pourment **81.4** est – desepere **82.1** esperit – mis – dis **82.2** ces – plaie et **82.3** maleurtes – et je ay **82.4** misere **83.2** dedenz – par vertu – dis **84.2** esleu **84.3** ces **84.4** ces **85.2** ces – continuement **86.2** contraccion **86.3** ne cognois **87.1** entormenter –

habondoit – chastieray **87.2** ces **87.3** recevoir en torment **87.4** ses **88.1** en toy – reposoie **88.3** est – douceur **88.4** que il est assaillant **89.1** juges **89.2** se **89.3** se **90.1** sueffres **90.2** se – se – desirrent – des usuriers **90.3** cles – enquieres **90.4** refuges **91.1** se – desirrems sement – dieu **91.2** moy – la continence **91.3** a **91.4** dont – il est

V: Abelard to Heloise

92.1 O lespouse – et quelz - la derriere - mes – vostre **92.2** devoie edefier **92.3** continue et - lexecucion – doctrine de **92.4** tacordas – mielx **93.1** o. lestoire – fais **93.3** prient **93.4** a. si viennent **94.1** et c. p. – nostre – nous **94.2** noz **94.3** ses **95.1** proprete **95.2** coste **95.3** lamolie **95.4** qui vont aus **96.1** ses – Jhesu Crist – veant – merveillez **97.1** qui mainne **97.2** lores **98.1** leur **98.3** oseras entrer **98.4** porte – les deux s. – en l. **99.2** par **99.3** q. ne v. **99.4** sa **100.1** en s. – ces **100.2** nous **100.3** que ce qui **101.2** et j. – q. vourroient empitie – fammes – d. il qui v. **101.4** ses – m. pour veue et com amene a. **102.2** toy – ses **102.3** q. ensuivant – sensuit **102.4** comporte **103.2** mielx – toy – ta **103.4** l. et ja **104.1** n. enfans **104.4** treserviable – en sa table sefforce se couleur **105.1** avenir – se nuls macuseroit **105.2** proufitabelment – vanta **106.1** cil qui est **106.2** que la – de ceulx **106.3** hors **107.2** pareceus **107.3** trouve **107.4** ta – tonnel **108.2** dont **108.4** plingiez – s. tout l. **109.1** fust – mostroia **109.3** t. en son doy – q. se il – chastierent – la royne **110.1** mon – penray – r. destine **110.2** ne courut – g. douceur **110.3** eschuee – lenquier – oevre **110.4** veant **111.1** sefforcent **111.2** le **111.3** deist **112.1** entendoies **112.2** et li as – que on – descoillies **112.3** nous a chaciees **112.4** se – maindres **113.1** tesmues – en **113.2** crucifier **113.3** cil **113.4** commencierent – aus autres c. vous **114.1** oignement **114.3** par – deudroit **114.4** venus – sont **115.1** seus – pour toy c. **115.2** nirai – m. de toy pour quoy acquiert **115.4** par – pour – touz **116.1** lame de – c. vueilles tu la **116.2** escient escintrere – car – pleroit ne ne s. **116.3** ma grant nuit **116.4** point – estions mes **117.2** il pourra – neschise – et **117.3** aguillone mes **117.4** re-comme – maniere – deffais **118.1** t. contre c. – pooir **118.2** ta reson – pas **118.3** venue – rescript **118.4** prieurs – d. dieu ne – moy **119.1** la continence **119.3** prenes **119.4** forfais – aus enciens – en – nous soions

VI: Heloise to Abelard

120.2 Du **120.3** agguillonnoit – seulz **121.2** len a peu estudier est – ses **122.1** qui – ne puissent **122.2** mes – ligne – daingne – mennoisse **122.3** chastre **122.4** arousces – et li dous – moler **123.2** recevons **123.3** vous – complaint **124.4** meffaire **125.1** chargez **125.2** comme **125.4** ceulz les – point **126.1** seus – espeust – dens – eulx **126.2** qui **126.3** roy sains – fois – vrays – lui **126.4** a – et **127.1** establit – les fermetez – et – de ceulx qui **127.4** se ja – effors – lesmes veillons et – vraye **128.2** avaires **128.3** enclos – bien nous doivent **128.4** jugeroit – vous **129.1** charteroient – danemi – manieres ('viduas') **129.2** semblable – au custogram de nous – sont – avaires **129.3** noierent – ses – perfeccions – honnestete – ses **130.1** les **130.2** deuz **130.3** phisi qui – se – demcetre – souverainete – cuer **130.4** permisses il que **131.1** par mis – celui – cuer **131.3** parcilles **131.4** pour ce **132.1** et **132.2** continuez **132.3** aient **133.1** ou **133.2** parfait – li sans **133.3** que la – nom **133.4** vivre – trestres – et **134.2** lirais – gauffre morres **134.4** quil peuent - fin **135.1** telz – aus – pommiers – et – cuevre **135.3** en **135.4** se soir – dist labbe de soy **136.1** seulement – les – confondues **136.3** perfeccion **136.4** se **137.1** de dieu – apparissant **137.2** saintes nonnains – roy – tent **137.4** maintiegne – elle – escondrez – justes **138.2** nous – aisemens **138.3** et **138.4** en **139.1** disans **139.3** veant **139.4** et **140.1** ses – a – tout **140.2** dan **140.3** moy – donne **141.1** oirent – deverientes **141.3** quicunques **141.4** ses **142.1** desgarnent **142.4** se **143.1** ait souffert **143.2** iroit **143.3** desoffert **143.4** honteus **144.1** honteus **144.2** de mes choses – la **144.4** sevrez – creans **145.2** me nommeras **145.3** tenebracion **145.4** avez **146.1** doucement – a saule – ung **146.2** et en ce selonc **146.3** les **146.4** levrent **147.1** lui **147.2** seances – engoisses **147.3** les trepassez de ceulx qui **147.4** et

VII: Abelard to Heloise

149.1 nous **149.3** ensuivant – que **150.3** respost **150.4** lui **151.2** il **151.4** enterm **152.3** quanaques **153.3** geriaume **153.4** menguent – iubes **154.1** quicunquez **154.3** en oint **154.4** euvanglie **155.2** ton **156.1** que **156.3** la – servoient **156.4** sains – avoit **157.3** ma **157.4** les tables **158.1** pareil lenfleure – les cas des faus et – mesprenant – a **158.2** ooient **158.3** mont – cre **158.4** fois **159.2** il ne le savoient **159.3** aler **160.1** nous **160.2** lange – attendissent **160.3** contrictour **160.4** le **161.1**

coment – qui **161.2** regardans **161.3** charite – aus menistres – li **161.4**
nous – de – est occirre **162.1** au **162.2** alassent **163.1** ame – aides –
preeschoit – diue – armees **163.2** dessevrez **163.3** et – aucuns **163.4**
en – hommes **164.3** ces **165.2** yuis – en – ou **165.4** courent **166.1** qui
– vous **166.3** li – la propriete sur le mont de tabour **166.4** tout en
doubtant **167.2** espirant – et – peromistres – ombre **167.3** maistre –
cernens **167.4** ame **168.1** se mist **168.2** tout – noreaue **168.3** les –
dessevres – cognoissans et **168.4** conseil **169.1** greffes **169.2** femmes
169.4 autres **170.3** tout **170.4** apparissant **171.1** couroie **171.3** veis
172.1 aprouchiees – di lui **172.3** lui **172.4** ceulx **173.1** se – par **174.1**
jour **174.2** curieusement – inconverties **174.3** penitance – ses – de sa
santeare **174.4** a **175.1** la femme **175.2** et cele vois – alba – alba - en
– alba **175.4** ses – qui – aus oeuvres **176.1** amans **176.2** tu li eglise
176.3 acquieust entra **176.4** aimst **177.1** furent **177.3** discrecion **177.4**
elle – ce **178.1** viex **179.4** nature – ses – portoit **180.1** terre – et **180.3**
dommaiges – leur **181.1** se avec – fusse **181.4** sauvez – sans **182.1**
maindres **182.2** elle decueilli – le chastel de – destre meres **183.1**
souffrant – et **183.3** dit – escripre **183.4** amenistra **184.1** soucres **184.2**
veus **184.3** le **185.2** a – en **185.4** complainst **186.1** anemi **186.2** desuivre
186.3 tiers **186.4** couxonne – amonestement **187.1** dessus – Pol –
femme **187.2** ces **187.3** nous **187.4** nous **188.1** je **188.4** en saherdi –
pers enquier **189.1** di – deguerpie – remaint **189.3** samour **189.4** oluz
– ensemble paintes **190.1** envoyer – mesveilles **190.2** que la **190.3** lame
– cogneus **191.1** commancement – lacompli – vota **191.2** de **191.3** ce
nous entendons – sa **191.4** nous **192.1** merveilleur **192.1** divine **192.2**
ses – quel **192.3** quelx – desceus – avra jus **192 4** tu – amende de vin
– et – com – avec les couronnons **193.1** heures – et – demonstrer
193.2 enquerre **194.2** qui – nesquistrent **194.4** este **195.1** sest benedite
– es **195.2** devine **196.2** moises – en la contree **196.3** retenus **197.1** .iij,
(with 'm' superscript) – anne – et **197.2** menrons **197.3** resusciterent
197.4 ses **198.1** sept entalentemens – sacrefier **198.2** plorer **198.3** tant
198.4 saint – avec les **199.1** vous **199.4** la **200.2** elle fut – eschiva **200.3**
riulle – maintes **200.4** ses – anne **201.1** avec **201.2** uiscim – a – et –
degrez **201.3** et – nascere **201.4** en obeis – malcicon – ceste **202.1**
sachiez – netesces **202.3** ore je vous prie **202.4** nettete – vecy – cel
vol **203.1** reste **203.2** trouve **203.3** et **203.4** ysende **204.1** donc **204.2**
que – de vin **204.3** devine que li apostres **204.4** mains **205.1** sur –
bame **205.2** touz **205.4** juif **206.1** vainquoient **206.2** destruire **207.2** la

nostre **207.3** continence **208.2** ce – vivres – de la pierrre **208.3** pessance de la vie – tuit **209.1** se **209.2** et – le sos **209.3** songes – leur – cestuit – ung **210.2** plus **210.3** ces **210.4** quil a **211.1** nobeissoient **211.4** esleu – la penitance ou les escuccions **212.4** represencion **213.2** grant **213.3** ses **213.4** condempnacion **214** renvouoit

Appendix

217.2 couraige de touz **218.3** alaelart – ce **218.4** delmene – nete – briefment **219.1** discuplez **219.2** eschevez – talle **219.4** scevent **221.3** pueu **221.4** dicelle – esperit - qui **222.1** celle – voulou **222.3** esteinete – cestoit saint benars que nostre amy **224.2** cy – sauver **225.1** souffler **225.3** escript – beurqueresse **226.1** arbre **226.2** gardez **228.1** de sauvemens en celle journee **228.3** sest **228.4** et – obstaindre **230.1** entre – se **230.4** lasons **231.1** et **231.2** resperit **231.4** et posside

NOTES

I: Historia Calamitatum

1.1   At the top of the page is written in a modern hand: 'Epistres de Mr Pierre Abaelard et Helois et d'autres', and the old MS number, 7273^2.

2.1   The Peripatetics were followers of Aristotle, so called because of their habit of discussing philosophy while walking in the Lyceum gardens in Athens.

2.1   William of Champeaux (c. 1070 - c. 1120) was a teacher and realist philosopher, and head of the school at Notre Dame before eventually becoming bishop of Châlons-sur-Marne in 1112 or 1113.

2.3   'si [choisi]'. There is a gap in the MS, perhaps because the copyist could not read the missing word.

2.4   Dialectics is the branch of logic concerned with ways of reasoning and the discussion of opposing propositions.

5.3   Priscian was a sixth-century Latin grammarian, whose treatise on grammar was widely used in the Middle Ages.

6.1   Anselm of Laon (d. c.1117) was a widely respected teacher of traditional theology at Laon.

7.3   The equivalent Latin for this reference is to be found only in MS Y.

8.2   Little is known concerning Lotulph the Lombard. Alberic of Rheims was in charge of the school there with Lotulph and later became archbishop of Bourges.

9.1   Abelard's commentary on Ezekiel has not survived: D. Luscombe, *The School of Peter Abelard* (Cambridge: Cambridge University Press, 1968), p. 60.

9.4   Abelard is referring to his treatise *De unitate et trinitate Dei*, burnt as a result of a ruling by the Council of Soissons in 1121.

10.2   Nothing is known of Fulbert beyond what Abelard tells us, namely that he was a canon of Notre Dame and uncle to Heloise.

13.1   Hicks (p. 12) plausibly suggests that this may have originally been a marginal comment that was then copied into the text; similarly with later interpolations.

18.1   '[Helysee]'. There is a blank in the MS at this point.

18.3   'quelz homs il estoit et de quelle cité': the corresponding Latin in most MSS is 'profiteretur' ('what he professed'), though MSS ACD read 'proficeretur', which may account for Jean's 'et de quelle cité'. He may have been unsure of the reading of the Latin word, and so translated both ways. See my 'The translator and his reader' in *The Medieval Translator*, II, p.121.

19.1   'les' (= 'lais'). Perhaps read 'les [orz] deliz' (Lat. 'turpes … voluptates')?

19.3   'tonnerres'. Several lines of the Latin text are missing in the translation at this point, a fact signalled by a comment pencilled in the RH margin, 'cy manquent 5 lignes du latin'. The missing portion may be translated as follows: 'Finally she added concerning herself how dangerous it would be for me to take her back, and how much more precious to her and more honourable to me would be the name of lover than wife, as love alone would hold me to her – the strength of the chains of marriage would not constrain me; moreover when we were separated for a while from each other, the joys of meeting would be the more pleasant, because they would be less frequent'.

21.1   'coillons'. The word has been scratched out in the MS, but is readable; also at 22.1. and 22.2, and 'vit' at 22.2. It is noticeable that Abelard refers to his own mutilation euphemistically at 21.1 and again at 21.4, but forthrightly when writing of that of his perpetrators.

24.4   This work on the Trinity was forcibly burnt following a condemnation of Abelard at the Council of Soissons in 1121.

25.4   See previous note. Abelard's account of the Council's proceedings is the only one we have.

32.4   'consillez'. Following this word a sentence of the Latin is missing in translation, and may be rendered as follows: 'The abbot and the monks of that monastery, convinced that I was to remain with them, welcomed me with utmost joy, and vainly strove to console me with every attention'.

33.1   '[fiel]'. There is a gap left in the MS at this point (Latin 'felle').

34.1   '(Chasc)un jour'. This phrase actually occurs at the bottom of MS p. 33, following 'destruire', and so is made to belong to the preceding sentence.

35.1   'il en iroit'. A scribal error for 'm'envoieroit' (Latin: 'missurum')?

36.2   'retez'. Perhaps read 're[ge]tez' (Latin: 'abjectis').

36.4   'penitencier'. Latin has 'dapifer' ('seneschal'); is there a confusion of meaning with 'minister' (see Du Cange dictionary), or did Jean's Latin MS have it instead of 'dapifer' (not an attested variant)?

37.3   'roseaus'. MSS BCDFRT have 'ex callis' ('from hides'), MS A has 'ex cannis' and MSS EY 'ex calamis' (both meaning 'from reeds').

41.1   'ne ce ne fu pas merveille'. Hicks removes this from the text as an interpolation, though it in fact renders 'numirum', as in 41.4 below, where he allows it to stand.

42.1   The feast of Pentecost (Whitsun) falls fifty days after Easter Sunday, and celebrates the day on which the Apostles were filled with the Holy Ghost (Acts 2.1 ff.).

43.3   Regular canons, as distinct from secular canons (who exercised a purely administrative function) lived under the rule of St Augustine in communities like monks, while serving local parishes.

44.2   St Athanasius: fourth century Bishop of Alexandria, who spent much of his years as bishop in exile, banished by powerful enemies because of his vigorous opposition to Arianism.

44.4   This interpolation is separated and made into a heading in the MS, but it breaks up the sentence. See note to 3.1 above.

45.2   'noz Françoys'. These were inhabitants of the Ile de France.

46.3   'd'illecques'. Latin 'omnino' ('du tout') seems to have been translated twice in this sentence.

48.1   The charter is dated 28 November 1131. The local bishop was Hato of Troyes (note in Penguin translation).

54.4   Gregory the Great relates in his *Dialogues* (2.3) that when St Benedict was abbot of the monastery at Vicovaro (Italy), the monks attempted to poison him because of the high standards he tried to impose on them.

56.1   'or valu pis'. As with similar interjections, such as 'C'estoient li moyne au deable' (55.3), there is no equivalent in the Latin.

56.2   The papal legate sent was Geoffrey, bishop of Chartres, who had supported Abelard in the Council of Soissons (note in Penguin translation).

II: Heloise to Abelard

58.4   'voz homs': All the Latin MSS have 'quidam' ('someone').

60.1   A modern hand (Paulin Paris?) has written 'sorquedant' in the margin opposite 'sorquerant'.

61.1   As elsewhere, the Nota in brackets was probably originally a marginal note that has passed into the body of the text.

62.1   'Quel merveille' has no equivalent in the Latin.

62.1   'fondierres ... fondierres ... fondierres'. The Latin is more varied: 'fundator ... constructor ...aedificator' (cf. 148.1).

63.2   'n'i profite riens'. The Latin MSS have 'proficis' ('you do not profit by it').

63.3   'ceste contrainte'. The Latin is 'ut ceteras omittas'. Did Jean read 'catenas' for 'ceteras'?

63.3   'pour ce que [ce que] tu dois a ceste compaignie, a[s] devotes femmes': Latin 'ut quod devotis communiter debes feminis' ('so that what you owe to the whole community of women devoted to God').

63.3   'ancele'. Did Jean read 'ancillae' for Latin 'unicae'?

63.4   'par quoy es enfermetez'. We have adopted Hicks's reading.

66.1   'en l'ostel'. Jean has taken the Latin 'apud' in its literal sense, instead of with the meaning 'in the writings of'. In this chapter of the *De Inventione* Cicero illustrates inductive argument with a quotation from a dialogue by Aeschines Socraticus and used by Socrates, in which Aspasia reasoned with Xenephon and his wife.

66.4 'ne te desireroit'. Latin: 'te ... videre non aestuabat' ('did not yearn to see you').

67.1 None of Abelard's secular songs or poems survives.

68.3 'cogneusse': the Latin MSS have 'tegerem' ('cover'). Did Jean read 'cognoscerem'?

69.3 'en un feu' renders 'ad Vulcania loca' ('into Vulcan's regions', i.e. Hell).

70.1 'te(n)ue'. A modern hand has written 'teuve' in the margin 60.1 above.

70.2 'deservi'. Between this word and 'tu' the MS has what could be mistaken on a microfilm for 'of' (cf. Hicks's footnote of rejected readings). In reality there is no letter 'o', but a wormhole, and only one actual letter, which is either an 'f' or a long 's'. There is clearly a line through the letter which could make it appear an 'f', although the line could be interpreted as part of the flourish of the letter 'y' from the line above in the word 'aperçoy'. It is my view that the letter intended was an 's', and that the scribe was about to repeat the word 'se', which he then either abandoned or crossed through lightly by way of deletion. Beggiato understands an abbreviation here of 'cS', which he takes to stand for 'cui supra'.

III: Abelard to Heloise

71.3 'voz piez' follows the reading of MSS CEF.

73.1 'felons et endurciz' perhaps follows MSS CEF 'obstinati et rebelles'; the other MSS have simply 'obstinati'.

73.2 'dont li prophetes dist'. Jean appears to have followed an unknown variant, as all MSS have 'cui (T: qui) cum Psalmista dicit' ('he says with the Psalmist').

73.4 'filles' represents an unknown variant 'filias' for 'filios' (all MSS).

74.1 'comme Verité die' follows the Latin subjunctive, 'cum Veritas dicat' (also at 127.3).

74.2 '.viij. should actually be '.xxxviij.' (all MSS).

76.3   'dist'. The latin MSS quote the whole of the verse from Luke here; Jean translates only the last part.

76.4   'nostre'. Latin 'vester' in all MSS.

77.3   'present'. All Latin MSS have 'absentem'.

78.2   'confortement'. The Latin is 'consolatori' ('Comforter'). Perhaps read 'conforteeur'?

IV: Heloise to Abelard

80.2   'elle'. Following the Latin, Hicks corrects to 'il' (= 'cel jour'); unless it is a scribal error, 'elle' would refer back to 'mort'.

81.3   'purement'. This correction (Latin: 'sincere') is determined by the reading at 148.1, where 'sincerius' is translated by 'plus purement'.

82.1   '[pelerin]' renders Latin 'in hac peregrinatione'. A modern hand has written 'a toi' in the margin.

82.1   'vis'. The same modern hand has written this correction in the margin.

82.4   'puissante[s]'. Perhaps read 'puissanz', if the MS reading is taken to be 'puissance'.

82.4   'en toy'. Hicks here adds as a missing antithesis: 'Quelle trebuschance m'aporta elle en toy!'

83.2   'parverti'. A modern hand corrects to 'parvertis' in the margin.

83.4   'par quoy tu ne me pues confort donner' has no equivalent in the Latin, which is adequately translated by the remainder of the sentence.

84.4   'avoye'. Perhaps read 'av[oy]oie' (Latin: 'lustravi')?

85.4   'de mon tort'. As the Latin is 'ex consensu', perhaps read 'de mon accort', following Hicks?

87.2   'tout dire'. Perhaps, following Hicks, correct to 'punir' (Latin: 'puniat')?

87.3   'decevoir en dormant'. This correction appears in the margin in the usual modern hand.

88.2   'Je, femme maleureuse' is an appropriate adaptation in translation of the Latin 'Infelix ego homo'.

89.3   'Dieu'. Following this and ahead of 'Mes Dieu le scet' the copyist has repeated the heading from the previous page, 'Encore l'amoit elle comme forsenee', and it has been bracketed out by the usual modern hand.

V: Abelard to Heloise

92.1   'O' is corrected by a modern hand to 'A' in the margin.

92.1   'm'as'. This correction also appears in a modern hand in the margin.

95.4   'beent'. I have adopted Hick's suggestion.

96.4   'siecle'. In anticipation of the intervention at the top of MS p. 97, the scribe has written 'Nota contre les ypocrites' at the bottom of p. 96 too.

98.1   'adjoustemens'. Jean evidently read 'adjectio' for 'abjectio' (all MSS).

99.2   'coustume'. Jean has translated the whole quotation from Augustine as though it were entirely a Biblical quotation, instead of a Biblical quotation (John 14.6) with comment by Augustine: '"I am truth", not "I am custom"'.

100.1   Compare original version at 60.2-3.

103.1   'l'umilité'. Hicks corrects to 't'umilité'.

104.6   'en feus'. Compare the Latin 'ad Vulcania'.

105.3   'en une partie du moustier'. The latin is more precise: 'in quadam etiam parte ipsius refectorii'.

105.4   'creuscent'. All Latin MSS have 'cessent'. Did Jean read 'crescant'?

107.1   'demourement de peril' renders 'Charibdis voragine' ('from the whirlpool of Charybdis').

108.3   'Pour ce que je ne creusse en ma folie' suggests a different Latin text, something like 'ne in stultitia crescerem' in place of 'ut in multis crescerem'.

109.2   'dis'. The Latin is 'audivimus', and Hicks corrects to 'oïs'. On the other hand Abelard did refer to Origen in the *Historia Calamitatum*, 50.2.

110.2   'de ton oncle'. Perhaps Jean read 'ab avunculo' for 'ab alio ('by another')?

112.2   The usual modern hand has noted in the margin: 'le copiste doit avoir ici sauté une ligne'.

112.2   'toilleïs'. The modern hand has written 'destoillier' in the margin.

113.3   'Filles de Jehrusalem'. Compare the translation of this quotation with that at 198.2.

115.2   'pour quoy …mort'. I have largely adopted the correction of Beggiato and Hicks for this sentence. Hicks reads: 'mestier, [que] pour toy acquerir il estrive bataille de si tres horrible mort?', and Beggiato: 'mestier, de toy porquoy acquert il estrive bataille de si treshorrible mort?'

116.1   'non mie'. This is Beggiato's reading.

117.4   'de ceste vie'. If the established Latin text were followed, this should read 'des hommes de ceste tres chetive vie'; 'miserrimis' for 'meserrimae'?

119.2   'l'umilité'. Jean may have read 'humilitatem' for 'multitudinem'.

VI: Heloise to Abelard

121.4   St Benedict established his rule in the first half of the sixth century, clearly with only brethren in mind, as Heloise demonstrates. Its influence spread and formed the basis of monastic life in most institutions throughout the Middle Ages. There were from time to time attempts to reform the rule and return to its first principles, such as by the Cistercians, Cluniacs and Trappists. Heloise ignores the fact that a number of female institutions followed an Augustinian rule.

124.2   'au tiers an'. Jean misunderstands 'tertio' as ad adverb agreeing with 'anno', instead of as an adverb meaning 'for the third time' or 'three times' in the Latin sentence: 'aut suscipiendarum feminarum constantiam uno anno probaverit, easque tertio perlecta Regula, sicut in ipsa iubetur, instruxerit?'; cf. Rule, chapter 58.

126.3   'penser'. Before this word the scribe has deleted 'tr'. By implication Beggiato regards these two letters as having been deleted, since he ignores them, but Hicks considers them to have been intended, and reads 'trepenser'.

127.2 The portion of the sentence supplied in square brackets is coincidentally missing from Latin MSS ACEF. Hicks ignores the omission and links the sentence merely by a comma to 'regarde ...'. However, the fact that the sentence begins with 'Car se' seems to indicate that the missing portion was in fact there, while the words missing may well have been lost through eye-skip.

127.4 The portion of text supplied here conjecturally seems less certain than at 127.2, and is also missing from Latin MSS ACEF.

128.1 'dit li Apostres'. In order to conform to the Latin of the quotation, this would need to be modified to something like 'Dis le a l'Apostre ...', the previous statement 'Me(s) dis tu ces choses' being a question by Chrysostom.

128.2 'a son temps'. This is perhaps a good rendering of the Latin 'in civitatibus'.

128.3 'lien nous donnent'. I have adopted Hick's correction (Latin: 'quae nobis tantum impediunt').

129.4 The age at which deaconesses could be consecrated was lowered from 60 to 40 at the Council of Chalcedon in 451 (note in Penguin ed.).

130.1 'saint Augustin'. Augustine did not establish an official rule, but many religious institutions based their lives on his spiritual directions. Regular canons followed his 'rule'.

131.2 'continuelment'. Jean has taken 'continenter' to mean 'continually', rather than 'continently', which is more likely to have been the intended meaning.

132.1 'par[ab]olles'. Latin: 'parabolice'.

132.1 cf. Latin: '... multi monasticae religionis temerarii professores, si diligentius attenderent, et in quam professionem iurarent antea providerent ...'.

135.3 In the quotation from the *Vitae Patrum* I have adopted Hicks's suggestions for the inserted text in square brackets, in order to make intelligible an otherwise very corrupt passage.

137.2   'sains'. Jean may have read 'sanctorum' for 'factorum'.

140.3   'corps'. This would be a translation of the text which all Latin
         MSS have, i.e. 'in corpore', whereas the text of Augustine
         reads 'in opere'.

VII: Abelard to Heloise

154.1   'en dist'. Perhaps the reading should be 'grondist' (Hicks's
         correction); Latin 'murmurat'.

155.4   'cremoit'. If this corresponds to Latin 'negante', perhaps
         read, with Hicks, 'renioit'.

158.3   'Aussi distrent il tuit li desciple, di je, mielx que il ne firent.'
         'Aussi distrent il tuit li desciple' should strictly be part of the
         quotation from Matthew 36.35, and appears to be a case of
         haplography in the Latin MS from which Jean worked: "'...
         Similiter et omnes discipuli dixerunt". Dixerunt, inquam,
         potius quam fecerunt.' Jean's translation presupposes that he
         read 'dixerunt' only once and so translated the whole as a
         comment by Abelard, i.e. 'Similiter et omnes discipuli
         dixerunt, inquam, potius quam fecerunt.' This seems more
         probable than that the scribe of BnF, MS fr. 920 omitted
         'distrent', but cf. Beggiato and Hicks, who both insert it.

159.1   'trembler'. A sizeable omission occurs at this point, which
         marks the end of a section of the letter. Either the lines in
         question were missing from Jean's Latin MS – though no
         extant one has a similar omission – or the translation of this
         section, which would occupy about a page of BnF, MS fr.
         920, was lost in transcription. An English translation of the
         missing passage is as follows: 'The former (i.e. the disciples)
         Our Lord rebuked as weak flesh, because in the very moment
         of His Passion they could not watch with Him one hour. The
         women, having passed a sleepless night weeping at His
         sepulchre, deserved to witness first the glory of the
         Resurrection. By remaining faithful to Him after His death,
         they showed how much they had loved Him during His life,
         by deeds rather than by words. And through the very same
         concern which they had felt for His Passion and death, they
         first were rejoiced by His Resurrection into life. For when,
         according to John, Joseph of Arimathaea and Nicodemus

had wound Our Lord's body in linen and buried Him with spices, Mark relates, concerning the zeal of these women, that Mary Magdalene and Mary the mother of Joses beheld where He was laid. Of them Luke also makes record, saying: "And the women also, which came with Him from Galilee, followed after, and beheld the sepulchre, and how His body was laid. And they returned, and prepared spices", evidently regarding the spices of Nicodemus as insufficient unless they added their own. And on the Sabbath they rested, according to the Commandment. But, as Mark says, when the Sabbath had passed, Mary Magdalene and Mary the mother of James and Salome came to the sepulchre very early in the morning on the day of the Resurrection itself.'

159.2   'et dist aus autres que elle ne savoit ou le querir' corresponds to the Latin 'postea ipsa simul et aliae', and Hicks corrects to 'et puis avec les autres', omitting the rest, which actually appears to be a reference to John 20.13.

160.2   'Incipe'. This scribal insertion (meaning 'Begin') may have marked the start of a new phase of copying or dictating following a pause, although it occurs in the middle of a line in the MS.

161.2   'communes'. The corresponding Latin is 'hebraeis', and Hicks corrects to 'juives'.

162.4   'Item'. Scribal insertion.

164.1   'et les a a tousjours et par ame et par corps'. The Latin is 'omnibus eos et metris et sonis honesta satis et suavi compage modulantes' ('chanting them in all metres and tones, with quite respectable and pleasing harmony'). Jean's version differs so radically from the Latin that he may have worked from a corrupt text.

164.1   'soeves'. A second sizeable omission occurs at this point in reference to the *Historia Ecclesiastica*. An English translation of the passage is as follows: 'Likewise after touching on several matters concerning their abstinence and the offices of divine worship, the *Historia* adds: "But with the men of whom we have spoken are also women, among whom are several virgins already of great age, who have preserved the integrity and chastity of the body, not from any necessity but from devotion, while in the study of wisdom they strive to consecrate themselves not only in mind but in body also, deeming it unworthy to give over to lust the vessel prepared for the receipt of wisdom or that mortal offspring should be brought forth by them, from whom a sacred and immortal cohabitation with the Divine Word is required, whereby posterity may be left in no way subject to the corruption of mortality.'".

167.2 'espiritueulx' follows MSS ACEF ('spiritalis'), whereas all other MSS have 'specialis'.

167.4 'la royne'. Beggiato and Hicks correct to 'la veuve' (Latin: 'Judith viduae'); cf. 186.1 where 'Judith vidua' is correctly translated as 'Judith veuve'.

168.3 'que diacres et diacresses'. Jean has taken some freedom with the Latin here, in order to make it intelligible: 'ac si in utrisque tribum Levi et quasi Levitas agnoscamus' ('as though we recognize in each the tribe of levi and the Levites').

169.2 The Latin text of the missing translation from Exodus reads: 'Posuit Moyses labrum aeneum in quo lavarentur Aaron et filii eius' ('Moses set down the bronze laver in which Aaron and his sons were washed').

173.4 n'en esmuevent'. This is possibly a scribal error for 'mesmement' (Latin: 'maxime').

183.1 'joennes de .iiij. temps' were three days of fasting at the start of each season.

185.3 'vainquerresse' probably represents a reading in Jean's Latin MS of 'vindex' instead of 'iudex'.

192.1 'contraignans' has no equivalent in the Latin, and Beggiato and Hicks delete it.

192.4 'loant'. Hicks corrects to 'joant' to accommodate Latin 'ludentem', while suggesting that Jean may have read 'laudentes', which exists in MS T.

200.4 'm'en escharra'. This could well be an error for 'm'enerra' ('pledge').

200.4 & 201.1 'nostre' follows the Latin of MSS BR, 'nostrae'; other MSS read 'vestrae'.

202.2 'solitaires'. In this sentence Hicks implausibly includes a Greek form: 'Et vient cist mos de μονοσ, qui sonne autant en grec comme ['ung'] en latin ...'. The Latin text reads: 'Monos, enim, unde monachus, id est, solitarius dicitur, unum sonat.' In my interpretation of the French translation, I have assumed that Jean read 'monachos' in place of 'monos', and I understand the sentence as follows: 'Et vient cist mos (i.e. "moynesse") de "moynes", qui sonne autant en grec comme en latin ('monachos ... unum sonat'} et d'ilec (i.e. from the Greek) est dist cist mos "moynes", ce est a dire "solitaires"'.

203.2 'l'une'. Perhaps read 'nule' with Hicks (Latin: 'nulla').

204.4 'et li mal pour paour de painne' appears to be a translation of the next line from Horace, which no extant Latin MS has. The line reads 'tu nihil admittes in te formidine poenae' ('you will commit no crime because you dread punishment').

206.1 'nostre'. Jean has evidently followed the reading which only MS F has, 'nostrae'; all other MSS have 'vestrae'.

206.2 'noz'. Beggiato and Hicks correct to 'voz', but as in the preceding note, Jean evidently followed the reading now found only in one MS, in this case MS A; all other MSS have 'vestros'.

207.3 'conchiement'. I have adopted Hicks's correction.

207.4 'Antoynnes'. I agree with Hicks that this name, instead of 'Ambrosius', could be the fault of Jean's Latin MS.

211.4 'la destruccion'. I have adopted Hicks's correction here.

Appendix

217.3 'Arrius l'erite'. Arius (c. 256-336) was condemned at the first Council of Nicaea (325) for teaching that Jesus was not co-equal or co-eternal with God, but Arianism persisted in North Africa and Spain until the sixth century.

217.4 'Sabellius l'erite'. Sabellius was an early third-century heretic, who was condemned by Pope Calixtus I (c. 155-222). His doctrine reduced the distinction between the three persons of the Trinity, and he was thus accused of patripassianism.

218.2 'le bruit ou tournoiement de peril'. A reference to Scylla and Charybdis of Greek mythology.

218.2 'chant de Serainez'. In Greek mythology the Sirens, sea-nymphs who were part woman and part bird, lured sailors to their deaths on the rocks by their beautiful singing.

222.3 The work on Sentences was written not by Abelard but by one of his pupils, according to Leif Grane, *Peter Abelard: Philosophy and Christianity in the Middle Ages* (London: Allen and Unwin, 1970), p. 127.

229.3 Peter the Venerable may have had in mind Germanus (c. 378-488) elected Bishop of Auxerre in 418 against his will; Martin of Tours famously gave away his cloak to a beggar.

THEMATIC BIBLIOGRAPHY

Editions of the French Text

The Correspondence

Beggiato, F., *Le lettere di Abelardo ed Eloisa nella traduzione di Jean de Meun*, 2 vols: I Testo; III Introduzione, apparato, note, indice selettivo delle forme, indice dei nomi propri (Modena: S.T.E.M.-Mucchi, 1977).

Charrier, C., ed., *Jean de Meun, traduction de la première épître de Pierre Abélard (Historia Calamitatum)* (Paris: Champion, 1934).

Génin, F., 'Première lettre d'Abailard, traduction inédite de Jean de Meung', *Bulletin du Comité Historique des monuments écrits de l'histoire de France: Histoire, Sciences, Lettres* (Paris: Imprimerie nationale, 1850), II, pp. 175–91 and 265–92.

Hicks, E., ed., *La Vie et les Epistres Pierres Abaelart et Heloys sa fame: traduction du XIIIᵉ siècle attribuée à Jean de Meun, avec une nouvelle édition des textes latins d'après le MS Troyes, Bibl. mun., 802*, Nouvelle Bibliothèque du moyen âge, 16: I Introduction, Textes (Paris: Champion, 1991).

The Appendix

Burnett, C. S. F., '"Confessio fidei ad Heloisam": Abélard's last Letter to Heloise?', *Mittellateinisches Jahrbuch*, 21 (1986), 147–55 (text of BnF, MS fr. 920, pp. 154–55).

Zink, Michel, 'Lettre de Pierre le Vénérable, Abbé de Cluny, à Héloïse, Abbesse du Paraclet, pour lui annoncer la mort d'Abélard', *Pierre Abélard – Pierre le Vénérable: Les Courants philosophiques, littéraires et artistiques en Occident au milieu du XIIᵉ siècle, Abbaye de Cluny 2 au 9 juillet 1972* (Paris: CNRS, 1973), pp. 23–37; the edition of BnF, MS fr. 920 at pp. 29–37.

Unpublished Theses

Brook, Leslie C., *Jean de Meun's translation of the Letters of Abelard and Heloise: a critical edition, with introduction, notes, and glossary*, PhD Bristol, December 1968.

Schultz, Elisabeth, *La vie et les epistres Pierres Abaelart et Heloys sa fame: a translation by Jean de Meun, and an Old French translation of three related texts*: a critical edition of MS 920 (Bibliothèque Nationale), PhD Washington, 1969. [A further thesis by R. Bélengier, Université Laval, Québec, 1983, is reported in Hicks, ed., *La Vie*, p. xxxiv.]

Other

Barrow, J., C. S. F. Burnett & D. Luscombe, "A Checklist of the Manuscripts Containing the Writings of Peter Abelard and Heloise and Other Works Closely Associated with Abelard and His School", *Revue d'Historie des Textes*, 14–15 (1984–85), 183–302.

Löfstedt, L., ed., *Li Abregemenz noble honme Vegesce Flave René des establissemenz apartenanz a chevalerie: traduction par Jean de Meun de Flavii Vegeti Renati Viri Illustris Epitoma Institutorum Rei Militaris*, Annales Academiae Scientiarum Fennicae, Series B, 200 (Helsinki: Suomalainen Tiedeakatemia, 1977).

Dedeck-Héry, V. L., 'Un Fragment inédit de la traduction de la Consolation de Boèce par Jean de Meun', *Romanic Review*, 27 (1936), 123.

Dedeck-Héry, V. L., 'Boethius' "De Consolatione" by Jean de Meun', *Mediaeval Studies*, 14 (1952), 165–275.

Delisle, L., 'Anciennes traductions françaises de la *Consolation* de Boèce conservées à la Bibliothèque Nationale', *Bibliothèque nationale de l'École de chartes*, 34 (1873), 5–32.

Robert, U., ed., *L'Art de Chevalerie: traduction du 'De re militari' de Végèce par Jean de Meun*, SATF (Paris: Firmin Didot, 1897).

Atkinson, J. K., & G. M. Cropp, 'Trois traductions de la *Consolatio Philosophiae* de Boèce', *Romania*, 106 (1985), 198–232.

Lecoy, F., ed., *Guillaume de Lorris & Jean de Meun: Le Roman de la Rose*, CFMA, 3 vols (Paris: Champion, 1965–70).

Strubel, A., ed., *Guillaume de Lorris & Jean de Meun: Le Roman de la Rose*, (Paris: Librairie générale française, 1992).

Langlois, C.-V., 'La Consolation de Boèce d'après Jean de Meun et plusieurs autres', in *La Vie en France au moyen âge*, IV (Paris: Hachette, 1928), pp. 269–326.

Matzke, J. E., *Les Oeuvres de Simund de Freine*, SATF (Paris: Firmin Didot, 1909).

Thomas, A., & M. Roques, 'Traductions françaises de la *Consolatio philosophiae* de Boèce', *Histoire littéraire de la France*, 37 (1938), 419–88.

Editions of the Latin Texts

The Correspondence
Cousin, V., *Petri Abaelardi Opera*, 2 vols (Paris: Durand, 1849 & 1859), I.
Luscombe, D., *The Letter Collection of Peter Abelard and Heloise, with transl. by the late Betty Radice, and revised by David Luscombe*, Oxford Medieval Texts (Oxford: Oxford University Press, 2013).
Migne, J. P. ed., *Patrologia Latina*, vol. 178 (Paris: Garnier, 1885), cols 113-256.
Monfrin, J., ed., *Abélard: Historia calamitatum*, 2nd edn (Paris: Vrin, 1962).
Muckle, J. T., 'Abelard's Letter of Consolation to a Friend (*Historia Calamitatum*)', *Mediaeval Studies*, 12 (1950), 163-211.
—, 'The Personal Letters between Abelard and Heloise', *Mediaeval Studies*, 15 (1953), 47-94 (our Letters II–V)
—, 'The Letter of Heloise on Religious Life and Abelard's First Reply' *Mediaeval Studies* 17 (1955), 240–61 (our Letters VI-VII).

The Appendix
Constable, Giles, *The Letters of Peter the Venerable*, 2 vols (Cambridge, MA: Harvard University Press, 1967), I, pp. 303–08 (Letter 115).
Cousin, Victor, *Petri Abaelardi Opera*, 2 vols (Paris: Durand: 1849 & 1859), I, pp. 680–81, and II, pp. 776–77 (Confession to Heloise); II, pp. 719-23 (General Confession); I, pp. 710-14 (Peter the Venerable's Letter).
Migne, J. P., ed., *Patrologia Latina*, vol. 178 (Paris: Garnier, 1885), cols 375-78 (Confession to Heloise); cols 105-08, and vol. 180 (Paris: Garnier, 1902), cols. 329-32 (General Confession); vol. 189 (Paris: Garnier, 1890), cols 347-53 (Peter the Venerable's Letter).

Other
Szövérffy, Joseph, *Peter Abelard's Hymnarius Paraclitensis*, 2 vols (Albany, NY and Brookline, MA: Classical Folia Editions, 1975).

Studies: Jean de Meun's Translation

Bozzolo, C., 'L'Humaniste Gontier Col et la traduction française des *Lettres* d'Abélard et Héloïse', *Romania*, 95 (1974), 199–215.

Brook, L. C., 'Comment évaluer une traduction du treizième siècle? Quelques considérations sur la traduction des Lettres d'Abélard et d'Héloïse par Jean de Meun', in *The Spirit of the Court: Selected Proceedings of the Fourth Congress of the International Courtly Literature Society, Toronto, 1983*, ed. Glyn S. Burgess and Robert A. Taylor (Woodbridge: D. S. Brewer, 1985), pp. 62-68.

—, 'Synonymic and near-synonymic pairs in Jean de Meun's translation of the Letters of Abelard and Heloise', *Neuphilologische Mitteilungen*, 87 (1986), 16-33.

—, 'Reiterated quotations and statements in Jean de Meun's translation of the Abelard-Heloise Correspondence', *Zeitschrift für romanische Philologie*, 105 (1989), 81-91.

—, 'The translator and his reader: Jean de Meun and the Abelard-Heloise Correspondence', in *The Medieval Translator*, II, ed. Roger Ellis (London: Centre for Medieval Studies, Queen Mary and Westfield College, 1991), pp. 99-122.

—, ''Hicks, Eric (ed. & trans.), *La Vie et les Epistres Pierres Abaelart et Heloys sa fame: traduction du xiiie XIIIe siècle attribuée à Jean de Meun, avec une nouvelle édition des textes latins d'après le MS Troyes, Bibl. mun., 802*', *Medium Aevum*, 62 (1993), 146–47.

—, 'Jean de Meun, translator of "si" clauses', in *The Medieval Translator*, VI, ed. Roger Ellis, René Tixier and Bernd Weitmeier (Turnhout: Brepols, 1998), pp. 175-93.

Hicks, E., & J. R. Scheidegger, 'Le corpus abélardien de Jean de Meun: recherches et méthodes', *Bulletin de la section de linguistique de la Faculté des Lettres de Lausanne*, 6 (1984), 117-45.

Hicks, E., 'Les métamorphoses du cercle vicieux: inventaires lexicaux et critique textuelle dans un corpus bilingue', *De la plume d'oie à l'ordinateur: Etudes de philologie et de linguistique offertes à Hélène Nais* (Presses Universitaires de Nancy, 1985), pp. 415-23.

—, 'Le Lettere Di Abelardo Ed Eloisa Nella Traduzione Di Jean De Meun, a Cura Di Fabrizio Beggiato, 1977', *Romania*, 103 (1982), 384–397.

Paris, P., *Les Manuscrits français de la Bibliothèque du roi*, (Paris: Techener 1848) VII.—, 'Jean de Meun, traducteur et poète', *Histoire littéraire de la France*, 28 (1881), 391–416.

Studies: General

Books

Brook, L. C., *Two Late Medieval Love Treatises: Heloise's* Art d'Amour *and a Collection of* Demandes d'Amour, *edited from British Library Royal MS 16 F II*, Medium Aevum Monographs, n.s. XVI (Oxford: The Society for the Study of Mediaeval Languages and Literature, 1993).

Catalogue général des manuscrits des Bibliothèques publiques de France (Paris: Plon, 1894), XXIV.

Charrier, C., *Héloïse dans l'histoire et dans la légende* (Paris: Champion, 1933).

Clancy, M. F. *Abelard: A Medieval Life* (Oxford: Blackwell, 1997).

Duby, G., *Dames du xiiᵉ siècle*, I: *Héloïse. Aliénor, Iseut et quelques autres* (Paris: Gallimard, 1995).

Ferrante, J. M., *To the Glory of her Sex: Women's roles in the Composition of Medieval Texts* (Bloomington: Indiana University Press, 1997)

Gilson, E., *Héloïse et Abélard,* 2ⁿᵈ edn (Paris: Vrin, 1948).

Grane, L., *Peter Abelard: Philosophy and Christianity in the Middle Ages* (London: Allen & Unwin, 1970).

Hamilton, E., *Héloïse* (London: Hodder & Stoughton, 1966).

Kamuf, P., *Fictions of Feminine Desire: Disclosures of Heloise* (Lincoln: University of Nebraska Press, 1982).

Wheeler, B., ed., *Listening to Heloise: The Voice of a Twelfth-Century Woman*, The New Middle Ages Series (New York: Palgrave, 2000).

Luscombe, D. E., *The School of Peter Abelard* (Cambridge: Cambridge University Press, 1969).

Mews, C. J., *The Lost Love Letters of Heloise and Abelard: Perceptions of Dialogue in Twelfth-Century France* (New York: St Martin's Press, 1999).

Murray, A. V., *Abelard and St Bernard* (Manchester: Manchester University Press, 1967).

Patch, H. R., *The Tradition of Boethius* (Oxford : Oxford Univserity Press, 1935).

Pernoud, Régine, *Héloïse et Abélard* (Paris: Albin Michel, 1970).

Pierre Abélard – Pierre le Vénérable: les courants philosophiques, littéraires et artistiques en occident au milieu du xiiᵉ siècle (Abbaye de Cluny, 2 au 9 juillet, 1972) (Paris: CNRS, 1975).

Robertson, D. W., *Abelard and Heloise* (London: Millington, 1974).

Sikes, J. G., *Peter Abailard* (Cambridge: CUP, 1932).

Starnes, K. M., *Peter Abelard: His Place in History* (Washington: University Press of America, 1981).

Stewart, H. F., *Boethius* (Edinburgh: Blackwood, 1891).

Truc, G., *Abélard, avec et sans Héloïse*, Bibliothèque Ecclesia, XX (Paris: Arthème Fayard, 1956).

Vacandard, E., *Abélard, sa lutte avec St Bernard, sa doctrine, sa méthode* (Paris: Roger et Chernoviz, 1881).

Articles or Chapters in Books

Baswell, C., 'Heloise', in *The Cambridge Companion to Medieval Women's Writing*, ed. C. Dinshaw and D. Wallace (Cambridge: Cambridge University Press, 2003), pp. 161–71.

Benton, J. F., 'Fraud, Fiction, and Borrowing in the Correspondence of Abelard and Heloise', in *Pierre Abélard – Pierre le Vénérable: les courants philosophiques, littéraires et artistiques en occident au milieu du xiiᵉ siècle (Abbaye de Cluny, 2 au 9 juillet, 1972)* (Paris: CNRS, 1975), pp. 469–506.

Bourgain, P., 'Héloïse', in *Abélard et son temps. Actes du Colloque international organisé à l'occasion du 9ᵉ centenaire de la naissance de Pierre Abélard (14–19 mars, 1979)* (Paris: Les Belles Lettres, 1981), pp. 211–37.

Brook, L. C., 'Christine de Pisan, Heloise, and Abelard's Holy Women', *Zeitschrift für romanische Philologie*, 109 (1993), 556–63.

Cartlidge, N., 'The Letters of Abelard and Heloise', in his *Medieval Marriage: Literary Approaches, 1100-1300* (Woodbridge: D.S.Brewer, 1997), pp. 58–73.

Dalarun, Jacques, 'Nouveaux aperçus sur Abélard, Héloïse et le Paraclet', *Francia*, 32 (2005), 19–66.

—, 'The Last Word of the Correspondence', HERSETEC, 2:1 (2008), 1–14.

Denomy, A. J., 'The Vocabulary of Jean de Meun's Translation of Boethius' *De Consolatione Philosophiae*', *Mediaeval Studies*, 16 (1954), 19–34.

Desmond, M., '*Dominus/Ancilla*: Rhetorical Subjectivity and Sexual Violence in the Letters of Heloise', in *The Tongue and the Fathers: Gender and Ideology in Twelfth-Century Latin*, ed. D. Townsend and A. Taylor, The Middle Ages Series (Philadelphia: University of Pennsylvania Press, 1998), pp. 35–54.

Dronke, P., *Women Writers of the Middle Ages* (Cambridge: Cambridge University Press, 1984), pp. 107–143.

Freeman, E., 'The Public and Private Functions of Heloise's Letters', *Journal of Medieval History* 23 (1997), 15–28.

Georgianna, L., 'Any Corner of Heaven: Heloise's Critique of Monasticism', *Mediaeval Studies,* 49 (1987), 221-53.

Lalanne, L., 'Quelques doutes sur l'authenticité de la correspondance amoureuse d'Héloïse et d'Abélard', *La Correspondance Littéraire,* 1 (5 décembre 1856), 27–33.

McLaughlin, M., 'Abelard as Autobiographer: The Motives and Meaning of his Story of Calamities', *Speculum,* 42 (1967), 463–88.

Newman, B., 'Authority, Authenticity, and the Repression of Heloise', *Journal of Medieval and Renaissance Studies,* 22 (1992), 121–57.

Nye, A., 'A Woman's Thought or a Man's Discipline? The Letters of Abelard and Heloise', *Hypatia,* 7 (1992), 1–22.

Piron, S., 'Heloise's Literary Self-Fashioning and the *Epistolae duorum amantium*', in *Strategies of Remembrance, from Pindar to Hölderin,* ed. L. Doležalová (Newcastle-upon-Tyne: Cambridge Scholars, 2009), pp. 102–62.

Radice, B., 'The French Scholar-Lover: Heloise', in *Medieval Women Writers,* ed. K. M. Wilson (Manchester: Manchester University Press, 1984), pp. 90–118.

Schmeidler, Bernhard, 'Der Briefwechsel zwischen Abélard und Héloïse eine Fälschung?', *Archiv für Kulturgeschichte,* 9 (1913), 1–30.

Southern, Richard W., 'The Letters of Abelard and Heloise', in his *Medieval Humanism and Other Studies* (Oxford: Blackwell, 1970), pp. 86–104.

Thomas, A., 'La Date de la mort de Jean de Meun', *Académie des Inscriptions et Belles-Lettres; Compte rendu des séances de l'année 1916,* 60:2 (séance du 24 mars, 1916), pp. 138–40.

Van den Eynde, D., 'Chronologie des écrits d'Abélard à Héloïse', *Antonianum,* 37 (1962), 337-49.

—, 'Détails biographiques sur Pierre Abélard', *Antonianum,* 38 (1963), 217-23.

Waithe, M. E., 'Heloise and Abelard', in *Presenting Women Philosophers,* ed. C. T. Tougas and S. Ebenreck (Philadelphia: Temple University Press, 2000), pp. 117–28.

Zumthor, P., 'Héloïse et Abélard', *Revue des Sciences Humaines,* 90 (1958), 313-32.

Modern Translations

The Letters of Abelard and Heloise, transl. by B. Radice (Harmondsworth: Penguin Books, 1974).

The Story of Abelard's Adversities, transl. by J. T. Muckle (Toronto: Pontifical Institute of Mediaeval Studies, 1964).

Novels, Plays, and Broadcasts on Abelard and Heloise

Kavanagh, Peter (dir.), and Ranjit Bolt (transl.), 'Abelard and Heloise: The Letters of Abelard and Heloise'. Unpublished play script. Broadcast on BBC Radio 4, 14:15–15:00, 10 February 1999.

Duncan, Ronald, *Abelard and Heloise: A Correspondence for the Stage in Two Acts* (London: Faber, 1961).

Millar, Ronald, *Abelard and Heloise: A Play* (London: S. French, 1970).

Waddell, Helen, *Peter Abelard* (London: Constable & Co, 1933).

WORKS CITED

Manuscripts

Paris, BnF, MS fr. 699
Paris, BnF, MS fr. 789
Paris, BnF, MS fr. 920   Paris, BnF, MS lat. 2165
Paris, BnF, MS lat. 6164
Paris, BnF, MS lat. 8203
Paris, BnF, MS lat. 8654B
Paris, BnF, MS lat. 18548
Rennes, B. M., MS fr. 593
Troyes, B. M., MS 902

Digitized manuscripts

Paris, BnF, MS fr. 920
    gallica.bnf.fr/ark:/12148/btv1b9057395c
Rennes, B. M., MS fr. 593
    www.tablettes-rennaises.fr/app/photopro.sk/rennes/detail?
    docid=139506#sessionhistory-ready

Printed Works

Ambrose, *De obitu Valentiniani consolatio*, PL 16, 1357–84.
Ambrose, *De paradiso*, PL 14, 275–314
Ambrose, *De Poenitentia*, PL 16, 1059–94.
Athanasius, *Exhortatio ad sponsam Christi*, PL 103, 671–84.
Athanasius, *Vita S. Antonii*, PL 73, 125–70.
Atkinson, J. Keith and Glynnis M. Cropp, 'Trois traductions de la *Consolatio Philosophiae* de Boèce', *Romania*, 106 (1985), 198–232.
Augustine, *De baptismo contra donatistas*, PL 43, 107–244.
Augustine, *De bono conjugali*, PL 40, 373–96.
Augustine, *De bono viduitatis*, PL 40, 431–50.
Augustine, *De civitate Dei*, PL 41, 13–804.
Augustine, *De diversis quaestionibus*, PL 40, 11–100.
Augustine, *De Genesi ad litteram*, PL 34, 246–486

Augustine, *De opere monachorum*, PL 40, 547–82.

Augustine, *De Trinitate*, PL 42, 8119–1098.

Augustine, *Epistolae*, PL 33, 61–1094.

Augustine, *Retractionum*, PL 32, 583–656.

Augustine, *Sermo CCCLV*, PL 39, 819–1098.

Bede, *Expositio super Acta Apostolorum*, PL 92, 937–96.

Beggiato, Fabrizio, *Le lettere di Abelardo ed Eloisa nella traduzione di Jean de Meun*, 2 vols (Modena: S.T.E.M.-Mucchi, 1977).

Benton, John F., 'Fraud, Fiction, and Borrowing in the Correspondence of Abelard and Heloise', in *Pierre Abélard – Pierre le Vénérable: les courants philosophiques, littéraires et artistiques en occident au milieu du xii⁰ siècle (Abbaye de Cluny, 2 au 9 juillet, 1972)*, (Paris: CNRS, 1975), pp. 469–506.

Bernardus Claraevallensis, *Contra quaedam capitula errorum Abaelardi*, PL 182, 1054–72.

Boethius, *Commentaria in Porphyrium*, PL 64, 71–158.

Bozzolo, Carla, 'L'Humaniste Gontier Col et la traduction française des *Lettres* d'Abélard et Héloïse', *Romania*, 95 (1974), 199–215.

Brial, M.-J.-J., 'Ex Vita B. Gosvini Aquicinctensis Abbatis', in *Recueil des historiens des Gaules et de la France*, vol. XIV (1ˢᵗ edn, 1806; 2ⁿᵈ edn, Paris: Victor Palmé, 1877), pp. 442–44, at pp. 442–48.

Briquet, C. M., *Les Filigranes: dictionnaire historique des marques du papier, dès leur apparition vers 1282 jusqu'en 1600*, 4 vols (Leipzig: Karl W. Hiersemann, 1923).

Brook, Leslie C, 'Synonymic and Near-Synonymic Pairs in Jean de Meun's Translation of the Letters of Abelard and Heloise', *Neuphilologische Mitteilungen*, 87 (1986), 16–33.

Brook, Leslie C, 'The Translator and his Reader: Jean de Meun and the Abelard-Heloise Correspondence', in *The Medieval Translator*, II, ed. Roger Ellis (London: Centre for Medieval Studies, Queen Mary and Westfield College, 1991), pp. 99–122.

Brook, Leslie C., 'Christine de Pisan, Heloise, and Abelard's Holy Women', *Zeitschrift für romanische Philologie*, 109 (1993), 556–63.

Brook, Leslie C., 'Comment évaluer une traduction du treizième siècle? Quelques considérations sur la traduction des Lettres d'Abélard et d'Héloïse par Jean de Meun', in *The Spirit of the Court: Selected Proceedings of the Fourth Congress of the International Courtly Literature Society, Toronto, 1983*, ed. Glyn S. Burgess and Robert A. Taylor (Woodbridge: D. S. Brewer, 1985), pp. 62-68.

Brook, Leslie C., "Jean de Meun's translation of the Letters of Abelard and Heloise: a critical edition, with introduction, notes, and glossary", unpublished PhD thesis, University of Bristol, December 1968.

Brook, Leslie C., *Two Late Medieval Love Treatises: Heloise's Art d'Amour and a Collection of Demandes d'Amour, edited from British Library Royal MS 16 F II*, Medium Aevum Monographs, n.s. XVI (Oxford: The Society for the Study of Mediaeval Languages and Literature, 1993).

Brook, Leslie, 'Synonymic and Near-Synonymic Pairs in Jean de Meun's Translation of the Letters of Abelard and Heloise', *Neuphilologische Mitteilungen*, 87 (1986), 16–33.

Burnett, Charles S. F., '"Confessio fidei ad Heloisam": Abélard's last Letter to Heloise?', *Mittellateinisches Jahrbuch*, 21 (1986), 147–55 (text of BnF, MS fr. 920: 154–55).

Cassiodorus, *Historia ecclesiastia, vocata tripartita*, PL 69, 879–1214.

Catalogue des manuscrits français da la Bibliothèque Impériale, vol. I (Paris: Imprimerie Impériale, 1868)

Catalogue général des manuscrits des Bibliothèques publiques de France, vol. XXIV (Paris: Plon, 1894).

Charrier, Charlotte, ed., *Jean de Meun: Traduction de la première épître de Pierre Abélard (Historia calamitatum)* (Paris: Champion, 1934).

Charrier, Charlotte, *Héloïse dans l'histoire et dans la légende* (Paris: Champion, 1933).

Codex Justinianus, ed. P. Krueger, in *Corpus iuris civilis* (Berlin: Weidmann, 1872), II.

Constable, Giles, *The Letters of Peter the Venerable*, 2 vols (Cambridge, MA: Harvard University Press, 1967), I, pp. 303-08 (Letter 115).

Cousin, Victor, *Petri Abaelardi Opera*, 2 vols (Paris: Durand, 1849 & 1859), I.

Cousin, Victor, *Petri Abaelardi Opera*, 2 vols (Paris: Durand: 1849 & 1859), I, pp. 680-81, and II, pp. 776-77 (Confession to Heloise); II, pp. 719-23 (General Confession); I, pp. 710-14 (Peter the Venerable's Letter).

Dedeck-Héry, V. L., 'Un Fragment inédit de la traduction de la Consolation de Boèce par Jean de Meun', *Romanic Review*, 27 (1936), 123.

Dedeck-Héry, V. L., ed., 'Boethius' *De consolatione* by Jean de Meun', *Mediaeval Studies*, 14 (1952), 165–275.

Delisle, L., 'Anciennes traductions françaises de la *Consolation* de Boèce conservées à la Bibliothèque Nationale', *Bibliothèque nationale de l'École de chartes*, 34 (1873), 5–32.

Denomy, A. J., 'The Vocabulary of Jean de Meun's Translation of Boethius' *De Consolatione Philosophiae*', *Mediaeval Studies*, 16 (1954), 19–34.

Duchesne, André, ed., *Petri Abaelardi Sancti Gildasii in Britannia abbatis, et Heloisae coniugis eius quae postmodum prima coenobii paraclitensis abbatissa fuit, Opera* (Paris: Nicholas Buon, 1616)

Duncan, Ronald, *Abelard & Heloise: A Correspondence for the Stage in Two Acts* (London: Faber and Faber, 1961).

Eusebius, *Historia ecclesiastica*, PG 20, 9–906.

Génin, François, 'Première lettre d'Abailard, traduction inédite de Jean de Meung', *Bulletin du Comité Historique des monuments écrits de l'histoire de France: Histoire, Sciences, Lettres*, (Paris: Imprimerie nationale, 1850), II, pp. 175–91 and 165–92.

Gilson, Etienne, *Héloïse et Abélard*, 2nd edn (Paris: Vrin, 1948).

Grane, Leif, *Peter Abelard: Philosophy and Christianity in the Middle Ages* (London: Allen & Unwin, 1970).

Gregory the Great, *Epistolae*, PL 77, 44–1328.

Gregory the Great, *Homiliae in Evangelia*, PL 76, 1075–1312.

Gregory the Great, *Homiliarum in Ezechielem*, PL 76, 785–1072.

Gregory the Great, *Moralia*, PG 75, 509–782.

Gregory the Great, *Regula pastoralis*, PL 77, 13–128.

Hamilton, Elizabeth, *Héloïse* (London: Hodder & Stoughton, 1966).

Hicks, Eric and Scheidegger, Jean R., 'Le corpus abélardien de Jean de Meun: recherches et méthodes', *Bulletin de la section de linguistique de la Faculté des Lettres de Lausanne*, 6 (1984), 117-45.

Hicks, Eric, 'Le lettere di Abelardo ed Eloisa nella traduzione di Jean de Meun, a Cura Di Fabrizio Beggiato, 1977', *Romania*, 103 (1982), 384–397.

Hicks, Eric, 'Les Métamorphoses du cercle vicieux: inventaires lexicaux et critique textuelle dans un corpus bilingue', *De La Plume d'oie à l'ordinateur: Etudes de philologie et de linguistique offertes à Hélène Nais* (Presses Universitaires de Nancy, 1985), pp. 415-23.

Hicks, Eric, ed., *La Vie et les Epistres Pierres Abaelart et Heloys sa fame: traduction du XIIIᵉ siècle attribuée à Jean de Meun, avec une nouvelle édition des textes latins d'après le MS Troyes, Bibl. mun., 802*, Nouvelle Bibliothèque du moyen âge, 16: I Introduction, Textes (Paris: Champion, 1991).

Hilduin of Saint-Denys, *Passio Sancti Dionysii*, PL 106, 22–50.

Humbertus, Cardinalis Silvae Candidae, *Contra Nicetam*, PL 143, 983C–1004C

Jacob, Louis, *Traicté des plus belles bibliothèques publiques et particulières, qui ont été et qui sont à présent dans le monde* (Paris: Le Duc, 1644)

Jerome, *Adversus Jovinianum*, PL 23, 209–338.

Jerome, *Commentaria in Epistolam ad galatas*, PL 26, 439–554.

Jerome, *Commentarii in Epistolis ad galatas*, PL 26, 307–438.

Jerome, *Commentarioli in Psalmos*, PL Supplementum, 2, 29–75.

Jerome, *Commentarius in Isaiam prophetam*, PL 24, 17–678.

Jerome, *Contra Vigilantium*, PL 23, 337–52.

Jerome, *Epistolae*, PL 22, 325–1224.

Jerome, *Liber de viris illustribus*, PL 23, 601–716.

Jerome, *Liber hebraicorum quaestionum in Genesim*, PL 23, 983–1060.

Jerome, *Praefatio in librum Isaiae*, PL 28, 771–74.

Jerome, *Vita Malchi*, PL 23, 53–60.

Jerome, *Vita Pauli primi eremitae*, PL 23, 18–30.

Jerome, *Vita Sancti Hilarionis*, PL 23, 29–54

John Chrysostom, *Homiliae in Epistolis ad hebraeos*, PG 63, 9–236.

John of Salisbury, *Metalogicus*, PL 199, 823–946.

Kavanagh, Peter (dir.), and Ranjit Bolt (transl.), 'Abelard and Heloise: The Letters of Abelard and Heloise'. Unpublished play script. Broadcast on BBC Radio 4, 14:15–15:00, 10 February 1999.

Lactantius, *Divinarum institutionum*, PL 6, 449–544.

Lalanne, Ludovic, 'Quelques doutes sur l'authenticité de la correspondance amoureuse d'Héloïse et d'Abélard', *La Correspondance Littéraire*, 1 (5 décembre 1856), 27-33.

Langlois, C.-V., 'La Consolation de Boèce d'après Jean de Meun et plusieurs autres', in *La Vie en France au moyen âge*, IV (Paris: Hachette, 1928), pp. 269–326.

Langlois, E., *Origines et sources du Roman de la Rose* (Paris: Thorin, 1890)

Lecoy, F., ed., *Guillaume de Lorris & Jean de Meun: Le Roman de la Rose*, CFMA, 3 vols (Paris: Champion, 1965–70).

Löfstedt, Leena, ed., *Li Abregemenz noble honme Vegesce Flave René des establissemenz apartenanz a chevalerie: traduction par Jean de Meun de Flavii Vegeti Renati Viri Illustris Epitoma Institutorum Rei Militaris*, Annales Academiae Scientiarum Fennicae, Series B, 200 (Helsinki: Suomalainen Tiedeakatemia, 1977).

Luscombe, David E., *The School of Peter Abelard* (Cambridge: CUP, 1969).

Luscombe, David, *The Letter Collection of Peter Abelard and Heloise, with transl. by the late Betty Radice, and revised by David Luscombe*, Oxford Medieval Texts (Oxford: Oxford University Press, 2013).

Macrobius Theodosius, *Saturnalia*, ed. J. Willis (Leipzig: Teubner, 1963)

Masson, Jean-Papire, *Papirii Massoni Annalium libri quatuor, quibus res gestae Francorum explicantur* (Paris: Nicholas Chesneau, 1577)

Matzke, J. E., *Les Oeuvres de Simund de Freine*, SATF (Paris: Firmin Didot, 1909).

Mews, Constant J., *The Lost Love Letters of Heloise and Abelard: Perceptions of Dialogue in Twelfth-Century France* (New York: St Martin's Press, 1999).

Millar, Ronald, *Abelard and Heloise: A Play* (London: S. French, 1970).

Monfrin, J., *Abélard: Historia calamitatum*, (2nd edn; Paris: Vrin, 1962).

Muckle, J. T., 'Abelard's Letter of Consolation to a Friend (*Historia Calamitatum*)', *Mediaeval Studies*, 12 (1950), 163-211.

Muckle, J. T., 'The Letter of Heloise on Religious Life and Abelard's First Reply', *Mediaeval Studies*, 18 (1956), 241-92

Muckle, J. T., 'The Personal Letters between Abelard and Heloise' (our Letters II-V), *Mediaeval Studies*, 15 (1953), 47–94

Muckle, J. T., *The Story of Abelard's Adversities* (Toronto: Pontifical Institute of Mediaeval Studies, 1964).

Murray, A. Victor, *Abelard and St Bernard* (Manchester: MUP, 1967).

Niermeyer, J. F., *Mediae latinitatis lexicon minus* (Leiden: Brill, 1976).

Omont, H. A., 'Extraits des Registres des acquisitions de la Bibliothèque du roi (1685-1723)', in *Anciens Inventaires et Catalogues de la Bibliothèque Nationale* (Paris: E. Leroux, 1911), IV, 470–507.

Paris, Paulin, 'Jean de Meun, traducteur et poète', *Histoire littéraire de la France*, 28 (1881), 391–416.

Paris, Paulin, *Les Manuscrits français de la Bibliothèque du roi*, vol. VII (Paris: Techener 1848).

Patch, H. R., *The Tradition of Boethius* (Oxford: OUP, 1935).

Paulus Diaconus, *S. Gregorii Magni vita*, PL 75, 41–608.

Pernoud, Régine, *Héloïse et Abélard* (Paris: Albin Michel, 1970).

Pierre Abélard – Pierre le Vénérable: les courants philosophiques, littéraires et artistiques en occident au milieu du xiï siècle (Abbaye de Cluny, 2 au 9 juillet, 1972), (Paris: CNRS, 1975).

pseudo-Augustine, *Tractatus adversus haereses*, PL 42, 1101–16.

pseudo-Jerome, *Breviarium in Psalmos*, PL 25, 821–1278.

pseudo-Jerome, *Virginitatis laus*, PL 30, 163–175.

Radice, Betty, transl., *The Letters of Abelard and Heloise* (Harmondsworth: Penguin Books, 1974).

Recueil des historiens des Gaules et de la France, ed. by Martin Bouquet and others, 24 vols (Paris: Victor Palmé, 1869-1904), XIV: ed. by M.-J.-J. Brial (1877).

Robert, Ulysse, ed., *L'Art de Chevalerie: traduction du 'De re militari' de Végèce par Jean de Meun*, SATF (Paris: Firmin Didot, 1897).

Robertson, D. W., *Abelard and Heloise* (London: Millington, 1974).

Roques, M., *Recueil général des lexiques français du moyen àge*, 2 vols (Paris: Bibliothèque de l'Ecole des Hautes Etudes, 1936–38).

Rufinus Aquilensis, *Commentarius in LXXV psalmos*, PL 21, 645–960.

Schmeidler, Bernhard, 'Der Briefwechsel zwischen Abélard und Héloïse eine Fälschung?, *Archiv für Kulturgeschichte*, 9 (1913), 1-30.

Schultz, Elisabeth, "La vie et les epistres Pierres Abaelart et Heloys sa fame: a translation by Jean de Meun, and an Old French translation of three related texts: a critical edition of MS 920 (Bibliothèque Nationale)", unpuslished PhD thesis, Washington, 1969.

Sidonius Appolinaris, *Carmina*, PL 58, 639–748.

Sikes, J. G., *Peter Abailard* (Cambridge: CUP, 1932).

Smaragdus, *Commentarius in Regula Sancti Benedicti*, PL 102, 691–932.

Southern, R. W., 'The Letters of Abelard and Heloise', in *Medieval Humanism and Other Studies* (Oxford: Blackwell, 1970), pp. 86-104.

Starnes, Kathleen M., *Peter Abelard: His Place in History* (Washington: University Press of America, 1981).

Stewart, H. F., *Boethius* (Edinburgh: Blackwood, 1891).

Strubel, A., ed, *Guillaume de Lorris & Jean de Meun: Le Roman de la Rose* (Paris: Librairies générale française, 1992).

Sulpicius Severus, *De virginitate*, PL 20, 227–42.

Szövérffy, Joseph, *Peter Abelard's Hymnarius Paraclitensis*, 2 vols (Albany, NY and Brookline, MA: Classical Folia Editions, 1975).

Thomas, A., 'La Date de la mort de Jean de Meun', in *Académie des Inscriptions et Belles-Lettres; Compte rendu des séances de l'année 1916*, pp. 138–40 (séance du 24 mars).

Thomas, A., & M. Roques, 'Traductions françaises de la "Consolatio Philosophiae" de Boèce', *Histoire littéraire de la France*, 37 (1938), 419–88.

Truc, Gonzague, *Abélard, avec et sans Héloïse*, Bibliothèque Ecclesia, XX(Paris: Arthème Fayard, 1956).

Vacandard, E., *Abélard, sa lutte avec St Bernard, sa doctrine, sa méthode* (Paris: Roger et Chernoviz, 1881).

van den Eynde, D., 'Chronologie des écrits d'Abélard à Héloïse', *Antonianum*, 37 (1962), 337-49.

van den Eynde, D., 'Détails biographiques sur Pierre Abélard', *Antonianum*, 38 (1963), 217-23.

Verba seniorum vel de vitis patrum, PL 73, 855–987.

Waddell, Helen, *Peter Abelard* (London: Constable & Co, 1933).

Wheeler, Bonnie, ed., *Listening to Heloise: The Voice of a Twelfth-Century Woman*, The New Middle Ages Series (New York: Palgrave, 2000).

Zink, Michel, 'Lettre de Pierre le Vénérable, Abbé de Cluny, à Héloïse, Abbesse du Paraclet, pour lui annoncer la mort d'Abélard', *Pierre Abélard – Pierre le Vénérable: Les Courants philosophiques, littéraires et artistiques en Occident au milieu du XIIe siècle, Abbaye de Cluny 2 au 9 juillet 1972* (Paris: CNRS, 1973), pp. 23–37 (text of BnF, MS fr. 920: 29–37).

Zumthor, Paul, 'Héloïse et Abélard', *Revue des Sciences Humaines*, 90 (1958), 313-32.

GLOSSARY

This glossary is not intended to be complete, but is selective, and assumes an elementary acquaintance with the mechanisms of Medieval French grammar and syntax. Accordingly words listed are those which no longer exist in Modern French, or may not easily be guessed at from a knowledge of Modern French. Words which have changed their meaning (e.g. 'curieus', 'desvoyés') are included. Normally only the first appearance of a word or form of it is listed, unless a later occurrence carries a different meaning. Words are normally given in the form in which they appear in the text, except that in the case of verb forms the infinitive only is listed (whether it actually appears in the text or not), provided the tense form is easily recognisable. Nouns which occur with a simple plural 's' are normally listed in the singular. The reference numbers for each entry indicate the section of the manuscript page in which the word occurs, and should be easily findable.

abaians, adj., 11.2, *desirous, avid*
accordablement, adv., 167.1, *in harmony*
accordance, s.f., 167.2, *harmony*
accravanter, v.a., 71.3; acraventer, 85.2, *crush, destroy*
achetiver, v.a., 87.4, *enslave*
achoison, s.f., 11.1; achoaison, 11.4, *occasion, opportunity, reason*
aconceues, 67.1, v. aconsuivre
aconsuivre, v.a., 10.1, *pursue, attain, equal*
acordance, s.f., 2.4; accordance, 15.2, *consent, agreement*
acourre, v.n., 8.1, *hasten*
adjourner, v.n., 21.2, *grow daylight*
aemplir, v.a., 38.2, *fulfil*
aerdre, v.r., 42.3; aherdre, 51.3, *attach oneself*

agaiteur, s.m., 25.2, *enemy (lying in ambush)*
ains, adv., 15.3, *rather*
ainsois, adv., 42.2; ainsoys, 7.3, *rather;* ainsois que, conj., 1.2; ainsoys que, 2.3, *before*
aire, s.f., 163.1, *journey*
alegemens, s.m., 38.3; alechemens, 86.1, *attractions*
alegence, s.f., 106.1, *alleviation*
aluine, s.f., 59.2, *wormwood*
ambedui, pron., 22.3; ambedeus, 111.2, *both*
amenuisement, s.m., 51.1, *diminution, mutilation*
amenuisser, v.a., 108.3; amenuiser, 118.4, *reduce, diminish*
amerresse, s.f., 189.2, *lover*
amierres, s.m., 18.4, *lover*

amonestement, s.m., 8.3, *prompting,
advice*
amonester, v.a., 19.4, *advise, persuade*
angin, v. engin
angoisse, s.f., 122.3, *violence*
angrieté, v. engrieté
anoncement, s.m., 85.1, *annoucement,
annunciation*
anoncion, s.f., 81.2, *news*
apenseement, adv., 70.3, *deliberately*
apostoille, s.m., 43.3; apostle, 48.1,
pope
apparcevance, s.f., 68.2, *perception*
appareiller, v.a.r., 4.4; appariller,
27.4, *prepare*
apparel, s.m., 2.3, *preparation*
apreesté, s.f., 68.4, *harshness*
apresser, v.a., 46.4, *oppress*
arboissiaus, s..m., 193.4, *shrubs*
ardre, v.a.n., 30.2, *burn*
argüer, v.n., 83.3, *press*; 84.3, *protest*
arreer, v.n., 229.4, *dress*
arrier, en, adv., 130.2, *from behind*
arousable (champ) adj., 38.3) *water
(meadow)*
arsure, s.f., 9.4, *burning*
asossist, 36.1; asoldre, v.a., *absolve,
free*
assener, v.a., 40.4, *assign, dedicate*
assenser, v.a., 177.3, *show, demonstrate*
assoager, v.a., 105.2, *attenuate, relieve*
atainer, v. attaigner
atempreement, adv., 5.4, *temperately,
moderately*
atouchement, s.m., 38.3, *touch,
sensation*
atoucher, v.a., 138.3, *touch*
atrempance, s.f., 126.4, *moderating,
moderation*
atrempemens, s.m., 136.2, *moderating,
tempering*
atremper, v.a.r., 88.1, *restrain (oneself),
moderate, temper*
atremperresse, s.f., 124.4, *moderator*
attaigner, v.a., 1.1; atainer, 143.1,
stimulate, provoke, assault
aüner, v.a., 149.2, *assemble, group*
aüser, v.a.r., 125.3; haüser, 138.3,
accustom, practise

austre, s.m., 187.3, *south wind*
avenanment, adv., 155.2, *fittingly*
avenement, s.m., 35.4, *arrival, coming*
avers, adj., 68.4, *grudging, miserly*
aversier, s.m., 129.4, *enemy*
avironner, v.a., 95.2, *surround, go
round*
avision, s.f., 159.2, *vision*
avotire, s.f., 83.3; avouture, 83.4,
adultery
avoutre, adj. & s.m., 83.4, *adulterous,
adultery*
avuglere, s.f., 99.1, *blindness*

baillier, v.a., 26.3, *give*
banierres, s.m. 161.3, *standard-bearer*;
banieres, 202.3, *mark of distinction*
banir, v.a., 73.1, *proclaim*
barater, v.a., 180.1, *purloin*
bateure, s.f., 11.4, *blow*
beance, s.f., 217.2, *desire, hope*
beer, v.n. 95.4, *yearn*
besans, s.m., 23.1; besant, 111.3,
talent
beseinne, s.f., 227.3, *bee*
bestorte, 93.1; bestorner, v.a., *invert,
reverse*
beuvables, adj., 122.4, *thirsty*
bigames, adj., 177.2, *twice married,
married to two wives*
blandisses, s.f., 125.4, *flattery*
blondoier, v.n., 134.1, *have a golden
colour*
boban, s.m., 98.2, *pomp, display*
bordeliere, s.f., 66.1 *whore*
bourde, s.f., 223.4, *frivolity*
bouteure, s.f., 88.4, *impulsiveness*
braians, 57.4; braire, v.n., *roar*
brais, s.m., 17.1, *cries, crying*
brehaings, adj., 112.1; brehaignes,
113.4, *barren*
buffaier, v.a., 113.1, *hit*
buffe, s.f., 192.3, *blow*

cas, s.m., 126.3, *damages*
cassiaus, s.m., 39.2, *huts*
cautement, adv., 225.4, *carefully*
celebrable, adj., 99.1, *honoured*
cemonsissent, 25.4, v., semondre

cenés, 134.3, = senés, *wise*

chalengement, s.m., 41.1, *accusation*

chanolle, s.m., 56.1, *collar bone*

charchans, adj., 23.4, *irritating* (=
chargeans)

charoigne, s.f., 78.1, *body, corpse*

charneulz, adj., 89.2, *worldly*

chartre, s.f., 59.3, *prison*

chastel, s.m., 1.2; chastiaux, 2.3,
town, village

chastiement, s.m., 32.1, *correction*

chastier, v.a., 112.3, *punish*

chaus, pron., 56.3, = ceulx

chetiver, v.n., 46,4, *be wretched,
unhappy*

chetivetez, s.f., 57.1, *misfortunes*

chevaucher, v.n., 141.3, *ride forth*

citance, s.f., 81.2, *debt, repayment*

cloistriere, s.f., 53.3, *nun*

clop, s.m., 205.1, *lame man*

clos, s.m., 90.3, *nail*

collacions, s.f., 7.1, *reading (during
meal)*; 202.3, *accumulation
(comparison?)*; 230.2, *meeting*

colle, v. coule

colloquer, v.a., 218.2, *place, anchor*

commonant, 12.1; commanoir, v.n.,
dwell (together)

commun, s.m., 66.4, *public, group*

communement, adv. 56.1, *publicly*

comperer, v.a., 19.2; comparer, 83.4,
expiate, pay for

conchiement, s.m.. 207.3, *corruption*

conchier, v.a., 142.3, *defile*

concordance, s.f., 167.1, *harmony*

confortable, adj., 1.1, *comforting,
consoling*

confortement, s.m., 78.2, *comfort,
consolation*

conjurement, s.m., 99.4, *entreaty*

conmunal, en, ad. phrase, 26.3,
publicly

consire, s.m., 25.2, *council*

consuivre, v.a., 130.2, *match*

contraignance, s.f., 4.1, *constraint,
compulsion*

contrepeser, v.a., 63.3, *weigh up*

contrester, v.n., 17.4, *resist*

contrestour, s.m., 160.3, *encounter,
meeting*

convaincre, v.a., 29.2, *convict*

conversacion, s.f., 3.3, *(entry into)
monastic profession, monastic life*;
10.1, *company*

converser, v.n., 50.3, *dwell, live in
monastic order*

coule, s.f., 183.1; colle, 122.1, *cowl*

coupe, s.f., 33.2; coulpe, 50.3;
courpe, 110.3, *fault, blame*

couraige, s.m., 1.2; coraige, 12.1,
heart, mind, intention

coutivement, s.m., 85.2, *cult, worship*

couvenance, s.f., 44.3, *agreement*

couvoise, s.f., 56.4, *ambition*

crueusement, adv., 30.4, *harshly*

cuider, v.a., 66.2, *think, consider*

curee, s.f., 82.2, *quiver*

curer, v.a., 163.1, *cure*

curieus, adj., 34.4, *concerned, inquisitive*

curieusement, adv., 71.4, *diligently,
anxiously, carefully*; 146.2, *in a
busybody way*

curiosité, s.f., 16.1, *care*

cusançon, s.f., 217.2, *anxiety, care*

dam, s.m., 83.2, *loss, injury*

debailler, v.a., 78.4, *hold*

debateïs, s.m., 29.4, *debate*

dechassier, v.a., 54.2, *pursue*

decourre, v.n., 131.1, *flow, drain*

deffension, s.f., 183.3, *defence*

defouler, v.a., 39.1, *trample*

degaster, v.a., 64.1, *ravage, devastate,
waste*; 82.2, *spend*

degeter, v.a., 84.4, *cast down*

degietement, s.m., 199.2, *fallen state*

degouter, v.a., 152.3, *drip*; 203.2, *spill*

deguerpir, v.a., 155.2, *abandon*

dehais, s.m., 134.1, *woe, misfortune*

delitables, adj., 38.2, *delightful*

deliteuse, adj., 170.1, *sensual,
voluptuous*

delivrement, adv., 84.1, *freely*

demener, v.a., 30.1, *take*

dementres, en, adv. phrase, 35.2,
meanwhile; en dementres que,

conj., 4.3; endementres que, 55.1, *while*

demonstreuse, adj., 133.4, *tongue-loosening*

demourement, s.m., 107.1, *abode*

depainer, v.a., 207.1, *tear up, break* (= despaner)

departemens, s.m., 12.1, *privacy*; departement, 137.1, *distinction*

deporter, v.r., 58.3, *dispense with*

deprians, s.m., 75.2, *supplicants*; deprier, v.a., 81.4, *beseech*

derrain, adj., 28.1; derriene, 29.1, *final, last*

derungier, v.a., 22.1, *slander* (= deroguer)

desamonester, v.a., 19.4; desadmonester, 108.1, *dissuade*

desatrempé, adj., 3.1; destrempee, 14.4, *immoderate, excessive*

desconfire, v.a., 82.4, *destroy*

desconfortee, adj., 45.1, *deprived, forsaken*; 47.3, *distressed, grieving*

descordance, s.f., 34.3, *discrepancy*

descorder, v.r., 26.1, *conflict, disagree with*

deshonester, v.a., 173.1, *dishonour*

desordeneement, adv., 58.1, *in an irregular manner*

despareillee, adj., 94.3, *different*

despire, v.a., 92.4, *despise*

desploier, v.a., 17.4, *lay aside*

despoiller, v.a., 68.3, *deprive*

despourveues, p.p .& adj., 88.1; depourveues, 129.2, *unguarded*

desputoison, s.f., 1.4; deputoison, 3.1, *debate, dispute*

dessevrer, v.a., 90.2, *separate, disperse*

destaindre, v.a., 157.2, *extinguish*

destendre, v.n., 66.4, *go one's way*

destorbemens, s.m., 17.4, *distractions*

destorbier, s.m., 129.1, *breach*

destourber, v.a., 206.2, *prevent*

destraindre, v.a., 49.1, *compel, overwhelm*

destraire, v.a., 49.4, *slander*

destrempee, v. desatrempé

destrés, 113.1; detraire, v.a., *drag along*

destroite, adj., 206.2, *severe*

destruimens, s.m., 22.1; destruiement. 113.3; destruisement, 198.2, *destruction*

desvee, adj., 8.2; desvez, 33.1, *mad, furious*

desveement, adv., 19.4; deveement, 174.3, *furiously*

desveloper, v.a., 187.4, *scan*

desverie, s.f., 64.4, *madness*

desvoier, v.n., 111.4, *go astray*; v.r., 107.2, *abandon*; desvoyés, p.p., 32.2, *in error*

detraction, s.f., 49.4, *slander*

deudront, 114.3; doloir, v.r., 114.3, *grieve*

devinement, s.m., 110.4, *presage*

deviser, v.a., 68.1, *arrange*

dicter,v.a., 67.1; diter, 166.4, *compose, write*

dileccion, s.f., 221.4, *love*

ditez, s.m., 67.1; ditiers, 67.2, *poems, songs*

domaige, s.m., 64.2, *loss*

domesche, adj., 179.4, *domestic*

donnoison, s.f., 48.1, *gift*

double, adj., 176.3, *false, deceitful*

doubtance, s.f., 34.2, *doubt*

dui, num., 116.4, *two*

durté, s.f., 36.3, *harshness*

eé, s.f., 227.3, *bee*

effoudres, s.m., 29.1, *thunder*

efforcemens, s.m., 3.3, *violence*; 47.1, *undertakings, efforts*

eleescier, v.a., 64.3, *make happy*; 191.1, *leap*

elisable, adj., 66.2, *worthy*

embatre, v.a.r., 61.3, *inflict, insinuate oneself, drive*

embler, v.a., 46.3, *steal*

embrasser, 34.3, etc. = embraser

embrassement, 109.3, = embrasement

empensser, 79.4, *think*

empereris, s..f., 65.4, *empress*

empetrer, v.a., 36.4; empestrer, 72.3, *obtain*

emprandre, v.a., 30.3, *embark upon, begin*

emprés, prep., 31.1, *after, next to*

emboués, adj., 39.1, *muddy*

encelle, s.f., 225.1, *handmaiden*

encercher, v.a., 34.2, *investigate*

encerchables, adj., 91.1, *that can be scrutinised*

encharcer, v.a., 132.2, *study*

enchaucemens, s.m., 59.3; enchaucement, 71.4, *attack, persistence*

enchaucer, v.a., 23.4, *pursue*

enclore, v.a., 128.3, *confine*

endementres, v. dementres

endommaige, s.m., 15.2, *damage*

enfoïr, v.a., 205.4, *bury*

engin, s.m., 1.2; angin, 12.4, *intellect, ability*

engrés, adj., 3.1, *importunate, eager*

engresseté, s.f., 34.3, *importunity, persistence*

engrieté, s.f., 76.3; angrieté, 76.3, *importunity*

enhardi, 157.3; enherdre, v.r., *attach oneself*

enoindre, v.a., 151.3, *anoint*

enpraindre, v.a., 210.4, *imprint*

enpreimer, v.a., 152.2, *mark*

enquerre, v.a., 47.3, *request*

ensinnierres, s.m., 18.4, *teacher*

ensorquetout, adv., 151.1, *above all, especially*

entalentement, s.m., 76.4, *zeal*

ententis, adj., 117.2; ententif, 142.1, *absorbed, attentive*

enterinement, adv., 184.2, *entirely, perfectly*

enterinité, s.f., 75.3, *integrity*

enterins, adj., 51.2, *complete, perfect*

entraire, v.a., 122.4, *allure, bewitch*

entredeux, adv., 230.4, *between*

entredire, v.a., 82.1, *forbid*

envaïr, v.a., 190.1, *intrude upon*

erachier, v.a., 87.1, *tear away*

esboulir, v.a., 33.1, *torment*

esbouillissemens, s.m., 13.4, *torments*

eschachier, v.a., 22.2; eschachier, 22.2, *crush*

escendrez, adj., 137.4, *scandalised*

escharer, v.a., 200.4, *pledge(?)*

eschars, adj., 230.1, *frugal*

escharnir, v.a., 20.4, *insult, mock, trick*

escharnissable, adj., 25.1, *outrageous*

escharnissement, s.m., 7.4, *outrage*

eschaugourte, s.f., 169.2, *watch*

eschevable, adj., 81.3, *avoidable*

eschever, v.a., 16.1; eschiver, 19.1, *avoid*

escient, a, adv. phrase, 116.2; essient, 45.3, *consciously, willingly*

esclande, s.m., 37.1; eschande, 59.4; escandre, 109.4; escendre, 136.3; esclandre, 138.1, *scandal*

escomeniable, adj., 59.3, *detestable*

escommenier, v.a., 15.4; escoumenier, 20.2, *reject*; 36.3, *excommunicate*

escorchier, v.a., 22.1, *amputate*

escouillez, s.m., 22.1; escoillés, 50.1, *eunuchs*

escoulourgier, v.r., 80.3, *escape*

escoumeniement, s.m., 36.3, *excommunication*

escoumenier, v.a., 36.3, *excommunicate*

escourre, v.a., 205.2, *thresh*

esdrecier, v.a., 66.4, *raise*

esgarder, v.a., 26.1, *examine*

eslire, v.a., 124.3, *choose*

espandre, v.a., 47.4, *scatter, spread, pour*

espergnables, adj., 130.2, *moderate, modest*

espergnance, s.f., 131.2, *moderation*

espés, adj., 25.3; espesses, 94.4, *frequent, repeated*

espirer, v.a., 71.3, *inspire*

espoigne, 32.2; espont, 123.4; espondre, v.a., 32.3, *expound*

espouser, v.a., 59.2, *reveal*

espreindre, v.a., 172.1, *express*

espreuvement, s.m., 38.4, *experience, examination*

esprouvance, s.f., 124.2, *test*

espuiser, v.a., 76.1, *draw, derive*

espurgement, s.m., 58.1, *expiation*

espurgier, v.a., 85.4, *purge, cleanse*

essaucer, v.a., 21.4, *exalt*

essient, v. escient
estancher, v.a., 21.3, *extinguish*
estours, s.m., 5.4, *bouts*
estouvoirs, s.m., 40.2, *needs*
estraignement, s.m., 108.4, *privation*
estrain, s.m., 38.1, *straw*
estraindre, v.a.r., 64.1, *bind (oneself)*
estrange, adj., 67.3, *deprived, alienated*
estranger, v.a., 109.1, *deprive*
estrif, s.m., 8.1, *eagerness*; 38.2, *contest*;
    183.4, *struggle*
estriver, v.n., 29.3, *strive, dispute,*
    compete
estudier, v.r., 50.1, *strive*
estudieuse, adj., 78.3, *keeping watch*
estudieusement, adv., 84.1, *attentively,*
    zealously, closely
euls, 98.4, = yeux
excusacion, s.f., 92.3, *excuse,*
    justification
experiment, s.m., 76.2, *proof*

faintise, s.f., 43.2, *fantasy, creation*
falace, s.f., 66.3; falasce, 66.3, *delusion*
felonnesce, adj., 22.4, *perfidious*
fes, s.m., 146.3, *burden*
fesierres, s.m., 115.2, *creator*
fessel, s.m., 53.4, *burden*
fiens, s.m., 112.2, *dung*
figurablement, adv., 167.2,
    symbolically
figure, s.f., 138.4, *symbol*
flairer, v.n., 134.4, *smell of*
flebe, adj., 62.4; floibes, 71.6;
    floibles, 125.2; foible, 126.3,
    feeble, weak
fluns, s.m., 200.3, *river*
foïssent, 211.4, = fuir
fol hardement, s.m., 124.3, *foolishness*
fol hardies, composite adj., 132.3,
    foolish
fol large, composite adj., 62.3,
    excessively generous
foliables, adj., 54.2, *mad (i.e. socially*
    unwelcome)
foloier, v.n., 71.1, *go astray, err*
fonde, s.f., 186.1, *sling*
fondierres, s.m., 62.1, *founder*
forcener, v.r., 54.3, *rage*

forcenerie, s.f., 14.2; forsenerie,
    119.3, *fury*
forclore, v.a., 121.1, *exclude*
forfaire, v.a.n., 21.1; fortfaire, 21.4,
    transgress
forsenez, adj., 17.4; forcenee, 88.2,
    furious, mad
fortraire, v.a., 208.1, *take away, remove*
fosse, s.f., 134.1, *trap*
fou, s.m., 126.2, *flock*
franchement, adv., 84.1, *freely*
franchise, s.f., 65.3, *freedom*
froisseure, s.f., 56.1, *fracture*
froissier, v.a., 56.1, *break, crush*
fromy, s.m., 44.2, *ant*
fuitis, adj. and s.m., 40.3, *fugitive*
fust, s.m., 40.3, *wood*

gaber, v.a., 7.2, *laugh at, mock*
galice, s.m., 55.2, *chalice*
gardance, s.f., 138.3, *observance*
gauffrenorres, s.m., 134.2, *helmsman*
genice, 125.4, s.f., *heifer*
gloriacion, s.f., 137.2, *self-glorification*
gloser, v.n., 8.1, *gloss, write commentary*
    on
gondrillement, s.m., 49.1, *murmur,*
    grumble
gondriller, v.n., 31.2, *mutter, murmur*
greigneur, adj., 8.2; greingneur, 3.2;
    graindre, 175.1, *greater,*
greffe, s.m., 17.1, *pen*
grevables, adj., 25.2, *weighty, difficult*
grevance, s.f., 25.2, *difficulty*
grever, v.a., 28.4, *injure, condemn*
grief, adj., 6.4; grieft, 22.3; griés, 2.1;
    griez, 46.2, *burdensome, heavy,*
    annoying
grief, s.m., 33.4, *difficulty*; 58.3, *injury*
grieftez, s.f., 16.1, *burdens*
griest, faire, v.n., 33.3, *satisfy* (= gré)
grondir, v.n., 161.3, *grumble*
guerpir, v.a., 36.2, *abandon*

hantanse, s.f., 10.1, *application,*
    practice; 38.3, *frequenting*
hanteïs, s.m., 143.4, *practice, training*
hantement, s.m., 10.1, *frequenting*;
    24.3, *practice*

hanter, v.a., 3.3, *frequent, practise, repeat*; 34.3, *defer to*; 53.4, *exercise*
hardement, fol, v. fol hardement
hardirent, 157.1; herdre, v.r., *attach oneself*
haüser, v. aüser
herege, s.m. 44.2, *heretic*
houillier, s.m., 83.4, *fornicator*
huchier, v.n., 110.3, *protest*
hurteïs, s.m., 120.3, *blow, attack*
hurter, v.a., 23.4, *pursue*

isnelle, adj., 62.3, *quick*
isnelment, adv., 71.3, *quickly*

ja, adv., 64.1, *already*
jangle, s.f., 29.3, *prattle*
jangleeurs, s.m., 38.2, *actors*
jangleuse, adj., 174.2, *gossipy*
jeuste, s.f., 225.2, *combat*
justicer, v.a., 137.3, *make righteous or just, justify*

ladre, s.m., 75.1, *leper*
laire, v.a., 80.4; loyra, 227.1, a*llow*
langueur, s.f., 107.4, *sickness*
larrecineusement, adv., 228.4, *by theft*
las, s.m., 84.4, *snare*
lecteur, s.m., 126.4, *lector*
lecture, s.f., 4.2, *course, teaching*
ledengemens, s.m., 20.2, *insults*
ledenge, s.f., 19.3, *insult*
leesce, s.f., 183.2, *joy, rejoicing*
leessier,v.a., 10.3, *ensnare* (= lacier)
legierement, adv., 92.4, *readily*
len, s.m., 65.3, *chains, bondage*
lessier, v.n., 11.4; lascier, 87.1, *abandon, loose*
lest, 52.1; leisir, v. impers., *be permitted*
lettreure, s.f., 1.2, *learning, instruction*
liement, adv., 70.2, *joyfully*
liez, adj., 80.2, *joyful*
ligement, adv., 97.4, *easily*
linceul, s.m., 151.1, *linen cloth*
loier, s.m., 202.3, *reward*
loigtaignerie, s.f., 61.2, *absence*
loyra, v. laire

machinemens, s.m., 30.4, *intrigues, machinations*
maçonneïs, s.m., 147.3, *building*
maistrie, s.f., 2.1; mestrie, 11.3; mestrise, 24.3, *discipline, authority, teaching, ministration*
maquerelle, s.f., 123.1, *enticement*
mautaillees, adj., 98.1, *ill-cut*
menaresse, s.f., 227.1, *leader*
menjuse, 122.2; menjue, 137.4, = mengier
meschine, s.f., 46.2, *mistress, concubine*
mesniee, s.f., 114.4, *household*
mestrise, v. maistrie
mestier, s.m., 29.4, *need*
mestruies, adj., 122.1, *menstrual*
midrent, 78.3; mettre, v.a., *put*
mieudres, adj., 66.4, *better*
mire, s.m., 88.3, *physician*
mon, savoir, adv. 70.1, *(know) for certain*
moniaige, s.m., 36.1, *monastic life*
mortifement, s.m., 167.2, *mortification*
mouchette, s.f., 227.3, *bee*
moutepliable, adj., 112.1, *numerous, manifold*
mouteplier, v.n., 24.2, *increase*
mouvableté, s.f., 38.2, *movement*

navrer, v.a., 84.4, *wound*
neuse, v. noise
noise, s.f., 223.2; neuse, 228.4, *tumult, quarrel, rioting*
noncier, v.a., 159.3, *announce*
norrissemens, s.m., 151.1, *sustenamce*

oaille, s.f., 159.1, *ewe*
obiz, s.m., 80.1, *death*; 189.4, *commemorative mass*
occierres, s.m., 55.1, *destroyer*
occirre, v.a., 55.2, *kill*
oestre, s.f., 145.1, *sacrifice*
oeus, s.m., 111.4, *profit*
oignemens, s.m., 78.3; oignement, 150.2, *unguent, ointment*
oiseuse, s.f., 146.2; oyseuse, 147.1, *idleness*
oiste, s.f., 41.3, *host*
oons, v. oyr

ordement, adv., 83.3, *immorally, uncleanly*

ordenance, s.f., 186.4, *sequence, contents*

ordeneement, adv., 167.1, *in an organised manner*

ordenierres, s.m., 50.1, *overseer, keeper*; ordeneur, 53.1, *servant, waiter*

orer, v.n., 72.1; ourer, 81.1, *pray*

orle, s.f., 152.3, *hem*

ort, adj., 19.2; ors, 22.2; orde, 19.3, *sordid, filthy*

otrier, 71.3, *grant*

oultrecuiderres, adj., 46.1, *arrogant*

outreement, adv., 29.4, *furthermore*

oyr, v.a., 60.1; oons, imperative, 1st per.pl., 91.4; oz, imperative, 2nd per. s., *hear*

oz, v. oyr

paier, v.a., 80.4, *reconcile*

parcevance, s.f., 18.2, *perception*

pardonnierres, s.m., 119.2, *one who forgives*

parfont, s.m., 129.3, *depths*; en parfont, 90.3, *deeply*

parmanoir, v.n., 155.4, *remain*

parsonnier, s.m., 36.3; parsoniere, s.f., 60.3, *sharer, partner*

peculiaire, adj., 182.3, *of its own, special*

penitencier, s.m., 36.4, *priest*

penne, s.f., 17.1, *stylus, quill*

perieus, 64.1, = perilz

pertuis, s.m., 130.4; partuis, 131.1, *holes*

pilleriez, s.m., 224.2, *pillaging, spoils*

piteusement, adv., 95.1, *piously*

plainerement, adv., 148.3, *fully*

plorable, adj., 94.2, *mourning, lamentable*

poesté, s.f., 204.3, *power*

pointure, s.f., 114.2, *compunction, remorse*

porpris, v. pourprandre

pourpensser, v.a.r., 62.1, *think of, conceive, reflect*

pourprandre, v.a.; porpris, 5.2; proprent, 121.1, *seize*

pourveance, s.f., 58.3, *dispensation, provision*

pourverres, s.m., 89.1, *overseer, examiner*

preschement, s.m., 76.2, *preaching*

prelacion, s.f., 3.2, *prelacy*

premorains, adj., 38.1, *early*

prenestiens, adj., 25.3, *of Praeneste (Palestrina)*

presentement, s.m., adv., 64.1, *in my presence*

prestrie, s.f., 153.2, *priesthood*

prieuresse, s.f., 47.4, *prioress*

prieurté, s.f., 71.2, *office of prioress*

prison, s.f., 228.2, *convent*

procuracion, s.f., 53.1, *care, assistance*

prodeffame, s.f., 181. 3, *married woman, woman of distinction*

promission, s.f., 144.1, *promise*

proprent, v. pourprandre

prouvains, s.m., 28.3, *branches*

provablement, adv., 42.2, *fittingly*

provoire, s.m, 170.4, *priest*

pueplier, v.a., 20.2, *publicise*

purgierres, s.m., 119.3, *one who purges*

quenoille, s.f., 17.1, *distaff*

queurent, 40.1; courre, v.n., *rush, hasten*

quis, 3.2; querre, v.a., *seek*

racheteur, s.m., 116.2, *redeemer*

raembierres, s.m. 190.2, *redeemer*

raimbre, v.a., 149.2, *redeem*

rappareiller, v.a , 185.2, *restore*

rappareilleur, s.m., 116.2, *saviour*

rechief, de, adv. phrase, 49.3, *again*

refeccion, s.f., 126.4, *sustenance, food*

refuir, v.a., 122.1, *flee, reject*

regiber, v.n., 217.1, *conflict with*

regiehir, v.a., 29.2, *confess, declare*

renoncier, v.a., 176.1, *state, declare*

repongne, 102.5; repondre, v.r., 39.4, *hide*

repost, adj., 13.3; repos, 58.3, *hidden*; en repost, 20.1, *secretly* repostaille, s.f., 12.1; respotaille, 22.3, *hiding place*

repotement, adv., 2.3; repostement, 19.4; respotement, 35.3, *secretly*

reprehencion, s.f., 90.3, *reproach*

reprinse, s.f., 41.1, *criticism*

rere, v.a., 41.3, *efface*

resout, 9.2; resoldre, v.a., *dissolve, soften*

respoinions, 102.2, = respondre

restrangerie, s.f., 46.3, *foreign inhabitants*

reter, v.a., 36.2, *blame, accuse*

revel, s.m., 56.1, *rebellion, violence*

riulle, s.f., 22.3, *rule*

riullez, adj., 131.3, *regular*

rois, s.m., 107.1, *dragnets*

sael, s.m., 203.2, *bucket, pail*

sanctimoniable, s.f., 183.4, *religious, nun*

saouller, v.a., 228.1, *satisfy*

sapience, s.f., 18.2, *wisdom*

saturiens, s.m., 53.4, *satirist*

sauvablement, adv., 115.4, *for one's salvation*

sauvables, adj., 78.2; salvable, 104.4, *salutary*

sauvacion, s.f., 150.3, *salutation, greeting*

sauver, v.a., 159.3, *greet* (= saluer)

sauz, s.m., 102.3, *willow*

seer, v a., 124.2, *reap*

selle, v. seule

semenier, s.m., 126.4, *septimanarian (weekly server)*

semondre, v.a., 7.3; cemonsissent, 25.4, *summon, invite, request*

sengle, adj., 18.1, *unique, individual*

senglement, adv., 120.2, *uniquely*

sereur, s.f., 52.2, *sister*

serjant, s.m., 20.4; sergent, 46.4, *servant*

seule, s.f., 35.3; selle, 35.4, *priory, dependency of a monastery*

seus, 64.3 = seul

siecle, s.m., 89.4, *world*

singulaire, s.f., 166.2, *single act* (?)

singularité, s.f., 190.1, *uniqueness*

singuliere, adj., 153.2; singulier, 171.2, *unique*

singulierement, adv., 34.4, *particularly, especially*

soingnante, s.f., 65.2, *concubine*

solier, s.m., 19.3, *floor*

sorquerant, adj., 60.1, *overbearing*

sorqueremens, s.m., 223.2, *pressures, demands*

soueveté, s.f., 130.3, *softness, smoothness*

souffrable, adj., 22.4, *endurable, bearable*

souffrance, s.f., 51.3, *need*

souffrete, s.f., 162.4, *need, lack*

souffreteus, adj., 180.1; souffroiteuse, 48.1, *needy*

soupendre, v.r., 167.3, *attach oneself*

sourprandre, v.a., 3.1, *attack*

soutiex, adj., 163.4, *clever, gifted*

soutiveté, s.f., 102.3, *cunning*

tabour, s.m., 166.3; thabour, 166.4, *tabor, timbrel*

tart, a, adv. phrase, 48.4, *rarely*

temparacion, s.f., 227.3, *moderation*

temptacion, s.f., 1.1, *trial, torment* (?) (Latin: *temptationes*)

tençon, s.f., 134.1, *quarrel*

tensier, v.a., 31.4, *reprove, rebuke*

ters, 19.3; terdre, v.a., 150.2, *wipe*

teute, s.f, 46.2, *tax*

toilleïs, s.m., 112.2, *mess*

tollir, v.a., 2.3; tolir, 4.4; toudroit, 15.3; toust, 42.1; tost, 42.1, *take away, remove*

toudroit, toust, tost, v. tollir

touel, s.m., 107.4, *mess*

tourbe, s.f., 39.2, *crowd*

tournoiement, s.m., 2.4, *contest*

tractemens, s.m., 40.2, *work* (= traitemens)

translater, v.a., 209.2, *translate*

traveiller, v.n., 55.4; travailler, 74.2, *struggle, trouble, work*

trebuchance, s.f., 82.3, *fall*

tresderrenier, adj., 184.3, *last*

tresperser, v.a., 81.2, *pierce*

trestorner, v.a., 166.1, *turn through*

treu, s.m., 44.3, *tribute*
tribler, v.a., 126.3, *crush*
tributaires, adj., 46.2, *subject to tribute*
trover, v.a., 12.4, *compose*
turbacion, s.f., 80.4, *distress, agitation*
tymbre, s.m., 167.1, *timbrel*

us, s.m., 21.4; use, s.f., 168.1, *custom*

vainquerresse, s.f., 185.3, *conqueror*

vainquierres, s.m., 113.1, *conqueror*
veer, v.a., 13.4, *forbid*
veneeur, s.m., 84.4, *huntsman*
vengierres, s.m., 119.3, *avenger*
vertueus, adj., 125.2, *strong*
vit, s.m., 22.2, *penis*
vius, 184.2, = vils
voura, 99.3, = voldra

yaue, s.f., 203.2, *water*

INDEX OF PROPER NAMES AND TITLES

Only the first reference to each entry or variant is given. Some attributive references to God – Aingnel, Filz, Juge, Mestre, Peres, Racheteur, Saint des Sains, Tres Haut, Verité, but not Sauveour – are omitted from the list, although they are capitalised in the text; for Raembierres, see Glossary.